D1993853

Wandern–Walken–Joggen

Im Folgenden wird der Einfachheit halber einheitlich die männliche Anrede gewählt. Natürlich werden beide Geschlechter damit angesprochen.

Hans Scheumann

Wandern–Walken–Joggen

– Ein Leben lang

Meyer & Meyer Verlag

Die Deutsche Bibliothek – CIP-Einheitsaufnahme

Scheumann, Hans:
Wandern Walken Joggen / Hans Scheumann.
– Aachen : Meyer und Meyer, 2003
(Ein Leben lang)
ISBN 3-89124-937-3

Adelaide, Auckland, Budapest, Graz, Johannesburg, Miami,
Olten (CH), Oxford, Singapore, Toronto
Member of the World
Sportpublishers' Association (WSPA)
Druck: Druckerei Vimperk AG
ISBN 3-89124-937-3
E-Mail: verlag@m-m-sports.com

Inhalt

Vorbemerkungen **7**

1 Gesundheit – der Weg ist das Ziel **13**
1.1 Gesundheit, Vitalität und Fitness 13
1.2 Ganzheitlich aktiv sein – körperlich bewegt leben 25
1.3 Der Arzt als Berater 36
1.4 Bewegung zu Fuß – uralt und doch aktuell 40
1.4.1 Für das Herz und den Kreislauf 40
1.4.2 Für Knochen und Gelenke 57
1.4.3 Für die Muskulatur 67
1.4.4 Für den ganzen Menschen 75
1.5 Der Rhythmus von Belastung und Erholung 87

2 Gehen im Alltag **93**
2.1 Gehen kontra Bewegungsarmut 93
2.2 Zur Dauer 98
2.3 Zur Häufigkeit 99
2.4 Zur Intensität 100

3 Gesund (Fuß-) Wandern **107**
3.1 Wandern in Variationen 107
3.2 Zur Dauer, Häufigkeit und Intensität 113
3.2.1 Wandern im Flachen 113
3.2.2 Wandern im Mittelgebirge 120
3.2.3 Wandern im Hochgebirge 133

4 Walking **157**
4.1 Was ist und was bringt Walking? 157
4.2 Zur Bewegungsausführung 172
4.3 Wie schnell sollte ich walken? 175
4.4 Wie lange sollte ich walken? 179

4.5 Wie oft sollte ich walken? 180
4.6 Programme zur Anregung 181
4.6.1 Für untrainierte Einsteiger 181
4.6.2 Für ausdauertrainierte Einsteiger 182
4.6.3 Für ausdauertrainierte Walker 184

5 Jogging 185
5.1 Was ist und was bringt Jogging? 185
5.2 Zur Bewegungsausführung 187
5.3 Wie schnell sollte ich joggen? 188
5.4 Wie lange sollte ich joggen? 190
5.5 Wie oft sollte ich joggen? 191
5.6 Programme zur Anregung 192
5.6.1 Einsteigerprogramm 192
5.6.2 Für Fortgeschrittene nach einer längeren Trainingspause 193

6 Kontrolle ist gut 194
6.1 Warum hin und wieder ein Test? 194
6.2 Das Körpergewicht 195
6.3 Das Körperfett 196
6.4 Der Blutdruck 196
6.5 Die Ausdauer 197
6.5.1 Der 2-km-Walking-Test 197
6.5.2 Der COOPER-Test 198
6.6 Ärztlicher Check-up 199
Literaturverzeichnis 201
Fußnotenverzeichnis 207
Bildnachweis 208

Vorbemerkungen

Gesundheit und ein langes Leben sind Begriffe, die, seit Menschengedenken miteinander verbunden, in positive Wunschformeln eingebunden werden. Gesund, vital und fit älter werden, wer möchte das wohl nicht? Gesundheit und langes Leben besitzen einerseits für das Individuum hohe Bedeutung, andererseits beeinflussen sie, bezogen auf Bevölkerungsgruppen bzw. die Gesamtbevölkerung, maßgeblich soziale, ökonomische, wissenschaftliche und kulturelle Strukturen und Inhalte sowie praktische Lösungen vieler Lebensbereiche.

Die volkswirtschaftliche Dimension von Gesundheit wird z. B. begreifbar, wenn wir uns vor Augen halten, dass sich die Gesamtausgaben im Gesundheitswesen in Deutschland allein im Jahre 1998 auf 211 Mrd. € beliefen (10,9 % des Bruttoinlandprodukts[1]). Der Hauptanteil davon musste leider unter dem Diktat von Krankheit verwendet werden, er wurde vor allem gebraucht, um schon eingetretene ***Krankheit zu bekämpfen*** und Gesundheit wiederherzustellen. Für ***Prävention*** und ***Gesundheitsschutz***, also vorbeugend, wurden davon nur etwa 4,5 % eingesetzt. Es ist im privaten wie im gesellschaftlichen Zusammenhang so, dass der Einsatz, um gesund zu werden, oft höher ist, als der Einsatz, um gesund zu bleiben.

Infolge sozialen und medizinischen Fortschritts werden die Behandlungs-, Heilungs- und Lebenschancen für ältere Menschen auch weiterhin größer. Eine Gesamtheit positiver Faktoren in der Bundesrepublik Deutschland lässt uns ***Lebensjahre gewinnen***. Das spiegelt sich z. B. in der Lebenserwartung wider. So haben neugeborene Jungen heute eine durchschnittliche Lebenserwartung von 74 Jahren, die der neugeborenen Mädchen beträgt 80,3 Jahre[2]. Die Chance, älter zu werden als Generationen vor ihnen, haben auch die Menschen, die sich heute schon in der zweiten Lebenshälfte befinden. Für einen heute 65-jährigen Mann wurde eine durchschnittliche weitere Lebenserwartung von 15,1 Jahren errechnet, für eine gleichaltrige Frau sind es weitere 18,8 Lebensjahre[3]. Infolge dieser Chancen geht es jetzt darum, dem Leben nicht nur Jahre, ***sondern den gewonnenen Jahren auch Leben zu geben***, also Vitalität zu erhalten und fit zu bleiben. Es geht weniger um die quantitative Frage, wie alt man wird, sondern zunehmend um den qualitativen Aspekt, wie man alt wird. Allgemein bekannt ist, dass mit zunehmendem Lebensalter das Risiko gesundheitlicher Beeinträchtigung und Erkrankung zunimmt, die Gefahr chronischer Beschwerden anwächst und die Zeitdauer von Heilungsprozessen sich verlängert. Es stimmt nachdenklich, wenn etwa die Hälfte der Leistungsausgaben der gesetzlichen Krankenversicherung vom Anteil der über 60-Jährigen (das sind nur etwa 22 % aller Mitglieder) verbraucht wird[4].

Sollte die Aussage VOLTAIRES[5] (vor über 300 Jahren formuliert), dass wir in der ersten Hälfte unseres Lebens unsere Gesundheit opfern würden, um Geld zu erwerben, in der zweiten Hälfte dann unser Geld opfern, um die Gesundheit wiederzuerlangen, auch aktuell Gültigkeit behalten? Abgesehen von finanziellen Aspekten schließt doch jede gesundheitliche Beeinträchtigung und Erkrankung immer den Verlust von Lebensqualität, persönliches Leid für den Einzelnen und Sorge im unmittelbaren sozialen Umfeld ein.

Ist Alter mit Gesundheit, Vitalität und Fitness nicht vereinbar? In vielen Situationen des Lebens sind uns Risiken bewusst. Wir wissen, dass ein Risiko zwar allgemein eine Gefahr bedeutet, die eintreten kann, aber nicht eintreten muss. In allen Lebensbereichen werden erkannte Risiken für Mensch und materielle Werte durch gegensteuerndes Handeln minimiert bzw. ausgeschaltet, den Gefahren möglicher Schäden und Wertverluste wird vorgebeugt. Es ist selbstverständlich, dass Autos, Flugzeuge, Schiffe z. B. vorbeugend gepflegt und gewartet werden, um Schadensrisiken abzusenken. Dabei erhöht sich der Wartungs- und Pflegeaufwand mit zunehmendem Alter dieser Verkehrsmittel, er ist aber immer noch geringer als der Wert eines möglicherweise eintretenden Schadens, der sich nicht nur finanziell, sondern auch in der funktionstüchtigen Existenz des Gesamtprodukts widerspiegelt. Die mit fortschreitendem Lebensalter des Menschen zunehmenden gesundheitlichen Risiken sind nicht mit ***gesetzmäßig*** eintretenden Ereignissen zu verwechseln, ***Alter ist nicht gleichzusetzen mit Krankheit***. Im Gegensatz zu dem oben herangezogenen Vergleich mit Verkehrsmitteln, die als nichtlebendige Objekte auf Aktivität des Menschen angewiesen sind, ist der Mensch ein intelligentes, in und mit seiner Lebenswelt aktiv und reaktiv handelndes Wesen, er ist Subjekt.

Er kann viele ihm bekannte Risiken durch eigenes Verhalten und Tun selbst minimieren bzw. ausschalten, wenn er es nur tut.

Das schließt ein,

- dass er die bestehenden ***Risiken kennt.***
- dass er weiß, wie er diese ***Risiken minimieren*** kann.
- dass er motiviert ist, gegen diese Risiken ***aktiv vorzugehen.***
- dass er auch die entsprechenden ***Fähigkeiten*** zum praktischen Handeln besitzt und
- dass für ihn in seiner aktuellen Lebenssituation generell die Möglichkeit des aktiven Gegensteuerns besteht (z. B. ausreichende finanzielle Ressourcen vorhanden sind).

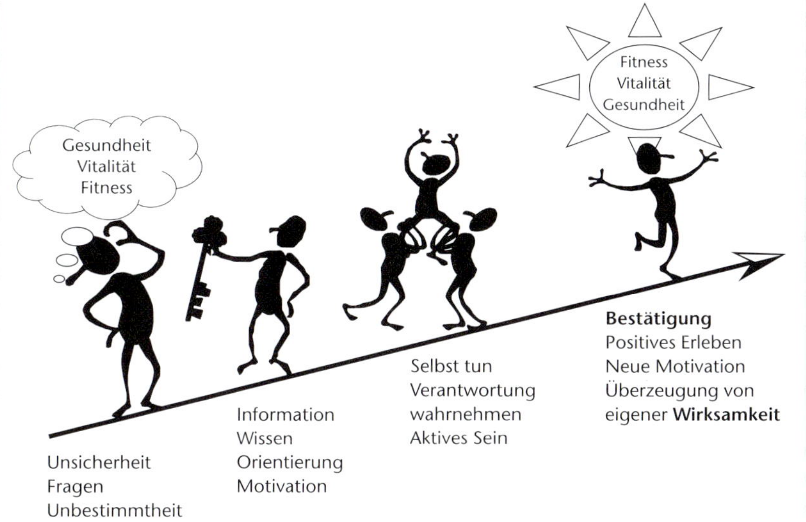

Abb. 1: Sich um Gesundheit kümmern, ehe man krank wird – informieren und handeln

Vorbeugen ist besser als heilen ist als Grundsatz bis heute zwar allgemein anerkannt, ihm wird aber seit Menschengedenken praktisch nur unzureichend entsprochen. Schon in Fragment 234 des griechischen Philosophen DEMOKRIT von Abdera (Thrakien), der in der Zeit um 460-370 v. Chr. lebte, ist folgende Hygieneregel zu lesen: „Gesundheit (hygieia) fordern in ihren Gebeten die Menschen von den Göttern; daß sie aber die Macht darüber in sich selbst haben, wissen sie nicht, sondern indem sie durch ihre Unmäßigkeit ihr entgegenwirken, werden sie selbst Verräter an der Gesundheit durch ihre Gelüste (epithymia)."[6]

Wenige hundert Jahre später, im Alten Testament, Buch Jesus Sirach (um 190 v. Chr. abgefasst) steht unter der Überschrift „Über kluge Voraussicht" zu lesen: „Erst unterrichte Dich, danach kannst Du reden! Kümmere Dich um Deine Gesundheit nicht erst, wenn Du krank bist!"[7]

Diese über 2.000 Jahre alten Aufforderungen zur ***eigenverantwortlichen Gesundheitsförderung und Prävention*** sind von hoher Aktualität.

- Bezüglich Gesundheit, Vitalität und Fitness entstehen auch bei uns ständig neue ***Fragen***, oft sind wir unsicher, wir handeln zu unbestimmt.
- Es sind ***Informationen*** notwendig, die uns Orientierung und Motivation geben. Wir verarbeiten die Informationen im Bewusstsein und es entsteht die Bereitschaft zum gesundheitsorientierten Handeln.
- Daraus entsteht ein bestimmtes ***praktisches Tun***, wir beginnen, unsere Verantwortung für unsere Gesundheit bewusster wahrzunehmen, werden z. B. körperlich aktiv, achten auf unser Körpergewicht, essen gesundheitsorientierter.
- Im Ergebnis dieser Aktivitäten erleben wir nach einiger Zeit gesundheitlich positive Veränderungen, wir gewinnen die ***Überzeugung***, wirksam handeln zu können und finden ***Selbstbestätigung***. Erfolg bringt Selbstbewusstsein.

Leider kümmern wir uns aber oft zu wenig darum, unsere Gesundheit aktiv selbst zu bewahren und zu pflegen, wir sorgen uns mühsam und zum Teil aufwändig um das, was im Verlaufe unseres bisherigen Lebens davon übrig geblieben ist (mehr noch, wir lassen im angewöhnten Konsumentenverhalten andere sich um unsere Restgesundheit kümmern). Gleichzeitig werden alle funktionellen und organischen Veränderungen, die auch zum Verlust von Gesundheit, Vitalität und Fitness führen, ***fälschlicherweise in einen direkten, schicksalhaften Zusammenhang*** mit fortschreitendem Lebensalter gestellt. Das Altern, jenes von Geburt an zwar komplex, aber nicht synchron ablaufende Phänomen menschlichen Lebens, wird zu oft als Alibi für hausgemachte, vermeidbare Funktionsverluste und Leistungseinschränkungen missbraucht.

Dieses Alibi soll nachfolgend weiter entkräftet werden. Mithilfe ausgewählter Beispiele wird verdeutlicht, wie wir die bis zu einem gewissen Grade in uns selbst liegende Macht über körperliche, psychisch-seelische und soziale Gesundheit, Vitalität und Fitness bis ins Alter praktikabel gebrauchen können.

Dabei stehen die für den Menschen ***ureigensten*** Fortbewegungsformen ***zu Fuß*** bewusst im Mittelpunkt. Einmal, weil sie ***ursprünglich*** und ***leicht zu erlernen*** sind, zum anderen, weil sie ***alltagstauglich ohne technische Hilfsmittel*** und Sportanlagen von Menschen ***bis ins hohe Alter*** ausgeführt werden können.

Diese Erkenntnisse haben ihren Ursprung nicht in unserer modernen Zeit, sondern sie wurden schon vor über 2.000 Jahren als Ratschläge formuliert. So meinte der Begründer der wissenschaftlichen Medizin, HIPPOKRATES (460-375 v. Chr.), z. B.: ***„Gehen ist die beste Medizin."***

1 Gesundheit – der Weg ist das Ziel

1.1 Gesundheit, Vitalität und Fitness

Als Ausgangspunkt unserer Überlegungen sind die stoffliche ***Zusammensetzung*** und einige Daten zum Aufbau des menschlichen Körpers interessant.

Der Mensch besteht zu etwa 60 % aus ***Wasser***, 20 % aus ***Eiweißstoffen***, 15 % ***Fett*** und 5 % ***Mineralstoffen***. Etwa 8 % des Körpergewichts entfallen auf das ***Blut***,[8] wir besitzen etwa 5 l davon. Es bewegt sich in einem geschlossenen Röhrensystem durch unseren Körper.

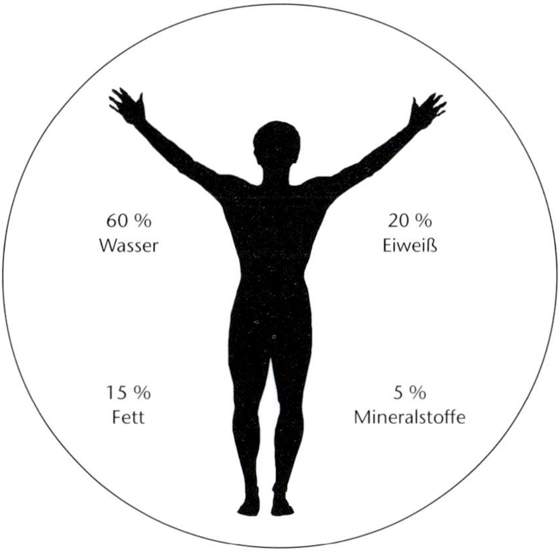

Abb. 2: Stoffliche Zusammensetzung des menschlichen Körpers

Die Endstationen des aus der Lunge kommenden, frisch mit Sauerstoff und Nährstoffen angereicherten Blutes (des arteriellen Blutkreislaufs) sind die ***Kapillaren***, die 50 x feiner als ein Menschenhaar und damit die dünnsten Röhren des Kreislaufs sind. Nimmt man bei einem Menschen ein Muskelgewicht von etwa 50 kg an und geht von einer Kapillarzahl von 2.000 pro 1 mm^2 aus, so erreicht die Gesamtlänge der aneinander gelegten kleinsten Röhrchen 100.000 km, also rund 2,5 x um die Erde. Ihre Gesamtoberfläche macht 6.300 m^2 aus[9], obwohl jede Kapillare für sich nur 0,5-1 mm durchschnittliche Länge besitzt. Pro Minute werden durch die Kapillarenwände etwa 60 l Flüssigkeitsmengen verschoben.

Das größte Organ des menschlichen Körpers ist die ***Haut***. Mit einem Gewicht von 3,5-10 kg macht sie eine Fläche von 1,5-2 m^2 aus. Das Gerüst der menschlichen Gestalt, unser ***Skelett***, besteht bei der Geburt noch aus über 300 Knochen bzw. Knorpeln, die sich bis zum Erwachsenenalter verfestigen und teilweise zusammenwachsen, sodass 206 Knochen existent bleiben. Die Hälfte davon befindet sich in den Händen und Füßen.

Die wohl komplexeste materielle Struktur stellt unser ***Gehirn***, das Zentralorgan des ***Nervensystems***, dar. Es macht etwa 2 % unseres Körpergewichts aus, verbraucht aber ununterbrochen 10 x so viel Energie wie andere Körpergewebe. Das Nervensystem insgesamt umfasst sowohl das ***Zentralnervensystem*** mit dem Gehirn und dem etwa 40 cm langen Rückenmark als auch alle außerhalb dieser übergeordneten Zentren liegenden Nervenbahnen und Nervengewebe, die das ***periphere Nervensystem*** darstellen und als Brücke zwischen Zentralnervensystem und allen Körperteilen dienen. Körperhaltung und jede Art von Bewegung erfordern ***Muskulatur***. Dafür stehen dem Menschen 656 Muskeln zur Verfügung, die etwa 40 % des Körpergewichts ausmachen.

Die Gesundheit des Menschen wäre selbstverständlich nur unzureichend zu begreifen, wenn wir uns auf eine ***biologische Ebene*** (Körperaufbau von den Zellen bis zu den Organen, physiologische Lebensvorgänge von den Zellen über die Organe und Organsysteme sowie deren optimales Zusammenspiel) beschränken. Es ist unbestritten, dass in dieser stofflichen Existenz gleichzeitig auch eine ***psychisch-seelische Ebene*** besteht, die, in einer für Lebewesen auf unserem Planeten einmaligen Form, unser ***Bewusstsein*** und Verhalten, das Denken, Fühlen, Erinnern, Wahrnehmen und Erleben umfasst und unsere Wesens- und Persönlichkeitsmerkmale ebenso begründet wie die geistig determinierten Lebensäußerungen und bewussten Handlungen.

Hinzu kommt noch eine dritte, die ***soziale Ebene***. Diese kennzeichnet den Menschen als soziales Wesen, zeigt ihn in Integration und Wechselwirkung mit seiner sozialen Umwelt[10].

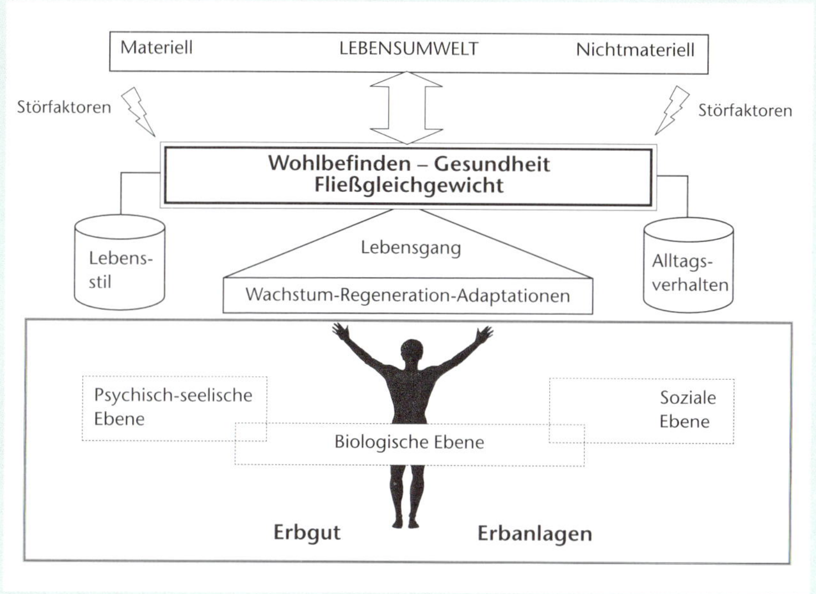

Abb. 3: Gesundheit – Herstellung des Fließgleichgewichts im Lebensgang (der Weg ist das Ziel)

Die grundlegenden Bedingungen für Wachstum, Entfaltung und Funktionen dieser drei Ebenen werden durch das ***Erbgut*** gesetzt, dass, beanspruchungsdeterminiert (quantitativ und qualitativ), im Lebensgang ein individuelles Profil prägt. Die in jeder einzelnen Ebene spezifische Auseinandersetzung mit der Lebensumwelt führt auch zu Einflüssen und spezifischen Reaktionen in den anderen Ebenen und verändert die Verhältnisse zwischen ihnen. Deshalb ist der Mensch in seiner ständigen Auseinandersetzung mit der Umwelt ***ganzheitlich*** betroffen.

Er ist gesund, wenn die drei Ebenen:

- körperliche Ebene,
- Ebene des Bewusstseins,
- soziale Ebene,

in sich und in ihrem integrativen Zusammenspiel aktiver und reaktiver Lebensäußerungen optimale Funktionalität besitzen und der Mensch sich insgesamt wohl fühlt (vgl. Abb. 3).

Das ganzheitliche funktionelle Optimum von Gesundheit stellt gewissermaßen ein inneres Fließgleichgewicht dar, das in ständiger Auseinandersetzung mit den externen materiellen und nichtmateriellen Komponenten der Lebensumwelt lebenslang hergestellt werden muss.

Gesundheit ist kein statischer Zustand (Gesundheit einmal vorhanden – immer vorhanden), ***sondern eine lebenslange, dynamische Aufgabe*** des ganzen Individuums (nicht nur der Organe und Organsysteme).

Beispielsweise müssen Zellen, Organe, Organsysteme und der Organismus als Ganzes sowohl den aktuellen Anforderungen der äußeren Lebensumwelt als auch den sich verändernden Verhältnissen bei der Sicherung eines konstanten inneren Milieus gerecht werden. Sie müssen ständig ihr eigenes Wachstum und ihre Reproduktion bewältigen, gleichzeitig aber auch immer ihrer integrativen Funktion im lebenden Gesamtorganismus gewachsen sein. Die Gesamtheit der für das harmonische Funktionieren unserer etwa 10.000 Billionen Körperzellen (10^{13})[11] notwendigen stabilen Umgebungsbedingungen bezeichnen wir als ***inneres Milieu***. Es befindet sich im Zustand der körperlichen Ruhe in einem als ***Homöostase*** bezeichneten ***Fließgleichgewicht*** und ist eine wesentliche Voraussetzung für die Existenz und Lebensfähigkeit des Organismus überhaupt.

Von Bedeutung für die Homöostase sind z. B.:

- eine optimale Körperkerntemperatur (um 37 °C).
- ein optimaler pH-Wert des Blutes.
- eine ausreichende Konzentration der gelösten Gase Sauerstoff und Kohlendioxid.
- die richtige Zusammensetzung der in der Extrazellulärflüssigkeit (wässrige Umgebung zwischen allen Zellen des menschlichen Körpers) befindlichen gelösten Stoffe (insbesondere die Salze der Elemente Natrium, Chlor, Kalium und Kalzium).

Im Ruhezustand befinden sich sämtliche Organe und Organsysteme unseres Körpers im Zustand einer ***Aktionsbereitschaft***. Sie verfügen über ausreichende Ressourcen an energetischen ***Substraten*** (in Leber, Muskulatur, Fettdepots), die Kapazität für den ***Sauerstofftransport*** des Blutes kann um ein Vielfaches gesteigert werden (Erhöhung des Schlagvolumens,

Umverteilung des Blutes). Die nervalen und humoralen (die Körperflüssigkeiten betreffenden) ***Regelmechanismen*** verfügen ebenfalls über eine schnell aktivierbare, hohe Reservekapazität. Eintreffende Reize, die körperliche Leistung beim Gehen, Walking, Joggen verlangen, lösen ***augenblicklich*** Vorgänge der Energiefreisetzung aus.

Können Abweichungen von der Konstanz des inneren Milieus trotzdem ***nicht*** schnell ausgeglichen werden, beeinträchtigen sie die Gesundheit und Lebensfähigkeit des Gesamtorganismus. So führen ***Sauerstoffmangel*** an den Zellen, Abweichungen des pH-Wertes oder abweichende ***Salzkonzentrationen*** schnell zu ausgeprägten ***Gewebeschäden***. Für die Organe, wie z. B. das Herz oder das Gehirn, heißt das, sie müssen, einbezogen in das Fließgleichgewicht, für den Gesamtorganismus ***ununterbrochen*** lebensnotwendige Arbeit leisten, müssen aber immer auch ihre eigene Funktionsfähigkeit neu anpassen und erhalten, müssen ***arbeiten, wachsen***, sich ***regenerieren***. Auf einer anderen Ebene (Bewusstsein) wirken gleichzeitig die ***emotionalen Komponenten*** des psychisch-seelischen und sozialen ***Wohlbefindens*** sowohl als aktive Elemente im Gesamtsystem als auch als Indikatoren von Zuständen und Prozessen im gesamten Menschen.

Es ist schon lange bekannt, *dass Ärger krank macht*, dass Freude und innere Zufriedenheit die Immunabwehr stärken können, dass aber auch länger anhaltende Probleme sowohl im sozialen Umfeld als auch Störungen des Wohlbefindens insgesamt, negative Einflüsse auf Funktionen der Organe und Organsysteme ausüben können.

Ebenso beeinflussen Störungen auf körperlicher Ebene mitunter erheblich das Wohlbefinden, sie nehmen negativen Einfluss auf unsere Verhaltensäußerungen.

Der Aspekt des ***Wohlbefindens (körperlich, psychisch-seelisch, sozial) muss demnach in ein ganzheitliches Verständnis von Gesundheit eingebunden werden***, er ist nicht gleichzusetzen mit Gesundheit, aber er ist ein Teil von ihr (man kann sich wohl fühlen und trotzdem organisch erkrankt sein, ebenso wie gestörtes Wohlbefinden Gesundheit beeinträchtigt, aber kurzfristig noch nicht Krankheit bedeuten muss).

Insgesamt geht es also darum, im Prozess der Auseinandersetzung mit den externen Störfaktoren, auch schon das Wohlbefinden störende Belastungen des täglichen Lebens (z. B. soziale, psychisch-seelische), im Interesse eines Lebensgleichgewichts zu bewältigen.

Eigenes körperliches, psychisch-seelisches und soziales Wohlbefinden lebenslang aktiv zu fördern und zu gestalten, bedeutet deshalb auch, in sich selbst bestehende Ressourcen zur Produktion von Gesundheit zu aktivieren.

Mit zunehmender Lebensdauer gewinnt die ***Aufgabe, Gesundheit*** zu produzieren, an individueller Bedeutung, weil sich die Wirkungen von im Lebensprozess länger anhaltenden Störfaktoren summieren, weil sich Kompensationsmöglichkeiten auftretender kleinerer Störungen des Fließgleichgewichts in der Ganzheitlichkeit verringern, weil sich insgesamt die Prozesse zur ständigen Herstellung von Gesundheit verlangsamen und durch Alternsprozesse generell auch an Substanz verlieren. Für Gesundheit findet man in keiner Phase des Lebens einen Endpunkt. ***Mit dem Blickwinkel auf Lebensspanne und Gesundheit des Menschen ist der Weg das Ziel.*** Diese Auffassung bestärkt das Konzept einer lebenslangen Aktivkomponente. Damit wird der Anteil unserer Eigenverantwortung auf Einflussnahme für individuelle Gesundheit und Wohlbefinden bis ins Alter hervorgehoben.

Da der Mensch mit Bewusstsein und Intelligenz ausgestattet ist, kann er den Verlauf sowie die Art und Weise des Ausschreitens auf dem Weg von Gesundheit und Wohlbefinden durch bewusste und zielgerichtete Verhaltens- und Handlungssteuerung gesundheitsorientiert ausgestalten. Auf dem Erbgut als Fundament prägen Lebensstil und Alltagsverhalten im Ensemble mit fördernden und störenden Faktoren (materiellen und nichtmateriellen) der Lebensumwelt maßgeblich den individuellen Weg in Gesundheit und Wohlbefinden durchs Leben.

!

Wir stellen fest:

Gesundheit wird durch genetische Disposition und körperliche, psychisch-seelische und soziale Aktivität ***geprägt***, durch lebenslange, komplexe, aktive und reaktive Auseinandersetzung mit der Lebensumwelt als inneres Lebensgleichgewicht (funktionelles Optimum aller Existenzebenen) ***produziert*** sowie vom aktiven Lebensstil und dementsprechend orientiertem Alltagsverhalten ***gefördert***. Gesundheit ist kein statischer Zustand, sondern ein den ganzen Menschen umfassender und maßgeblich durch ihn zu gestaltender ***Weg*** durchs Leben.

Auf der Grundlage dieses Verständnisses von Gesundheit ergibt sich die Frage, welches qualitative und quantitative Niveau und Profil der Anpassungen innerhalb der einzelnen Existenzebenen individuell erreicht und in Bezug zum jeweiligen kalendarischen Alter erarbeitet und erhalten werden kann.

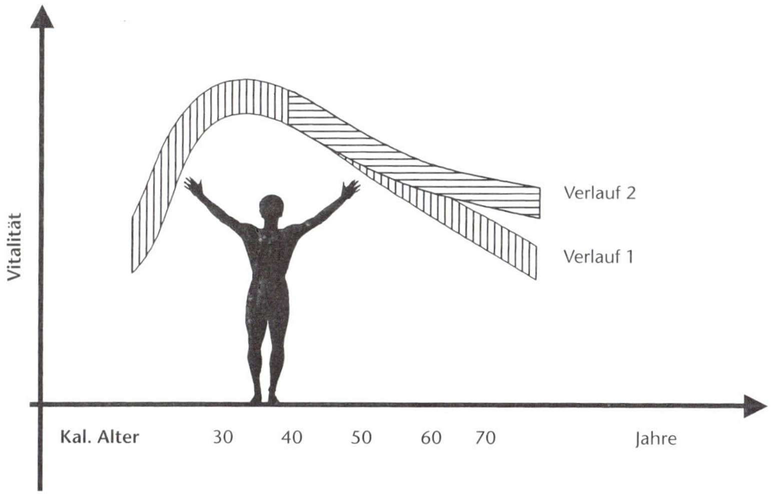

Abb. 4: Vitalität und kalendarisches Alter (schematisch)

Damit wenden wir uns mehr der ***Vitalität*** zu. Wissenschaftliche Erkenntnisse und Erfahrungen ermöglichen es uns, die zu einem bestimmten kalendarischen/chronologischen Alter ermittelte Funktionstüchtigkeit und Befindlichkeit (Vitalität) eines Individuums mit den für diesen Lebenszeitpunkt geschlechtsspezifisch typischen Orientierungswerten zu vergleichen. Es ergeben sich mehr oder weniger Differenzen zwischen ***kalendarischem Alter*** und ***vitalem Alter*** (auch ***biologisches Alter*** oder ***Funktionsalter***).

Sowohl in Einzelfunktionen als auch in deren Gesamtwirkung kann ein Mensch hinsichtlich seiner Vitalität jung geblieben oder vorgealtert sein.

Im Ergebnis von Untersuchungen bei Kindern und Jugendlichen spricht man diesbezüglich von ***Akzeleration*** (beschleunigte Reifung, Entwicklung) bzw. ***Retardation*** (Reifeverzögerung).

Unter dem Aspekt der zweiten Lebenshälfte gewinnt eine mögliche ***Alternsbremse*** an Bedeutung, d. h., es ist günstig, immer vital jünger zu bleiben, auch wenn man kalendarisch unaufhaltsam immer älter wird.

Schon dem Laien fallen ein unterschiedlicher Gang oder unterschiedliche Körperhaltungen von Personen ebenso auf wie Unterschiede im sozialen Auftreten oder in der Sprache. Gesamteindrücke werden formuliert wie: „Du siehst ja viel jünger aus!" oder: „Du benimmst dich (als 60-Jähriger) wie ein 20-Jähriger!" Auch bezüglich der Funktionstüchtigkeit des Herz-Kreislauf-Systems sind Differenzen von ± 20 Jahren zum kalendarischen Alter seit langem bekannt[12].

Fakt ist also einerseits, dass kalendarisches Altern und vitales Altern ***eines*** Menschen nicht synchron ablaufen und andererseits, dass vitales Altern im Vergleich ***zwischen*** einzelnen Personen auch nicht synchron abläuft.[13]

Unbestritten ist, dass sich im individuellen Vitalitätsprofil wesentliche innere Faktoren zur Sicherung der Lebensqualität befinden. Wie die Vitalitätskurve in Abbildung 4 schematisch verdeutlicht, beginnt die Vitalität ab etwa dem 35. Lebensjahr nachzulassen. D. h., wir stehen vor der Frage, sind diese in der zweiten Lebenshälfte einsetzenden körperlichen, intellektuellen, psychisch-seelischen und psychosozialen Funktionsänderungen in ihrer zeitlichen Dynamik einfach als schicksalhaft zu akzeptieren? Kann vielleicht das einzelne Individuum nicht auch trotz der genetisch vorgegebenen Programme (die z. B. für die organische Kapazität mehr als 50 % Bedeutung haben[14]) zumindest verlangsamenden Einfluss auf Detailabläufe nehmen?

Die Antwort liegt in der in Abb. 3 unmittelbar am Lebensgang angegliederten Ebene „Wachstum – Regeneration – Adaptationen". Die Vorgänge und Wirkungen auf dieser Ebene werden in hohen Anteilen von der ***Quantität und Qualität der Anforderungen und Beanspruchungen der Systeme im Lebensgang*** bestimmt.

Mit ***Anpassung*** (***Adaptation***) reagiert der Organismus, in all seinen Ebenen genetisch verankert, auf Anforderungen, die aus der natürlichen Lebensumwelt heraus sowie durch Alltags-, Berufs- und Freizeitbedingungen an ihn gestellt werden. Die im Erbgut eingelagerte Anlage zu einem besonderen Talent (künstlerisch, sportlich, handwerklich usw.) bedeutet zunächst die Möglichkeit bzw. natürliche Chance, die nur durch entsprechende Anforderungen aktiviert werden kann und dann durch Trainingsanforderungen entwickelt und erhalten werden muss. Wir müssen das Ererbte praktisch erst erwerben, um es zu besitzen.

Quantität und Qualität der aus den jeweiligen Anforderungen hervorgehenden Belastungsreize an das jeweilige System bestimmen maßgeblich das Maß der Antwortreaktionen im System.

Bleibt der Belastungsreiz ***unter*** der im Erbgut verankerten Reizschwelle, ist er ***unterschwellig*** (unwirksam, keine produktive Reaktion auslösend, unterfordernd). Es kommt zur ***Fehlbelastung durch Unterforderung***.

Überschreitet der Belastungsreiz die natürlich vorgegebene Reizschwelle, wirkt er als ein ***Funktionsreiz***, der Adaptation im Sinne von Entwicklung, Ökonomisierung und Erhalt, anregt.

Ausgehend vom Beginn der Überschreitung der Reizschwelle nach oben existiert ein ***Bereich risikofreier Belastbarkeit***, dessen Ausschöpfung die Anpassungsvorgänge verstärkt, der höheres Wachstum und Leistungszuwächse auslöst.

Wird aber das obere Limit der risikofreien Belastbarkeit ***überschritten***, dann wird die Leistungsfähigkeit der belasteten Systeme ***überfordert***. Es entstehen ***Fehlbelastungen durch Überforderung***. Diese Gesetzmäßigkeiten wirken ***lebenslang*** in allen Ebenen der menschlichen Existenz, auch hinsichtlich der Veränderungen der Vitalität über die gesamte Lebensspanne. Deshalb u. a. gibt es auch in der ***zweiten*** Lebenshälfte, wie aus Abbildung 4 ersichtlich, ***beschleunigtes*** Altern der Vitalität (Verlauf 1) und ***verlangsamtes*** Altern der Vitalität (Verlauf 2).

Gesundheit und Vitalität sind also im Lebensgang nicht nur, aber maßgeblich, beanspruchungsgeprägt. Beanspruchungen können Adaptationen ***fördern*** und ***erhalten*** (oberhalb der Reizschwelle im Rahmen der risikofreien Belastbarkeit), aber auch als ***Fehlbelastungen*** wirken, entweder durch Unterforderung (Stillstand bzw. Rückgang von Adaptationen) oder durch Überforderung (negative Wirkungen, Störung der Regeneration – Adaptation in Strukturen und Funktionen auf allen Existenzebenen). Gesundheit und Vitalität stehen über den gesamten Lebenszeitraum in wechselseitigem Zusammenhang, sind aber nicht völlig identisch.

Wir stellen fest:

- Für die lebenslange Produktion von ***Gesundheit*** orientieren wir uns mehr an einem ***allgemein gültigen Grundmaß von Wachstum – Regeneration – Adaptation im Fließgleichgewicht der Strukturen und Systeme***, um die körperlichen, psychisch-seelischen und sozialen Alltagsanforderungen selbstständig und in Wohlbefinden bewältigen zu können.
- Unter dem Aspekt der ***Vitalität*** richten wir unser Augenmerk mehr auf die Beurteilung unserer ***aktuellen körperlichen, psychisch-seelischen und sozialen Funktionsfähigkeit und Befindlichkeit im Vergleich mit dem kalendarischen Alter. Der geschlechts***- und ***alterstypische*** Leistungsaspekt der Systeme im Einzelnen und des ganzen Menschen (Vitalität, allgemein auch: „Lebenstüchtigkeit, Lebenskraft"[15]) rückt mehr in den Blickpunkt.
- Im individuellen Vitalitätsprofil befinden sich wesentliche innere Faktoren zur Sicherung der Lebensqualität. ***Quantität und Qualität der Anforderungen und Beanspruchungen der Systeme im Lebensgang*** prägen maßgeblich das Vitalitätsprofil, sie beeinflussen sowohl die Höhe der Ausschöpfung des Anpassungspotenzials als auch das Tempo der Vitalitätsverluste im Zuge des Älterwerdens.

Interessieren wir uns für den aktuellen Zustand unserer „Lebenstüchtigkeit, Lebenskraft" im Sinne der Leistungsbereitschaft und des Leistungsvermögens, dann entsteht schnell eine gedankliche Verbindung zu dem im Alltag inflationär verwendeten Begriff der ***Fitness***.

Fitness bedeutet eigentlich ***Tauglichkeit für …***, ***Leistungsfähigkeit für …*** . Heute wird Fitness keinesfalls nur im Zusammenhang mit Sport verwendet, sondern auf den Zustand der körperlich-psychisch-sozialen Leistungsfähigkeit und Leistungsbereitschaft insgesamt bezogen, um die Tauglichkeit für eine in den verschiedensten Lebensbereichen zu bewältigende spezifische Aufgabe auszudrücken.[16] Dabei wird die ***Möglichkeit von Anpassungen durch Belastungsanforderungen*** (z. B. durch sportliches Training, durch Gedächtnistraining, durch Training von sozialen Fähigkeiten) als selbstverständlich mit einbezogen.

Wohlbefinden, Gesundheit, Vitalität und Fitness sind also keinesfalls gleichbedeutende Begriffe, sie sind nicht identisch, stehen aber miteinander im wechselseitig beeinflussenden Zusammenhang. Gemeinsam ist ihnen, dass sie ***keinen statischen Zustand***, sondern ***immer Prozesshaftes*** beschreiben, dass sie auf der Grundlage genetischer Dispositionen in erheblichem Maße von Belastungsanforderungen durch die ***lebenslange*** Auseinandersetzung des Menschen mit der Lebensumwelt geprägt werden, dass in diesem Verständnis der ***Weg ihrer lebenslangen Produktion durch den Menschen selbst das Ziel*** darstellt.

Wohlbefinden, Gesundheit, Vitalität und Fitness in der Jugend durch entsprechende körperliche, geistig-intellektuelle und soziale Aktivität erworben, schützt nicht vor Verlusten bei nachfolgend passiver Lebensweise im weiteren Erwachsenenalter.

Andererseits zeigen ***angemessene*** Belastungsanforderungen in der zweiten Lebenshälfte, dass sich positive Adaptationen im Sinne von Gesundheit (z. B. an Organen und deren Funktionen), Vitalität (biologisch jünger als das kalendarische Alter) und Fitness (z. B. guter Zustand der Leistungsbereitschaft zum Treppensteigen oder für die virtuose Beherrschung eines Musikinstruments) auch beim älteren Menschen vollziehen, wenn auch mit fortschreitend höherem Alter in verminderter Qualität. Insgesamt bleibt festzustellen, dass sich Gesundheit, Vitalität und Fitness lebenslang in einem relativ breiten, oftmals ***bei weitem nicht ausgeschöpften Rahmen*** einer genetisch vorgegebenen Anpassungsfähigkeit entwickeln lassen.

Bezogen auf Adaptationen hinsichtlich körperlicher Leistungsfähigkeit beginnen ***Anpassungsdefizite*** heute vielfach schon im ***Kindes- und Jugendalter***, sie vergrößern sich dann im ***Erwachsenenalter*** und führen letztlich zu vorzeitigen Vitalitätsverlusten im Lebensgang. Dagegen gibt es ***kein Medikament***, einzig und allein ***eigene Aktivität*** in ausreichender Qualität und Quantität kann hier helfen.

Aus den erläuterten biologischen Gesetzmäßigkeiten lässt sich verallgemeinert die Ableitung treffen, dass ***Passivität*** und ***Unterforderung*** einerseits sowie ***Überbelastung*** andererseits die größten ***Gefahren*** für Verluste an Gesundheit, Vitalität und Fitness darstellen. Nach wie vor gilt sowohl: „Wer rastet, der rostet!" als auch: „Allzu viel (qualitativ oder quantitativ) ist ungesund!"

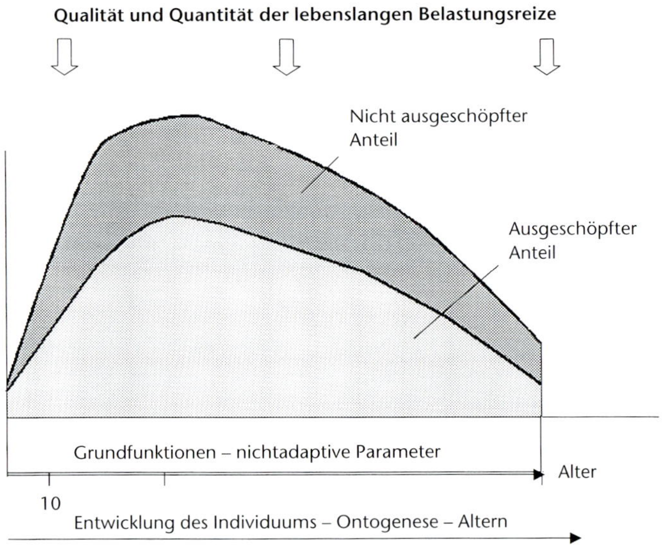

Abb. 5: Tatsächliche Ausnutzung von Anpassungskapazität – genetisch vorhandene Anpassungskapazität, Reserven für Gesundheit, Vitalität, Fitness

Wir stellen fest:

Fitness drückt eine ***Tauglichkeit für ..., Leistungsfähigkeit für*** ... aus. Sie umfasst jene körperlich-psychisch-soziale Leistungsfähigkeit und Leistungsbereitschaft, um die Tauglichkeit für eine in den verschiedensten Lebensbereichen zu bewältigende ***spezifische Aufgabe*** auszudrücken.[17]

Zur Entwicklung von Fitness wird die lebenslange ***Möglichkeit von Anpassungen durch Belastungsanforderungen*** (Training) als selbstverständlich mit einbezogen.

1.2 Ganzheitlich aktiv sein – körperlich bewegt leben

Charakteristisch und gleichzeitig maßgeblich für Leben allgemein sind ***Bewegung, Stoffwechsel, Reizbarkeit, Wachstum und Fortpflanzung*** in permanenter Auseinandersetzung und Anpassung der Strukturen und Funktionen an die jeweiligen Umweltbedingungen.

Auf diesen Grundlagen vollzog sich eine über mehr als fünf Millionen Jahre andauernde, erfolgreiche Lebensbewältigung von unseren Vorfahren bis zum heutigen Menschen, die Entwicklung und Anpassung unserer Organe und Organsysteme, unseres Körperbaus, unserer körperlichen und geistigen Leistungsfähigkeit und unserer psychosozialen Prägung. Mit der ***Aneignung des aufrechten Gangs*** ergab sich z. B. eine funktionale Änderung der Hand, die nachfolgend qualitativ die Zusammenarbeit zwischen Händen und Gehirn änderte und weiterhin nachhaltige Impulse für die Entwicklung des Menschen setzte.

Schädel, Gehirn und Gebiss passten sich neuen Anforderungen an, das ***Sprachzentrum*** im Gehirn, eine sich verändernde Kehlkopf-, Mund- und Rachengestaltung führte zur Sprachfähigkeit. Dem Menschen gelang es, Werkzeuge planmäßig herzustellen, er erlernte die Beherrschung des Feuers und erwarb die Fähigkeiten zum Bau von Behausungen, zur Herstellung von Kleidung und zu künstlerischer Tätigkeit.

Er begann, über seine eigene Herkunft und die Zukunft nachzudenken und zu forschen, er lebte nicht nur in seiner Umwelt, sondern er begann, sie nach seinen eigenen Vorstellungen umzugestalten. Beginnend mit der Aneignung des aufrechten Gangs, hatten die ***Zusammenhänge zwischen motorischen Aktivitäten, notwendigen Arbeitshandlungen und psychischsozialer Entwicklung*** außerordentliche Bedeutung für unseren Schritt aus der Tierwelt.

Es ist uns auch in der heutigen modernen Welt bewusst, dass ***Gehen***, ***Laufen***, Springen, Tragen, Werfen, Schieben, Ziehen, Schlagen und Halten sowie Gestik, Mimik, sprachliche Kommunikation und soziale Aktivität ***Urformen*** menschlicher Aktivitäten und Handlungen darstellen, die unser Erbgut einschließlich der genetisch vorgegebenen Anpassungskapazität mitprägten. Sie sind im Sinne der individuellen Entwicklung und Erhaltung von Gesundheit, Vitalität und Fitness in der modernen Welt durch nichts zu ersetzen.

Motorische Beanspruchung („Motorik" verbindet untrennbar ***physische*** und ***psychische*** Komponenten[18]), im Konsens mit lebenswichtiger Kommunikation und sozialer Beanspruchung, ist ein im Erbgut des Menschen verankertes ***Grundbedürfnis***.

Entwicklung, Erhaltung und Modifikation ***psychophysischer Ressourcen*** im Sinne von Gesundheit, Vitalität und Fitness über die gesamte Lebensspanne des Menschen sind deshalb eindeutig an motorische Beanspruchungen sowie psychosoziale Aktivität auf genetisch geprägtem Anspruchsniveau (qualitativ und quantitativ) gebunden.

Die Notwendigkeit zum lebenslangen, ganzheitlichen Aktivsein liegt für den Menschen nicht in der Gegenwart seines Lebens begründet, sondern sie ist ein von uns übernommenes, einige Millionen Jahre altes Erbe unserer Vorfahren. Leben bedeutet Bewegung und Bewegung ist Leben. Die sich in der erfolgreichen Auseinandersetzung mit der lebensbedrohenden Umwelt über Millionen von Jahren auf organischer, geisitger und sozialer Ebene vollziehenden Adaptationen bestimmen heute die ***Dimensionen der Reizschwellen für Anpassung, Entwicklung, Stillstand und Rückgang***. Sie prägen die individuellen Maßstäbe zur lebenslangen Produktion von Gesundheit, Vitalität und Fitness durch uns selbst (vgl. Abb. 5).

Allerdings haben die ursprünglich vorwiegend ***äußeren*** Zwänge für körperliche Aktivität und lebenssicherndes Verhalten in unserer Zeit ***an Bedeutung verloren***. Der Sinngehalt, z. B. für existenzsicherndes Flucht- oder Verfolgungsverhalten, für enorme körperliche Alltagsaktivität und soziales Miteinander, auch zur Nahrungssicherung, ist in der heutigen Zeit verschwunden. Die genetisch vorgegebene Anpassungsfähigkeit zur Erfüllung dieser existenzsichernden Reaktionen setzt aber auch heute noch den Rahmen für mögliche und notwendige psychisch-physisch-soziale Leistungsanforderungen des Menschen.

Der Mensch moderner Industriegesellschaften verändert seine Lebenswelt so, dass alltagsgebundene ***Bewegungszwänge*** in der Arbeitswelt, im Haushalt und der Freizeit qualitativ und quantitativ ***ständig zurückgehen*** und ***soziales*** Miteinander im Alltag vordergründig nicht lebensnotwendig zu sein scheint. Je weniger er im Haushalt, im Beruf, bei Alltagsanforderungen körperlich aktiv sein muss, umso stärker wird der Eindruck in der Gesellschaft und im individuellen Bereich geprägt, Fortschritt und Wohlstand entwickelt bzw. für sich geschaffen zu haben.

Die Lebensumwelt der Bewegungsarmut wird mit allem menschlichen Schöpfergeist weiterentwickelt, der ***Bewegungsmangel in allen Lebensaltern*** und ***-bereichen*** wird gewissermaßen ***gesellschaftlich legitimiert***. Sich in jedem Alter immer stärker von Bewegung und physischer Belastung im Alltag zu befreien, wird als erstrebenswertes Verhalten anerkannt.

Wir benötigen ***für Ortswechsel kaum noch körperliche Anstrengung***. Fahrstühle, Rolltreppen, Seilbahnen, Autos, Flugzeuge erfordern keine Bewegungsleistung von uns, sondern wir sind Konsumenten von Fortbewegung in körperlicher Passivität. Alle an der Fortbewegung beteiligten Organe und Systeme sowie deren Funktionen sind von Kindesbeinen an bis ins Alter durch Belastungsmangel in ihrer gesunden Entwicklung bedroht. Der Mensch hat sich vor allem in den letzten 150 Jahren vom ursprünglich aufrecht gehenden Wesen in ein vorwiegend sitzendes Wesen gewandelt. In Jahrmillionen der Evolution gewachsenes Erbgut ist nicht in der Lage, diese veränderten Verhaltensweisen in das Programm zu integrieren. Lebenslang ausreichende körperliche Bewegung, vor allem Gehen und Laufen, ist unabänderliche biologische Notwendigkeit für Gesundheit, Vitalität und Fitness bis ins Alter.

Abb. 6: Vom aufrecht gehenden zum sitzenden Menschen

Viele ***manuellen Arbeitsgänge*** früherer Jahrzehnte wurden an Maschinen und Roboter übertragen. Schwere Muskelarbeit wurde leichter und leichter, relativ grobe motorische Anforderungen wandelten sich zu feinmotorischen Anforderungen, bis der Mensch selbst diese Arbeitsgänge an Maschinen abgab. Früher noch alltägliche Leistungsanforderungen an den Bewegungsapparat und die Motorik insgesamt wurden also auch in der Berufswelt extrem reduziert.

Die Urbanisierung lässt immer mehr ursprüngliche Bewegungsräume in Feld und Wald verschwinden, damit nehmen auch die Möglichkeiten der ursprünglichen, ***alle Sinne umfassenden*** und im Erbgut verankerten Bewegungsformen im Leben des Menschen ab.

Das ***natürliche Bewegungsrepertoire*** im Sinne von Gehen, Laufen, Springen, Klettern, Werfen, Schlagen, Ziehen wird von Kindesbeinen bis ins höhere Alter bei weitem nicht mehr ausgeschöpft. Rückstände in der Entwicklung beteiligter Organe und Systeme beim aufwachsenden Menschen sowie ein vom niedrigeren Entwicklungsniveau vorzeitig beginnender Leistungsabfall im Erwachsenenalter sind die Folge (vgl. Abb. 5).

!

Wir stellen fest:

- Körperliche Bewegung ist eine im Erbgut eingelagerte, biologische Notwendigkeit für eine gesunde und vitale Entwicklung und ein vitales Altern des Menschen.
- In den modernen Industriegesellschaften verletzt der Mensch permanent biologische Grundregeln und Gesetzmäßigkeiten, die über Jahrmillionen der Evolution die Entwicklung des funktionellen Optimums der Organe und Organsysteme geprägt haben.
- ***Die alltäglichen Anforderungen an Muskelkraft, Herz-Kreislauf-System und Gesamtmotorik sinken unter jene Grenze, deren Überschreitung aber zur gesunden Entwicklung und vitalen Alterung erforderlich ist.*** Die Differenz zwischen ***möglicher*** Anpassungskapazität und tatsächlich ***ausgeschöpftem*** Anteil liegt allgemein unter dem für Gesundheit, Vitalität und Fitness in jeder Altersstufe notwendigem Niveau (vgl. Abb. 5).

In Deutschland besteht ohne Zweifel ***für alle Altersgruppen permanenter Bewegungsmangel.*** So nahm der von Bewegung abhängige tägliche Kalorienverbrauch seit 1882 um etwa 1.000 kcal ab, er sank allein in Westdeutschland seit 1950 um über 400 kcal (Männer) bzw. 300 kcal (Frauen)[19].

Diese gesundheitsgefährdende Problematik des Bewegungsmangels verstärkt sich noch durch die Tatsache, dass wir die ***Energiezuführung über die Nahrungsaufnahme*** diesen Minderanforderungen nicht anpassen. Unsere ***Kalorienaufnahme*** weist gegenüber dem Kalorienverbrauch einen ***täglichen Überschuss*** auf. Wir speichern überzählige Kalorien, nehmen zu, werden mit zu hohem Fettanteil übergewichtig. Die globale Bedeutung dieser Problematik wird daraus ersichtlich, das ***weltweit schon etwa 250 Millionen Menschen*** übergewichtig sind. Beim Spitzenreiter, den USA, sind etwa 150 Millionen betroffen, gefolgt von Deutschland (etwa 26 Millionen Männer und 21 Millionen Frauen[20]), Großbritannien und Finnland.

Allein die ***Bauchumfänge*** in Deutschland sind zwischen 1989 und 1995 im Schnitt um 1,4 cm auf 90 cm gewachsen. Den größten Zuwachs haben dabei die Dicksten selbst aufzuweisen: Allein bei Frauen mit einem Bauchumfang von über 1 m ist der Umfang um 3,5 cm gewachsen.[21]

Diese auf ganze Länder bezogenen Angaben werden durch altersdifferenzierte Zahlen noch erschreckender. ***Allein in Deutschland ist jeder vierte Jugendliche zu dick,*** heute schon leiden 10 % der Teenager nach Angaben des Berufsverbandes der Kinder- und Jugendärzte sogar an krankhafter ***Fettsucht*** (Adipositas)[22]. Gegenüber den vor 25 Jahren ermittelten Daten hat sich die Zahl dicker Kinder bei den Fünf- bis Siebenjährigen mehr als verdoppelt, bei den Zehnjährigen sogar vervierfacht.[23]

Zu viel Gewicht bei Kindern und Jugendlichen ist heute der bedeutendste Risikofaktor für deren Gesundheit. Als Beispiel des mit Bewegungsmangel und Überernährung einhergehenden Verlusts körperlicher Leistungsgrundlagen sei nur erwähnt, dass sich die ***mittlere Weite*** der Sprünge aus dem Stand bei Schulkindern in Deutschland in den letzten 20 Jahren etwa ***halbiert*** hat.[24]

So zeigt sich, dass sich die durch ***Bewegungsmangel*** entwickelnden Risiken für Gesundheit, Vitalität und Fitness bis ins höhere Alter durch die ***hyperkalorische Ernährung*** und weitere Ernährungsfehler (z. B. defizitäre Ballaststoff- und Flüssigkeitsbalancen) wesentlich ***verstärken*** und ***erweitern***

Bewegungsmangel

- Haltungsschäden
- Übergewicht mit vielfältigen Nachfolgeerscheinungen (z. B. Stoffwechselstörungen, Herz-Kreislauf-Erkrankungen)
- Osteoporose
- Schmerzzustände (z. B. Rücken)
- Leistungsschwäche der Muskulatur, des Herz-Kreislauf-Systems, der Atmung und des Stoffwechsels
- Arthrosenauswirkungen
- Funktionelle Herz-Kreislauf-Erkrankungen
- Verdauungsstörungen
- Bluthochdruck
- Psychisch-seelische Störungen (Depressionen, Schlafstörungen, Verlust an Selbstwertgefühl, Aggressionen)
- Lungenfunktionsstörungen
- Periphere arterielle Durchblutungsstörungen
- Immunabwehr schwächend
- Thrombosen

Verlust an Lebensqualität
Verringerte Lebenserwartung

Abb. 7: Krankheitserscheinungen – gefördert durch Bewegungsmangel werden (vgl. Abb. 7). Wir essen prinzipiell zu fett, zu viele tierische Lebensmittel, zu süß, zu salzig, zu vitamin- und ballaststoffarm, insgesamt zu viel.

Für diese Lebensstiländerungen des modernen Menschen, vor allem in den letzten 150 Jahren, also anhaltender ***Mangel*** einerseits (lebenslange Bewegungsdefizite) und ***Überfluss*** andererseits (Kalorienzufuhr), ist in der Evolution ***kein*** internes Kompensationsprogramm entwickelt worden, unserem Körper stehen dafür keine gesundheitsdienlichen Funktionsregelungen zur Verfügung. Der ursprünglich durch Aneignung des aufrechten Gangs und zunehmendes Bewusstsein vor über fünf Millionen Jahren aus dem Tierreich heraustretende Mensch verändert seine Charakteristik dahingehend, dass er sich vom täglich über Stunden aufrecht gehenden und körperlich aktiven Wesen, in ein vorwiegend sitzendes und über weite Tagesstrecken körperlich passives Wesen verwandelt.

Es gibt nur einen Weg aus diesen Widersprüchen: ***die von der Kindheit bis ins Alter ausreichende körperliche Bewegung*** in möglichst ursprünglicher Form ***sowie die von Kindesbeinen bis ins hohe Alter zwischen Kalorienzufuhr und Kalorienverbrauch ausgewogene*** und grundsätzlich gesundheitsorientierte ***Ernährung***.

In Fachkreisen gilt als unbestritten, dass Übergewicht (im Ergebnis von Bewegungsmangel und hyperkalorischer Ernährung) als komplexes gesundheitliches Risiko und als eine der Ursachen für eine verringerte Lebenserwartung anzusehen ist (vgl. Abb. 7). Der Mensch in den modernen Industriestaaten des 21. Jahrhunderts hat durch die Technisierung und Umgestaltung seiner Lebensumwelt ***nicht*** die Freiheit gewonnen zu entscheiden, ***ob*** mehr Bewegung ja ***oder*** nein, sondern er ***muss lebenslang ja*** sagen, wenn er gesund aufwachsen und reifen sowie vital älter werden will.

Für den gesunden, durchschnittlichen Erwachsenen wird empfohlen, durch körperliche Bewegung ***zusätzlich*** mindestens 1.500-2.000, besser noch 2.000-2.400 Kalorien ***pro Woche*** (hierbei Halbierung der Myokardinfarktrate[25]) durch den Kreislauf moderat belastende Bewegungsformen zu verbrauchen. Ergänzend haben wir noch zu berücksichtigen, dass ***Kraftfähigkeiten, Koordination und Flexibilität*** mittels zusätzlicher Anforderungen ***lebenslang*** entwickelt und erhalten werden sollten, weil die Bewältigung der Alltagsanforderungen (z. B. Treppensteigen, Sturzprophylaxe, leichte Lasten tragen, An- und Ausziehen, Kämmen, Bücken, Hocken usw.)

und damit die Lebensqualität bis ins hohe Alter, unmittelbar betroffen sind. Es hat sich bestätigt, dass Personen, die sich zwischen dem 30sten und 70sten Lebensjahr keinem körperlichen Training aussetzen, völlig unnötig etwa 40 % ihrer Muskelkraft verlieren[26] und dadurch Vitalität und Fitness für die Bewältigung des Alltags einbüßen.

Körperliche Bewegung in natürlichen Fortbewegungsformen des Gehens (Gehen, Wandern, Walken) und Joggens (früher als *Traben* bzw. *lockeres Laufen* und *Dauerlaufen* bezeichnet), müssen wir unter den Aspekten von Gesundheit, Vitalität und Fitness immer im Zusammenhang ihrer Anforderungen und Wirkungen auf den ***ganzen*** Menschen betrachten.

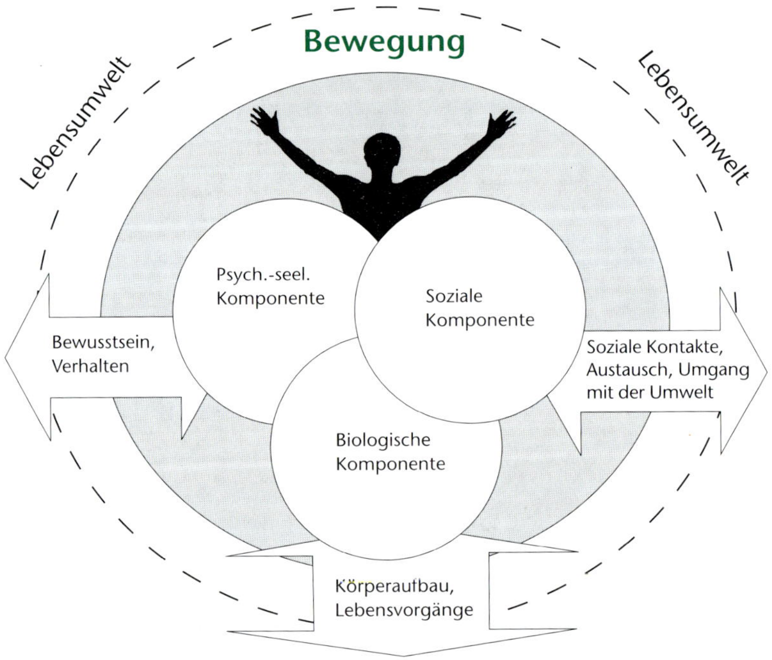

Abb. 8: Körperliche Bewegung, ganzheitliche Anforderung und innere Wirkung

Keinesfalls kann man sie nur auf das Herz-Kreislauf-System und die beteiligte Muskulatur beschränken. Für uns bedeutet körperliche Bewegung, auch in Form von Gehen und Joggen, Lebensäußerung des ***ganzen*** Menschen in der Einheit seiner biologischen, psychisch-seelischen und sozialen Komponenten, in untrennbarer Wechselwirkung zwischen Lebensäußerung (Leistung) und Wirkung nach ***innen*** (Belastung).

Körperliche Bewegung ist Bestandteil des Aktivseins. Sie ist Teil der auf ***Tätigkeit*** angelegten menschlichen Natur, die körperliche, geistige und soziale Aktivitäten als spezifisch menschliche Lebensäußerungen lebenslang ausüben muss. Diese ganzheitliche Sicht unterstreicht, aktiv zu leben

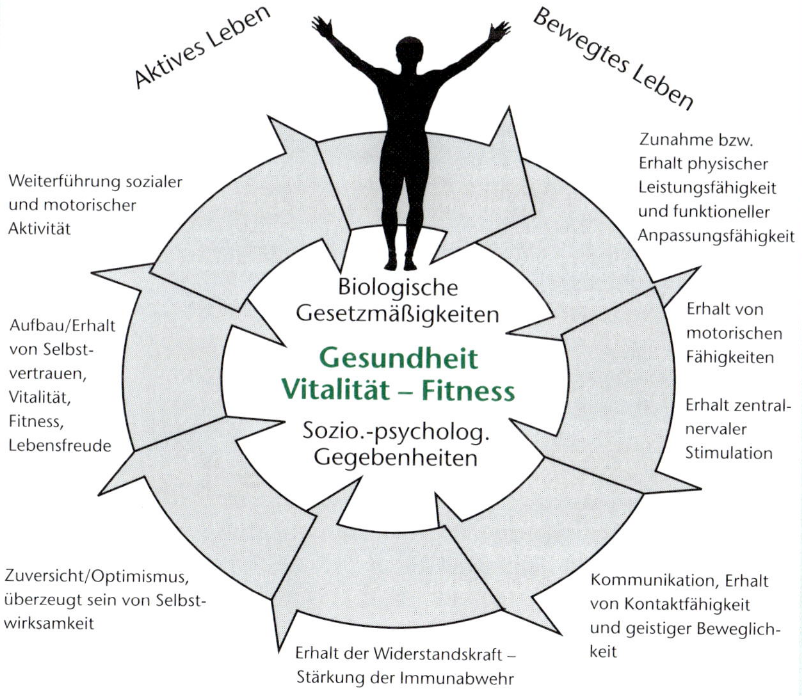

Abb. 9: Kreisfunktion interner Faktoren, die Gesundheit, Vitalität, Fitness fördern können.

Bild 1: Walking-Technik, Aufsetzen der Ferse mit nachfolgendem Abrollen

heißt auch bewegt zu leben, wobei geistige Aktivität und soziale Aktivität mit eingebunden sind. Die Zusammenhänge zwischen aktivem Leben – bewegtem Leben und die die Funktionen steigernden bzw. erhaltenden inneren Wirkungen stellen sich als Kreis positiver interner Faktoren dar, die, ineinander greifend, Gesundheit, Vitalität, Fitness und Wohlbefinden fördern (vgl. Abb. 9).

1. Bewegtes Leben, d. h. ausreichende tägliche körperliche Bewegung und gesundheitsorientierte Ernährung, führt zu einer Zunahme bzw. zum Erhalt physischer Leistungsfähigkeit und ***funktioneller Anpassungsfähigkeit***. Die komplexen Fähigkeiten zur ständigen Regulation des inneren Fließgleichgewichts werden ständig gefordert und bleiben erhalten.
2. Die ***motorischen Fähigkeiten*** wie Koordination, Flexibilität, Kraft, Schnelligkeit und Ausdauer bleiben ausreichend erhalten, wir bleiben vital und fit.
3. Bewegt zu leben, bedeutet aber auch, dass die ***zentralnervale Stimulation*** nicht abnimmt, sondern ständig aktiv bleibt. Die Brücken zwischen Zentralnervensystem und Muskulatur bleiben leistungsfähig.

4. Die gute körperliche Verfassung erleichtert es uns, mit unserer Umwelt zu kommunizieren, Freunde zu treffen und neue Bekanntschaften zu schließen. Wir erhalten uns durch ein bewegtes Leben unsere ***Kontaktfähigkeit*** sowie ***geistige Beweglichkeit***.
5. Die skizzierten Funktionen 1.-4. haben positive Auswirkungen auf unsere ***Immunabwehr***, die ***Widerstandskraft*** gegen Krankheiten wird gestärkt bzw. erhalten.
6. Die bisher für uns spürbaren positiven Wirkungen des bewegten Lebens auf Körper und Geist erzeugen in uns ***Zuversicht*** und ***Optimismus***, dass wir lebenslang selbst einiges für unsere Gesundheit, Vitalität und Fitness tun können.
7. Die bisherige Verkettung positiver innerer Faktoren setzt sich in ganzheitlichen Dimensionen fort, wir erhalten unsere Gesundheit, bleiben vital und gewinnen die Gewissheit, das aktive Leben weiter in Wohlbefinden bewältigen zu können.
8. Die Gesamtheit aller genannten positiven Auswirkungen 1.-7. erzeugt in uns letztlich den weiteren Willen und versetzt uns in die Lage, auch ***zukünftig*** körperlich, geistig und sozial ***aktiv zu leben***. Der Kreis positiver Faktoren schließt sich, findet jedoch kein Ende, sondern die Abläufe wiederholen sich in der soeben beschriebenen Weise.

!

Wir stellen fest:

- ***Ganzheitlich aktiv sein – körperlich bewegt zu leben*** ist eine aus den Erbanlagen heraus begründete Notwendigkeit der Gegenwart, die, in der Kopplung mit gesundheitsorientierter Ernährung, unseren Lebensstil und unser Alltagsverhalten dauerhaft angemessen prägen muss.
- Es ist eine Reihe ***innerer Faktoren***, die einen Kreis realer Einflussmöglichkeiten für Gesundheit, Vitalität und Fitness für den Alltag umreißen. Nutzen wir diese Rückbesinnung auf unsere ureigenste Natur richtig, dann erhöhen sich die individuellen Chancen für Gesundheit und körperlich-geistig-soziales Wohlbefinden in der zweiten Lebenshälfte beträchtlich. Dabei sehen wir als natürlichste Arten menschlicher Fortbewegung das Gehen, Walken, Joggen; sie kommen der Absicht einer bewegungsorientierten Rückbesinnung entgegen.

1.3 Der Arzt als Berater

Wenn wir ausgetretene Pfade des bisherigen Lebens verlassen wollen, mehr und vielleicht auch etwas intensivere körperliche Bewegung in den Alltag einbauen möchten, bedeutet das für unseren Körper, höhere Leistungsanforderungen als bisher gewohnt bewältigen zu müssen und insgesamt höheren Belastungen ausgesetzt zu sein.

Zu ***Fuß gehen, Wandern, Walken und Joggen*** sind besonders für den Menschen in der zweiten Lebenshälfte alltagstaugliche Formen, dem Bewegungsmangel unserer Zeit entgegenzuwirken, die Gesundheit zu stärken, Vitalität, Fitness und Wohlbefinden anhaltend zu verbessern und Entspannung zu bringen. Diese ihnen innewohnenden ***Möglichkeiten*** folgen jedoch ***keinem Automatismus***. Ihre ***Wirkungsrichtung*** ins Positive, Neutrale oder gar ins Negative steht in Zusammenhang mit dem ***Gesamtzustand*** des zu belastenden menschlichen Körpers, mit der Beherrschung der auszuführenden Bewegungstechniken und mit der trainingsmethodisch richtigen Dosierung von Belastung und Erholung. So werden insbesondere beteiligte Organe, Organsysteme am passiven und aktiven Bewegungsapparat sowie auf der Stoffwechselebene höher als bisher gefordert und dadurch gefördert. Sie müssen dementsprechend ***belastbar*** und ***leistungsfähig*** sein.

Deshalb müssen wir uns vor allem zunächst sachkundig machen, wie unsere ***individuelle Ausgangssituation*** für das neue Vorhaben ist. Die Maßstäbe des schon Sport treibenden, etwa gleichaltrigen Nachbarn können von uns nicht unkritisch übernommen werden. ***Jedes*** Individuum hat im Verlaufe seiner Biografie eine ihm ***eigene*** Entwicklung durchlaufen, die auch jeweils ***individuelle*** Gesundheit, Belastbarkeit und Leistungsfähigkeit geprägt hat.

Gesundheitsorientiertes Gehen, Walken, Joggen orientiert sich deshalb in erster Linie an den individuell vorhandenen Möglichkeiten mit Blick auf individuelle Zielsetzungen zur Vorbeugung bzw. Beseitigung von Defiziten. Sie zielen nicht auf einen Leistungsvergleich, nicht auf Zeit- und Geschwindigkeitsvergleiche mit anderen Personen, schließen diese aber bei Eignung und eigenem Wunsch nicht völlig aus. Immer mehr Menschen oberhalb des 35. Lebensjahres wenden sich bewusst dem gesundheitsfördernden sportlichen Training in den natürlichen Fortbewegungsarten zu Fuß zu. Es sind nicht mehr nur die schon immer aktiven und gesunden Sportler, sondern immer mehr auch mit gesundheitlichen Handicaps und chronischen Krankheiten belastete ältere Erwachsene, die durch angemessenes Training ihre Gesundheit fördern und ihr Wohlbefinden verbessern wollen. Die durch jahrzehntelangen Bewegungsmangel schon eingetretenen vielfältigen Beeinträchtigungen und das Nachdenken über das weitere Altern sind als Auslöser für neue körperliche Aktivitäten bekannt. Jetzt soll ein angemessenes Mehr an körperlicher Bewegung aktuelle Besserung und verbesserte gesundheitliche Perspektiven für das höhere Alter bringen.

Deshalb müssen wir in dieser Situation zuverlässig herausfinden, wie unser augenblicklicher ***Gesundheitszustand*** ist, wo unsere gesundheitlichen ***Stärken*** liegen, aber besonders müssen wir über vorliegende ***Defizite*** und ***Schwachstellen*** Kenntnis erlangen und wissen, wie mit gesundheitlichen Handicaps in Situationen höherer Belastung durch intensiveres Gehen oder Laufen umzugehen ist. Deshalb ist die umfassende ***medizinische Untersuchung und nachfolgende ärztliche Beratung Grundvoraussetzung*** für die sichere Umsetzung unseres Vorhabens.

Wir benötigen als Erstes eine Grundaussage zur gesundheitlichen ***Unbedenklichkeit*** gegenüber unserem Vorhaben. Bei einer strikten Kontraindikation geht es um die Erschließung möglicher anderer Varianten gemeinsam mit dem Arzt, vielleicht auch um andere Bewegungsformen. Zweitens geht es um die genaue Kenntnis der Schwachstellen, ***Vorschädigungen***, Erkrankungen und um individuelle Besonderheiten, die unsere Bewegungsvorhaben einschränken oder verbieten. Wir müssen uns vom Arzt erklären lassen, wie schon einzunehmende Medikamente unter höheren Leistungsanforderungen wirken, was wir dabei im Training zu berücksichtigen haben. Drittens geht es um eventuell vorliegende Erkrankungen und Störungen, die unter ***sachkundiger Betreuung*** mittels Sport therapiert bzw. ***gelindert*** werden können. Zum vierten geht es um gesundheitliche ***Beeinträchtigungen***, die durch Gehen, Wandern, Joggen, auch ***ohne*** unmittelbar fachbezogene Betreuung, gemindert bzw. beseitigt werden könnten.

Des Weiteren sind ***geschlechts- und altersspezifische*** individuelle Besonderheiten aus der Sicht des Mediziners interessant, die Einfluss auf die körperliche Belastung bzw. gesundheitsorientiertes sportliches Training haben können. Wir müssen uns über eventuelle Risiken höherer Belastungen am ***gesunden*** alternden Organismus aufklären lassen, andererseits erfahren wir auch, wie sich unter Belastung für uns bedeutsame Kontrollparameter des älteren Menschen von denen des jüngeren Menschen unterscheiden.

Letztlich geht es also hauptsächlich nicht darum, durch fachkundige Suche Krankheiten zu entdecken, die uns in schwachen Stunden ein Alibi für Bequemlichkeit verschaffen und unser sportliches Vorhaben verbieten könnten, sondern im Vordergrund steht die Absicht, ***einen individuell optimalen*** Fußweg zur Gesundheit durch das weitere Leben auszuloten.

Nach der eigenen Beschäftigung mit der Materie (durch Lesen, Gespräche mit erfahrenen Personen) sowie im und nach dem Gespräch mit dem beratenden Arzt, im Hinblick auf die gesundheitliche Bedeutung von Gehen, Walken, Joggen, können folgende motivierende und vor allem das Vorhaben ***sichernde*** Aspekte herausgearbeitet werden:

1. Worin besteht der Wert von Gehen, Walken, Joggen für das kardiopulmonale System, für den Bewegungsapparat, den Stoffwechsel und das vegetative Nervensystem?
2. Worin besteht die Ausgleichsfunktion von Gehen, Walken, Joggen in körperlicher und psychischer Hinsicht unter Berücksichtigung der individuellen Ausgangssituation?
3. Welcher prophylaktische, vielleicht auch therapeutische Wert ist Gehen, Walken, Joggen beizumessen, insbesondere in Verbindung mit den vom Arzt ausgesprochenen Empfehlungen?
4. Welche Belastungsgrößen (Umfang, Häufigkeit, Intensität) können auf der Grundlage der individuellen Belastbarkeit und Leistungsfähigkeit im Gehen, Walken und Joggen vorgesehen werden?
5. Welche personenbezogenen Risikofaktoren sieht der Arzt im Gehen, Walken, Joggen, die zu eventuellen gesundheitlichen Problemen führen könnten?
6. Welche Kontraindikationen ergeben sich aus der persönlichen Situation, die Einschränkungen oder gar Verbote im Gesundheitstraining mittels Gehen, Walken, Joggen angeraten erscheinen lassen? Welche modifizierten Anpassungen sind möglich?
7. Welche materiellen (z. B. Ausrüstung, Geräte, Bekleidung), finanziellen und organisatorischen Aufwendungen sind für das vorgesehene Gehen, Walken, Joggen notwendig? Welche Organisationen könnten fachlich unterstützend wirken? Ist letztendlich alles wie persönlich vorgesehen, finanziell, organisatorisch und zeitlich unter Alltagsbedingungen zu bewältigen oder müssen entsprechende andere Varianten überlegt werden?

Es ist anzuraten, in Vorbereitung auf Beratungsgespräche mit dem Arzt, sich über diese Aspekte Gedanken zu machen und bestehende Unklarheiten zu notieren. Dadurch wird das Gespräch zielgerichteter, für beide Seiten interessanter und letztlich ergiebiger.

Nach dem beratenden Gespräch kann eine entsprechende Bilanz gezogen und noch offene Fragen gekennzeichnet werden. Diese sollten zielstrebig einer Beantwortung (eigenes Nachlesen, Beratung mit Freunden und Fachleuten) zugeführt werden.

Wir stellen fest:

Wenn der Entschluss feststeht, dem alltäglichen Bewegungsmangel etwas entgegenzusetzen, den Körper etwas höher als bisher zu fordern, ist eine gründliche medizinische ***Voruntersuchung und ärztliche Beratung*** unbedingt anzuraten. Für Personen oberhalb des ***35.*** Lebensjahres ist sie aus Eigenverantwortung heraus ***unumgänglich***. In diesen Zusammenhängen wird der Arzt nicht erst aufgesucht, wenn Befindlichkeitsstörungen mögliche Erkrankungen andeuten, die der Arzt dann therapieren muss. Hier wirkt er als maßgeblicher ***Berater im Vorfeld*** für den individuell gesteuerten Abbau der mit dem Bewegungsmangel verbundenen gesundheitlichen Risiken und ***begleitend*** für den Erhalt und die Verbesserung von Gesundheit, Vitalität und Fitness.

Wir benötigen sowohl eine aktuelle Grundaussage zur gesundheitlichen ***Unbedenklichkeit*** als auch den ärztlichen Rat über bei uns erkennbare Stärken sowie ***Defizite, Schwachstellen*** und individuelle ***Besonderheiten***.

Der ***Arzt unseres Vertrauens*** wirkt auf der Grundlage seiner umfassenden medizinischen und insbesondere sportmedizinischen Fachkenntnisse in erster Linie als ***sachkundiger Berater*** in ***Vorbereitung*** auf das Vorhaben „gesundheitsorientiertes sportliches Training“ und auch weiterhin als ***beratender Begleiter*** unserer Gesundheit.

1.4 Bewegung zu Fuß – uralt und doch aktuell

1.4.1 Für das Herz und den Kreislauf

„Fisch schwimmt, Vogel fliegt, ***Mensch läuft***!", so begründete einmal Emil ZATOPEK (mehrfacher Olympiasieger und Weltrekordler im Langstreckenlauf der 50er Jahre des vorigen Jahrhunderts) etwas augenzwinkernd, weil stark verkürzt, einen Grundsatz für sein erfolgreiches Training. Tatsache aber ist, dass das ***aufrechte*** Gehen und Laufen den Menschen als ***charakteristische*** Art der ***aktiven*** Fortbewegung von allen anderen Lebewesen auf unserer Erde unterscheidet.

Die Aneignung des aufrechten Gangs als Summe komplexer Adaptations- und Entwicklungsvorgänge bei unseren frühesten Vorfahren war ein maßgeblicher Schritt für den Abzweig der nachfolgend eigenständigen Entwicklung des Menschen aus der übrigen Tierwelt. Vor 7-4 Millionen Jahren etwa haben wir praktisch gelernt, aufrecht auf zwei Beinen zu gehen und die Hände frei zu gebrauchen. Über Millionen Jahre hinweg hat sich unser Körperbau, haben sich Organe, Organsysteme in Struktur und Funktionen an diese Bewegungsform ***angepasst***, das Erbgut ist entsprechend ***geprägt***. Wir entfalten diese Prägungen für ***uns*** individuell erst mit dem Anspruch auf Gesundheit, wenn wir durch ***ausreichendes*** Gehen und Laufen entsprechende Entwicklungsreize setzen. Das unsere Gattung auszeichnende Bewegungsmerkmal „... Mensch läuft", ist ***nicht*** austauschbar, es gibt bei aktueller individueller Vernachlässigung in vielfältigster Form Signale für den Körper, die wir als Ruf unserer ureigensten Natur übersetzen müssen mit: „Mensch, laufe!", oder: „Mensch, lauf mal wieder!" Insofern ist Bewegung zu Fuß ***uralt*** und als unlöschbare biologische Notwendigkeit doch ***aktuell***.

Der Mensch besitzt mit dem ***Herz-Kreislauf-System*** ein an die vorwiegend aufrechte, aktive Fortbewegung ***angepasstes*** Versorgungspumpsystem von hoher Zuverlässigkeit und außerordentlich komplexer Leistungsfähigkeit. Es verbindet über das Röhrensystem die Blutgefäße und mithilfe des Blutes die verschiedenen Organsysteme des Körpers miteinander zu einer funktionellen Einheit, – es ist im Grunde ein Dienstleistungssystem mit Transportfunktion. Es ist darauf eingestellt, auch beim Gehen und Laufen auf wechselnden Bedarf der verschiedensten Nutzer zu reagieren. Es wird den sich jeweils ändernden Versorgungs- und Entsorgungsansprüchen der Organe (z. B. der durch Gehen und Laufen geforderten Muskulatur) über dynamische Regelungen der Herzförderleistung bzw. über eine beanspruchungsgesteuerte Umverteilung des Blutes (durch lokale, chemische, nervöse Mechanismen ausgelöste Gefäßweitstellung oder -engstellung) gerecht.

Das Herz-Kreislauf-System versorgt unter den Leistungsanforderungen während des Gehens und Laufens über das Blut alle Zellen der verschiedenen Körpergewebe bedarfsorientiert mit dem lebensnotwendigen ***Sauerstoff***, mit ***Nähr***- und ***Wirkstoffen***. Gleichzeitig aber dient es dem Abtransport der ***Endprodukte*** des Stoffwechsels (z. B. Kohlendioxid) aus den Zellen. Über das Herz-Kreislauf-System werden ***Informationen*** übermittelt, ***Abwehrkörper*** werden an die notwendigen Stellen unseres Körpers transportiert und beim Gehen, Walking und Joggen wird die durch Arbeit entstehende ***Wärme*** aus den betroffenen Regionen abtransportiert.

Insgesamt wird deutlich, dass das Herz-Kreislauf-System, seiner grundlegend existenzsichernden Funktion entsprechend, auf ***unterschiedlichste*** Ansprüche variabel, ***differenziert*** und ***dynamisch*** zu reagieren vermag. Die Versorgungsleistung des Systems erfolgt nicht pauschal in gleichmäßiger Verteilung der Ressourcen, sondern ***bedarfsorientiert***: z. B. in momentan wenig geforderten Regionen gewissermaßen auf dem Niveau einer lebenssichernden Grundversorgung, dagegen in augenblicklich stark geforderten Regionen (z. B. in der Muskulatur beim Gehen, Joggen, aber auch nach dem Essen im Bereich der Verdauung) auf dem Niveau einer belastungsgemäßen Optimalversorgung.

Sowohl die organischen Strukturen als auch die Funktionen des Herz-Kreislauf-Systems sind weniger auf ein Gleichmaß oder gar auf Monotonie der Lebensprozesse gerichtet, sondern sie haben ihre Versorgungsfähigkeiten über Jahrmillionen auf unterschiedlichste Aktivitäten, auf wechselnde Formen und Intensitäten menschlicher Bewegung eingestellt, wobei der aufrechte Gang in unterschiedlichsten Geschwindigkeiten, historisch gesehen, einen Hauptteil der Anpassungsreize lieferte. Gehen, schnelles Gehen (in neuester Zeit zum Walking adaptiert) und Laufen bieten für das Herz-Kreislauf-System im Grunde seit Jahrmillionen gewohnte Belastungsreize, die auch in der heutigen Zeit für die Gesundheit und Leistungsfähigkeit des Systems in jedem Lebensalter unersetzlich sind. Im alltäglichen Leben wird oft vernachlässigt, dass sich Anpassungsvorgänge auch im Herz-Kreislauf-System in zwei Richtungen vollziehen können:

1. Treten durch Bewegungsarmut quantitativ bzw. qualitativ ***unzureichende*** Belastungsreize auf, gibt es ***Stillstand*** bzw. ***Rückgang*** der Entwicklung, die Anpassungen laufen in unserem Sinne ***negativ*** ab.
2. Durch ***ausreichendes*** Gehen, Walken, Joggen werden quantitativ und qualitativ wirksame Belastungsreize gesetzt, es kommt zu Entwicklungen im System, zu positiven ***Adaptationen***.

   Insbesondere geht es um positive organische und funktionelle Adaptationen durch Gehen, Walken, Laufen als ausdauerorientierten Bewegungsformen
   - am Herzen,
   - am Gefäßsystem und
   - im Blut.

Das Herz wirkt als die treibende Kraft für die Blutzirkulation. Es ist ein muskuläres Vierkammerhohlorgan mit den Funktionen einer Druck- und Saugpumpe. Einige Kenngrößen der Herzfunktion, die wir im Zusammenhang mit den Wirkungen von Gehen, Walken, Joggen verwenden, sollen kurz erwähnt werden:

Das ***Herzvolumen*** liegt bei etwa 500-600 ml (Frau) bzw. etwa 700-800 ml (Mann).

Das ***Herzgewicht*** beträgt bei untrainierten Frauen etwa 250-300 g und bei untrainierten Männern etwa 300-350 g.

Mit der ***Herzfrequenz*** (HF) erfassen wir die Anzahl der Herzschläge pro Minute. Sie beträgt in Ruhe bei untrainierten Menschen etwa 60-80 Schläge. Als ***Schlagvolumen*** (SV) wird diejenige Menge Blut bezeichnet, die bei jeder Arbeitsphase (Systole) aus der linken Herzkammer in die Blutbahn ausgeworfen wird. Es beträgt durchschnittlich 80-100 ml.

Mit dem ***Herzzeitvolumen*** wird die Menge Blut angegeben, die pro Zeiteinheit vom Herzen in die Blutbahn abgegeben wird. Es stellt das Produkt aus Herzfrequenz und Schlagvolumen dar. Allgemein üblich ist, die Blutmenge pro Minute anzugeben, als ***Herzminutenvolumen*** (HMV). Bei einem in Ruhe angenommenen Durchschnittswert von 60-80 Schlägen pro Minute (Herzfrequenz) und einem Ausstoß von 80-100 ml pro Schlag (Schlagvolumen) kommen wir zu einem durchschnittlichen Herzminutenvolumen von 5-6 l in Ruhe. Das entspricht etwa der Leistung eines Motors von 70 Watt bzw. 0,1 PS.

Die vom Herzen im Alltag zu leistende Arbeit wird leichter verständlich, wenn wir uns bewusst werden, dass es bei Untrainierten mit einer Frequenz von 70 Schlägen/min etwa 100.000 Kontraktionen am Tag ausführt. Die dabei geleistete Druckarbeit (18.000 Meterkilogramm) hebt einen voll beladenen Eisenbahnwagen 90 cm hoch, befördert 6-8 Personen im Aufzug bis in den 15. Stock.[27] Bei einer Förderleistung von 5 l Blut in der Minute (HMV in Ruhe) fördert das Herz in einer Stunde 300 l und an einem Tag 7.500 l (15 Badewannen werden gefüllt). Da diese Menge Blut unter einem Druck von 120-150 mmHg gefördert wird, werden die 15 Badewannen in einer Höhe von 2,5 m über dem Herzen stehend gefüllt.[28]

Durch ***ausdauerorientierte*** Belastungsanforderungen mittels Gehen, Walken, Laufen steigt der Sauerstoff- und Nährstoffbedarf im Organismus an, die Leistungsanforderungen an das Herz verstärken sich, das sowohl über kurzfristige Regelungen und Anpassungen als auch über langfristige Adaptationen seine ***Leistungsfähigkeit*** erhöht und die ***Ökonomie*** seiner Arbeit verbessert.

Welche ***Anpassungen des Herzens*** sind durch gesundheitsorientiertes Gehen, Walken, Joggen bei Menschen in der zweiten Lebenshälfte zu erwarten?

Als grundsätzliche Bemerkung ist voranzustellen, dass sich die Folgen von ***Bewegungsmangel*** und ***Altern*** ähneln. Bewegungsmangel ***schwächt*** das Herz, schließt auch Erscheinungen ***vorzeitigen*** Alterns ein und verstärkt damit verbundene gesundheitliche Risiken.

Ausreichendes und richtiges Gehen, Walken, Joggen ***stärkt*** das Herz, bremst eingetretene Vorgänge des Alterns ab und stärkt die Gesundheit.

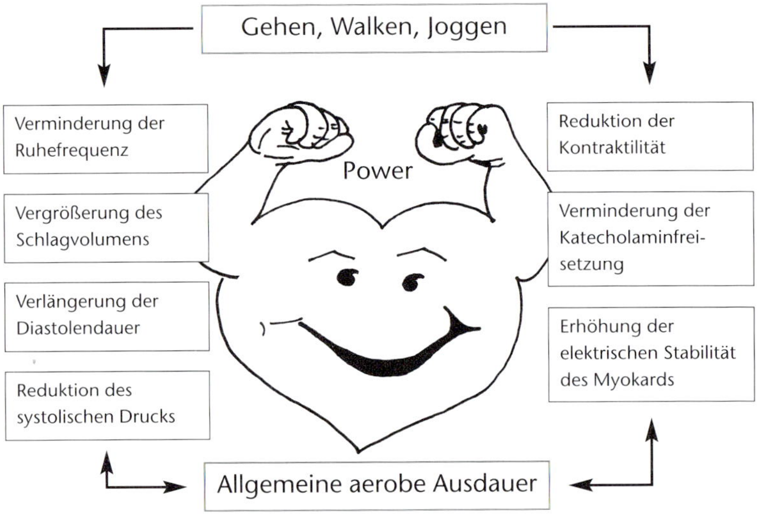

Abb. 10: Anpassungen am Herzen durch Gehen, Walking, Joggen

Es sei hier nur auf die sich mit dem Alter entwickelnde, gewisse ***Trägheit*** der Herzfunktionen hingewiesen. Veränderungen am Sinusknoten (erstes Reizbildungszentrum im Herzen) und der Reizleitung am Herzen führen zu ***verlangsamter*** autonomer Rhythmisierung. Gleichzeitig gewinnt der ***dämpfende*** N. vagus (Parasympathikus) an Einfluss. Dadurch kommt es zu einem ***altersbedingten*** Absinken des Ruhepulses, der ***Alterung*** bedeutet und nicht Gewinn an Ressourcen.

Was bedeuten eigentlich Parasympathikus und Sympathikus? Der ***Parasympathikus*** (vagus) ist der ***Hemmungs- oder Erholungsnerv***. Er bewirkt eine Verlangsamung der Herzfrequenz, eine Abschwächung der Kraft der Herzmuskelkontraktionen und eine Senkung der Kontraktionsgeschwindigkeit. Der ***Sympathikus*** (Gegenspieler zum Parasympathikus) wirkt als ***Förderungs- und Leistungsnerv***; durch seine Einwirkung werden die Herzfrequenz, die Kraft der einzelnen Herzmuskelkontraktionen und die Geschwindigkeit der Erregungsleitung gesteigert. Beide sind nicht direkt unserem Willen unterworfen und gehören zum ***vegetativen*** Nervensystem, das solche Vitalfunktionen regelt wie Atmung, Verdauung, Stoffwechsel, Wasserhaushalt. In Ruhe unter Normalbedingungen heben sich die Wirkungen der beiden Gegenspieler auf.

Gehen, Walken, Joggen, als moderates Ausdauertraining durchgeführt, bremsen die Vorgänge der vorzeitigen Alterung ab, ***stärken*** das Herz wieder, wobei die Ruheherzfrequenz als Folge positiver, gesundheitsfördernder Anpassung an Belastung ebenfalls abgesenkt wird.

Eine ***Absenkung des Ruhepulses*** tritt also bei Bewegungsmangel/ Alterung auf und auch als Folge ausdauerorientierten Trainings. Wir erkennen eine ***gleiche*** Erscheinung in ***einem*** Parameter bei ***gegensätzlichen*** Ursachen und ***gegensätzlicher*** gesundheitlicher Wirkung. Deshalb kann der Ruhepuls ***allein*** für die Trainingsbeurteilung des älteren Menschen keine ausreichende Größe darstellen. Ruhepulswerte liegen beim Untrainierten zwischen 60-80 Schlägen pro Minute, im Verlaufe von Anpassungsreaktionen, je nach qualitativem und quantitativem Niveau der Belastungen, kommt es zu ***erwünschten*** Absenkungen, die auch beim älteren Menschen durchaus 10-20 Schläge pro Minute ausmachen können.

Von uns hier nicht angestrebtes, rein leistungsorientiertes Ausdauertraining erbringt bei Marathonläufern z. B. Werte zwischen 40-50 Ruheherzschlagfrequenz/min. Es gibt viele Beispiele aus dem Hochleistungsbereich anderer Ausdauersportarten, die noch niedriger liegen. Dieser durch Training erreichte Effekt der ***Verlangsamung*** der Schlagfolge des Herzens mit Werten unter 60 Schläge/min wird sportmedizinisch als *Trainingsbradykardie* bezeichnet. Der besondere Wert einer trainingsbedingten Absenkung der Ruhepulsfrequenz liegt einerseits in Effekten der Ökonomisierung. So bedeutet schon eine Absenkung um 10 Schläge/min eine Sauerstoffenergieeinsparung von etwa 15 %, das Herz benötigt für eine ***gleiche Leistung weniger Sauerstoff***. Andererseits heißt das aber auch eine maßgebliche Hilfe bei kritischen Kreislaufbelastungssituationen bei Krankheit im Lebensalltag.

Der Herzmuskel verwertet den von ihm aufgenommenen Sauerstoff etwa zu 70 % (der Skelettmuskel dagegen nur zu etwa 20-25 %). Bei höherer körperlicher Belastung wird zusätzlicher Sauerstoffbedarf weniger durch erhöhte Ausschöpfung des Angebots, sondern mehr durch ein weiter ***erhöhtes*** Blutangebot abgedeckt. Bei ***untrainierten*** Menschen ist die

Erhöhung dieses Angebots nur von 250 ml/min in Ruhe auf eine Steigerung bis zu 1.000 ml/min, also bis zum Vierfachen, ***begrenzt*** (der Skelettmuskel steigert seine Durchblutung bis auf das 30fache des Ruhewerts, wobei dieser noch die weitere Möglichkeit besitzt, die *Sauerstoffausschöpfung* unter Belastung zu verdoppeln). Am Beispiel dieser Begrenzung des Herzens, seine Sauerstoffversorgung zu steigern, wird verständlich, dass dieses Organ besonders ***empfindlich*** auf Störungen der Durchblutung der ***Herzkranzgefäße*** reagiert. Bei entsprechend durchgeführten ***Belastungen*** im Gehen, Walken, Joggen reagiert das Herz auf die erhöhten Transportanforderungen des Organismus mit einer ***Erhöhung*** des Herzminutenvolumens. Entsprechend dem aktuellen Belastungsmaß wird pro Minute eine größere Blutmenge umgewälzt. Dies erfolgt über die Erhöhung der ***Herzfrequenz*** und des ***Schlagvolumens***. Bei der Sicht auf diese beiden Möglichkeiten muss auf die allgemeine Feststellung verwiesen werden, dass ***Volumenarbeit*** des Herzens ***energetisch*** günstiger verläuft als Frequenzarbeit. Je ausdauertrainierter eine Person ist, umso mehr reagiert das Herz auf entsprechende Belastung mit Volumenaktion, bei untrainierten Personen erfolgt die höhere Arbeitsleistung vorwiegend über die Erhöhung der Frequenz.

Unter ***hoher*** und ***höchster*** Belastung steigert sich über die Zunahme von ***Herzfrequenz und Schlagvolumen*** die Herzleistung beträchtlich. Das Herzminutenvolumen kann dann bei ausdauertrainierten Leistungssportlern 30 bis über 40 l/min (mit Pulsfrequenzen von 180-210) Blut betragen,[29] ansonsten bei untrainierten (drittes Lebensjahrzehnt) bis 20 l (männlich) und 12-14 l (weiblich). Die durch steigende Leistungsanforderungen notwendige Steigerung des Schlagvolumens kann sich über eine trainingsbedingte Herzvergrößerung, das so genannte ***Sportherz*** (gesunde Anpassung durch intensives Ausdauertraining über längere Zeit), über verstärkte sympathische Antriebe (Sympathikus) sowie über einen verstärkten Rückstrom venösen (verbrauchten) Blutes in das Herz und Änderungen in biochemischen Abläufen im Herzmuskel vollziehen. Im gesundheitsorientierten Gehen, Walken und Joggen ohne Wettkampfambitionen streben wir keine so hohen Ausdaueranforderungen an, die über morphologische Anpassungen des Herzens zum ausgeprägten Sportherz führen. Wir gehen oder joggen mit der Orientierung, moderate Belastungsanforderungen an uns zu stellen, die wir über viele Jahre halten können, um damit erreichte funktionelle Anpassungen am Herzen an höhere Ausdauerbelastungen über Jahrzehnte zu erhalten, also biologisch jünger zu bleiben (Abb. 10).

Vorteilhaft sind im Zusammenhang mit ausdauerorientiertem Gehen, Walken, Joggen auch die Auswirkungen auf den Blutdruck. Bei regelmäßigem Training entwickelt sich für gewöhnlich eine so genannte ***Trainingshypotonie*** (trainingsbedingte Absenkung des Blutdrucks; gegensätzlich dazu verläuft die unerwünschte ***Hypertonie***). Der Blutdruck, z. B. der erstgenannte höhere Wert (der ***systolische*** Wert, der den Blutdruck in den Arterien im Moment der Austreibungszeit aus der linken Herzkammer während der Kontraktion der Herzkammern darstellt), wird um 10-20 mmHg ***abgesenkt***.

Dieser vorteilhafte Effekt kann aber nur durch ***regelmäßiges*** Training aufrechterhalten werden. Das ist insofern von Bedeutung, weil der ***altersbedingte*** Anstieg des systolischen Blutdrucks dadurch ***viel weniger steil*** verläuft und das Herz weniger Arbeit leisten muss. Fakt ist, dass der systolische Blutdruck bei ausdauertrainierten älteren Personen ***weit unter*** dem der Normalbevölkerung liegt, die eher die Tendenz zur Hypertonie aufweist. Aus der Literatur ist bekannt, dass entsprechend aktive 45-Jährige im Durchschnitt 15 mmHg, 55-Jährige um etwa 20 mmHg und 70-Jährige um etwa 30 mmHg niedrigere systolische Werte aufweisen, als es der jeweiligen Altersklassennorm entspricht.[30] Auch diese Effekte sind nicht nur für leistungsbedingte Fortschritte im Gehen, Walken, Joggen von Bedeutung, sondern mehr noch besitzen sie hohen prophylaktischen Wert für gesundes Älterwerden.

Bezüglich der ***möglichen*** Erhöhung der Herzfrequenzen während des Trainings müssen wir berücksichtigen, dass die ***maximal*** erreichbaren Herzfrequenzen mit ***fortschreitendem*** Alter zurückgehen. Beachten wir das nicht, können bei Pulskontrollen im Training älterer Personen fälschlicherweise geringere Belastungen angenommen werden, es besteht die Gefahr der ***Fehlinterpretation***. Eine der angewendeten Faustregeln geht davon aus, dass der Mensch eine maximale Herzfrequenz von etwa 220 Schlägen pro Minute erreichen kann. Von diesem ***angenommenen Maximalwert*** ist dann das Lebensalter abzuziehen, um auf den ***altersmodifizierten Maximalwert*** zu kommen (Streubreite plus/minus 10). 60-70-jährige Herzen könnten also auf maximale Frequenzen zwischen 150-160 HF/min kommen (Ausnahmen langjährig Trainierender sind nicht auszuschließen, bestätigen jedoch die Regel). Dieser altersmodifizierte Maximalwert wird im gesundheitsorientierten Ausdauertraining keinesfalls praktisch angezielt. Er kann im Rahmen einer orientierenden Faustregel aber als Ausgangspunkt zur Berechnung eines optimalen Trainingspulses dienen.

Werden die altersbedingten Reduzierungen des Maximalpulses nicht berücksichtigt, kann es zu Fehlern in der Steuerung und in der Interpretation individueller Trainingsbeanspruchungen kommen, die Grenzen gesundheitsorientierter Belastung werden überschritten.

Wir stellen fest:

Gesundheitsorientierte Belastungen durch ***ausdauerförderndes*** Gehen, Walken, Joggen führen zu positiven Anpassungen des Herzens, die, im Ergebnis vieler Einzelreaktionen, vor allem zur ***Senkung des Sauerstoffbedarfs*** im Herzmuskel selbst führen. Diese sind mit der gleichzeitigen Möglichkeit verbunden, bei Bedarf das ***Sauerstoffangebot*** am arbeitenden Herzmuskel zu erhöhen. Die Effekte auftretender Trainingshypotonie sind erwünscht und von außerordentlich prophylaktischer Bedeutung.
Zu den Anpassungen zählen:

- Die ***Verminderung*** der Ruheherzfrequenz und der Herzfrequenz im submaximalen Belastungsbereich. Dadurch vermindert sich der Sauerstoffverbrauch des Herzens bei vergleichbarer Leistung, es arbeitet auch im Alltag insgesamt ***ökonomischer***.
- Die ***Vergrößerung*** des Schlagvolumens; moderate, funktionell-regulative Erweiterung der Herzhöhlen.
- Die ***Verlängerung*** der Phase der Diastole (Herzerschlaffung zwischen zwei Druckphasen, den Systolen). Da in der Diastole das Herz selbst mit Blut versorgt wird, ***verbessert*** sich nachhaltig durch diesen Effekt die ***Blutversorgung*** des Herzens.
- Die ***Absenkung*** des systolischen Drucks.
- Die ***Reduktion*** der Kontraktilität des Herzmuskels.
- Bei der ***vegetativen*** Reizsteuerung ***Verminderung*** der Freisetzung der Wirkstoffe des Sympathikus – Adrenalin, Noradrenalin (***Katecholamine***).
- Die erhöhte elektrische Stabilität in der muskulären Wand des Herzens (Myokard).

Diese Adaptationen[31] führen zu einer Leistungsfähigkeit des Herzens, die deutlich ***über*** derjenigen von gleichaltrigen untrainierten Personen liegt. Mit angemessenen Trainingsprogrammen kann man durch Gehen, Walken, Joggen Alternsvorgänge abbremsen und Jahrzehnte biologisch dem kalendarischen Alter hinterhergehen. Die ***Blutgefäße*** des Herz-Kreislauf-Systems bilden ein geschlossenes Röhrensystem, in dem das vom Herzen in sie hineingepumpte Blut zirkuliert. Vom Herzen ausgehend, wird das Blut ***nähr***- und ***sauerstoffreich*** als arterielles Blut in die verschiedenen Körpergewebe geleitet und ***nach dem Austausch*** von Sauerstoff, Nähr- und Wirkstoffen in den ***Zellen*** als sauerstoffarmes, venöses Blut zur Wiederauffrischung ***zurückgeführt***. Im Interesse einer Gesamtübersicht wird dieser Kreislauf in Abbildung 11 schematisch dargestellt.

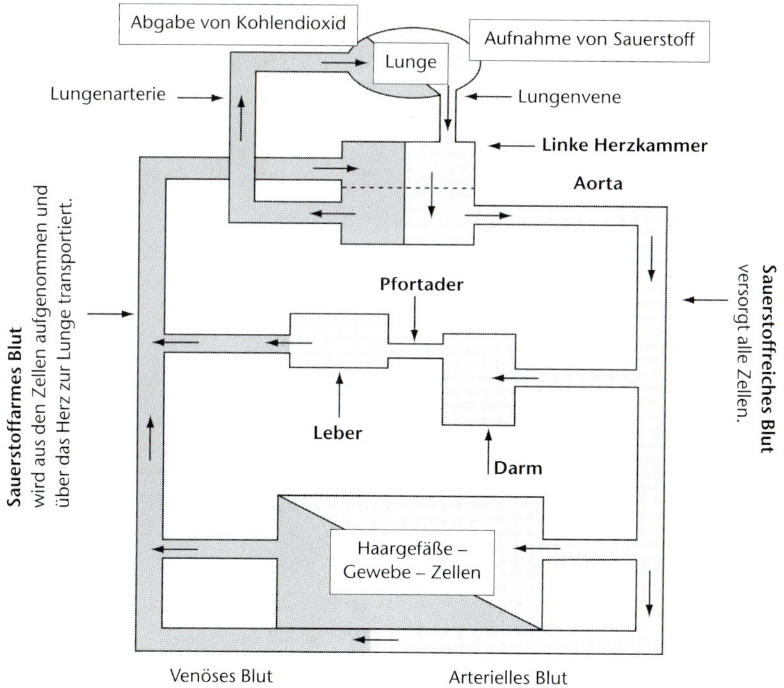

Abb. 11: Der Blutkreislauf – schematische Übersicht

Das Kreislaufsystem wird nach seinen maßgeblichen Schaltstellen in den ***Körperkreislauf*** (oder großen Kreislauf), den ***Lungenkreislauf*** (oder kleinen Kreislauf) und in das Nebensystem ***Pfortaderkreislauf*** unterteilt.

Der ***Körperkreislauf*** beginnt in der ***linken*** Herzkammer, er ***versorgt*** und ***entsorgt*** alle Organe des Körpers über das Blut, und endet im ***rechten Vorhof*** des Herzens. In den Arealen des Körperkreislaufs besteht ***anforderungsbestimmte*** Variabilität. Die beim Gehen, Walken, Joggen entstehenden Anforderungen für notwendige Umverteilungsleistungen kommen darin zum Ausdruck, dass unter *Ruhebedingungen* etwa 20 % des Blutes die Muskulatur durchfließen, während bei höheren *Arbeitsanforderungen* an größere Muskelpartien über 80 % des Herzzeitvolumens dorthin geleitet werden müssen.

Der ***Lungenkreislauf*** dient der Sicherung des Gasaustauschs. Er beginnt in der ***rechten Herzkammer*** (verbrauchtes Blut), verläuft über die Lungenarterie in die Lunge (***Kohlendioxid*** wird ***ausgeschieden*** und frischer ***Sauerstoff*** wird ***zugeführt***), von dort über die Lungenvene in den ***linken*** Vorhof des Herzens (von dort in die linke Kammer, in ihr beginnt wieder der große Kreislauf). Im Gegensatz zum großen Kreislauf sind im Lungenkreislauf ***keine*** Umverteilungen möglich. Das ***gesamte,*** anfallende, verbrauchte Blut muss möglichst schnell und in vollem Umfange in der Lunge mit Sauerstoff versorgt werden.

Der ***Pfortaderkreislauf*** leitet als Nebensystem das venöse Blut der Verdauungsorgane (das auch mit Nährstoffen angereichert ist) ***zur Leber***. Die Leber als maßgebliches Stoffwechselorgan hat eine zentrale Position im Zuckerstoffwechsel. Ebenso wirkt sie am Fett- und Eiweißstoffwechsel mit und ist an der Entgiftung durchfließender schädlicher Substanzen (aus dem Magen-Darm-Trakt) sowie an der Blutbildung und am Blutabbau beteiligt. Das Blut verlässt die Leber über die Lebervenen und wird der unteren Hohlvene, und damit dem venösen Teil des großen Kreislaufs, zugeführt.

Insgesamt stellen ***Gehen, Walken, Joggen*** maßgebliche Ansprüche an die ***Verteilerleistungen*** des Kreislaufs. Bei ausreichender moderater Wiederholung dieser Anforderungen werden die Strukturen und Funktionen des Systems trainiert und halten sie bis ins höhere Alter leistungsfähig.

Die blutführenden Gefäße des Kreislaufs werden funktionell und anatomisch nach ***Arterien, Arteriolen, Kapillaren*** (Haargefäße) und ***Venen*** unterschieden.

Die vom Herz ***wegführenden*** Blutgefäße sind die ***Arterien***. In ihrer weiteren Vernetzung verkleinern sich die Arterien und es folgen die ***Arteriolen***, die sich dem Bedarf der zu versorgenden Gewebe entsprechend aktiv weit oder eng stellen können. Sie üben mit dieser aktiven ***Durchmesservariabilität*** großen Einfluss auf die Widerstandsregelung des Blutflusses und damit auf den ***arteriellen*** Blutdruck des Körpers aus. Den Arteriolen sind im Blutstrom die ***Kapillaren*** (Haargefäße) nachgegliedert. Sie machen durch ihre hohe Anzahl von etwa fünf Milliarden und einer Gesamtlänge von 100.000 km den Hauptteil des menschlichen Gefäßsystems aus. Allerdings ist die Kapillardichte im menschlichen Organismus nicht überall gleich. In Gewebe mit ***geringer*** Sauerstoffversorgung (z. B. Sehnen und Bändern sowie Hüllen der Muskeln und Organe: Faszien) ist die Kapillardichte ***gering***, in Arealen mit ***hohem*** Blutbedarf dagegen, z. B. im Skelettmuskel, ist sie sehr ***hoch***.

Die Leistung vorhandener ***Regelmechanismen***, die die Anzahl durchbluteter Kapillaren je nach Bedarf an sauerstoffhaltigen Blut steuern, ist beeindruckend. Die zur Verfügung stehende ***Gesamtblutmenge reicht nicht aus***, um ständig alle Organbezirke ***gleichzeitig*** optimal zu versorgen. Im Übergang von den kleinsten arteriellen Gefäßen (Arteriolen) zu den Haargefäßen gibt es muskuläre Arteriolenabschnitte, die den Zustrom frischen Blutes zu den Kapillaren in ***ruhenden*** bzw. ***unbelasteten*** Arealen ***absperren*** können. In Ruhe sind z. B. drei Viertel aller Muskelkapillaren verengt bzw. verschlossen.

Bei ***Leistungsanforderungen*** an bestimmte Organe, durch ***Gehen, Walken, Joggen*** z. B., werden dort sämtliche Kapillaren geöffnet und erweitert, ihre Gesamtoberfläche nimmt dadurch auf das bis zu 100fache zu. So werden die geforderten Bereiche dann bevorzugt mit frischem Blut bedient.

Deshalb ist es einleuchtend, dass nach dem Essen besonders die Verdauungsorgane hohen Blutbedarf haben und es nachteilig wäre, gleichzeitig größere Muskelgruppen (und damit den Gesamtorganismus) ***höheren*** Anforderungen auszusetzen. Auch ohne große Vorstellungskraft ist es sicher möglich, die nachhaltig gesundheitsfördernde Wirkung moderater Ausdauerbelastung zu begreifen. Insbesondere, wenn man weiß, dass die

Leistungsfähigkeit des Kapillarnetzes durch diese Anforderungen ***erhöht*** und sogar ***Neubildungen*** von Haargefäßen ausgelöst werden. Gerade in den durch ausdauerorientiertes Gehen, Walken, Joggen geforderten Skelettmuskeln ist ein dichteres Netz von Haargefäßen feststellbar. Das dichtere Versorgungsnetz und die ***dynamische Steuerung*** der ablaufenden komplexen Prozesse kann durch gesundheitsorientiertes Gehen, Walken, Joggen ***bis ins hohe Alter aktiviert*** werden, später im Alter doch eintretende Veränderungen an den Gefäßwänden können besser kompensiert werden.

Nach dem Austausch von Sauerstoff und Nährstoffen aus dem Blut an die Zellen und der Übernahme von Schlackestoffen zum Abtransport übergibt das großflächige Netz der Haargefäße das abfließende, ***verbrauchte Blut*** an kleinste ***Venen*** (Venulen). Über nachfolgende ***Venenäste*** gelangt dies schließlich in die großen, zum rechten Vorhof des Herzens führenden Venen (siehe Abb. 11).

Im Vergleich zu den Arterien ist die ***Anzahl*** der Venen wesentlich ***größer***. Zumeist gehören zu ***einer*** Arterie ***zwei*** Venen. Im Gegensatz zu den ***Gefäßwänden*** der Arterien, sind die der Venen dünner und außerordentlich dehnbar, aber sie können sich auch ***aktiv*** verengen. Dadurch haben die Venen auch die Funktion eines Blutreservoirs im gesamten Kreislauf übernommen. In Ruhe befinden sich etwa zwei Drittel (65 %) des gesamten Blutes im venösen Kreislauf. Bei Bedarf können die Venen durch ihre ***aktive*** Verengung das Herzzeitvolumen durch verstärkten Zustrom venösen Blutes zum Herzen vergrößern.

Die Pumpwirkung des Herzens auf den ***Rückstrom*** des verbrauchten Blutes ist relativ ***gering***. Dadurch bestünde normalerweise die Gefahr eines Rückströmens venösen Blutes in die Körperperipherie. Jedoch die ***Venenklappen*** in den Venen verhindern mit ihrer Funnktion als Rückschlagventile im Bereich der Extremitäten das Rückfließen des in Richtung Herz aufsteigenden venösen Blutes. Das Einbetten der Venen zwischen die Muskulatur führt im Falle von Muskelkontraktionen zur ***Muskelpumpe***, die schematisch in Abbildung 12 dargestellt wird.

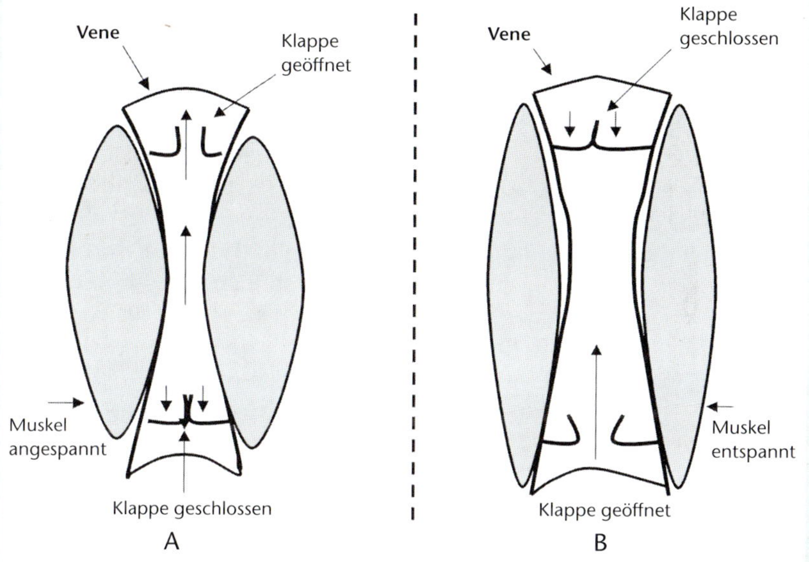

Abb. 12: Die Muskelpumpe mit Funktion der Venenklappen

Ihre Funktionsweise lässt sich wie folgt skizzieren:

Unserem Bewegungsvorhaben entsprechend gehen, walken oder joggen wir. Bei jedem Schritt wird die geforderte Beinmuskulatur ***angespannt***, wir setzen die Arme ***aktiv***-mitschwingend ein, die dabei beanspruchte Muskulatur ***spannt*** sich ebenfalls mit an. Diese ***Kontraktionen*** bewirken nicht nur ein Zusammenziehen, sondern sie ***verdicken*** den arbeitenden Muskel gleichzeitig. Der Raum ***zwischen*** Vene und Muskeln wird ***enger***, die blutführenden Venen werden ***zusammengedrückt***, ihr Innendruck erhöht sich (Abb. 12, Vene ***A***). Jetzt verhindern die unteren Venenklappen der unteren Extremitäten das Zurückdrücken des verbrauchten Blutes in die Peripherie, es kann ***nur*** dem ansteigenden Druck durch einen Fluss nach oben in Richtung ***Herz*** nachgeben. Ist der Schritt ausgeführt, ***entspannt*** sich die betreffende Muskulatur, die eingebetteten Venen können sich auf ihren ursprünglichen Durchmesser ***weiten*** und von unten her auffüllen (Abb. 12, Vene ***B***). Wenn der nächste Schritt erfolgt, wiederholt sich die Kontraktion, die aufgefüllte

Blutmenge wird erneut in Richtung Herz gedrückt. Dadurch strömt das venöse Blut von unten ***zum*** Herz. Beim Gehen, Walken, Joggen üben die ***Muskeln*** in ihrem Rhythmus von ***Kontraktion*** (Zusammenziehen) und ***Entspannung*** eine Pumpwirkung für den Rückstrom des venösen Blutes aus.

Daraus ist zu folgern, dass die Skelettmuskulatur mit Wirkung der Muskelpumpe für einen gesunden und belastbaren Kreislauf neben dem Herz eine nicht zu unterschätzende Rolle spielt. Wenn die Muskulatur durch ungenügende Belastung bei ***Bewegungsarmut*** schwächer wird, nimmt also nicht nur die Muskelleistung ab, sondern die Muskelpumpe wird ebenfalls schwächer und der Blutrücklauf ***verlangsamt*** sich. Schwächere und schmalere Muskeln üben einen ***geringeren*** Andruck von ***außen*** auf die Venenwand aus. Das führt dazu, dass der ***Veneninnendruck anwächst*** und die Gefäßwände nach außen gedehnt werden. Die dünne Venenwand ***überdehnt*** im Laufe der Zeit, die Venenklappen im Inneren dichten nicht mehr völlig ab. Die Funktion der Venenklappen als Rückschlagventil wird ***gestört***, es wird sogar ein ***Blutrückfluss*** möglich. Dort, wo sich das zurückfließende Blut sammelt, ***erhöht*** sich der Veneninnendruck erheblich, die dünnen Gefäßwände werden ***überdehnt*** und es können sich Krampfadern bilden.

!

- Der Körper wird über die sich ständig weiter verästelnden, ***nacheinander folgenden*** Arterien – Arteriolen – Kapillaren (Haargefäße) mit sauerstoffreichem Blut versorgt. Der ***Hauptteil*** dieses versorgenden Systems wird vom ***Kapillarnetz*** gebildet, das mittels gesundheitsorientierter Trainingsprogramme in den wiederholt belasteten Skelettmuskeln ***trainiert*** und ***vergrößert*** werden kann. Moderate gesundheits- und ausdauerorientierte ***Bewegung zu*** Fuß ***verbessert*** die periphere Durchblutung unseres Körpers. Dieser Effekt ist grundsätzlich von hohem gesundheitlichen Wert.
- Die Anzahl der ***Venen*** ist gegenüber der der Arterien wesentlich ***größer***. Die ***Gefäßwände*** der Venen sind dünner und außerordentlich dehnbar, aber sie können sich auch ***aktiv verengen***. Daraus ergibt sich ihre gleichzeitige Funktion eines Blutreservoirs im gesamten Kreislauf. Bei entsprechenden Anforderungen können die Venen durch ihre ***aktive*** Verengung das Herzzeitvolumen durch verstärkten Zustrom venösen Blutes zum Herzen vergrößern.

- Die ***Blutversorgung*** über das Gefäßsystem des Kreislaufs erfolgt vorwiegend ***belastungsorientiert***. Die beim Gehen, Walken, Joggen hoch ***geforderten*** Bereiche werden gegenüber gleichzeitig ***weniger*** geforderten Arealen des Körpers ***bevorzugt*** mit sauerstoffreichem Blut versorgt. Gehen, Walken und Joggen können die dynamische Steuerung dieser komplexen Prozesse bis ins höhere Alter ***aktivieren***, später im Alter eventuell eintretende Veränderungen an den ***Gefäßwänden*** können besser kompensiert werden.
- Ein gut funktionierender und leistungsfähiger Kreislauf ist in seinem venösen Teil (Rückfluss des Blutes zum Herzen) in gewisser Abhängigkeit von einer kräftigen und aktiven Skelettmuskulatur. Regelmäßiges Gehen, Walken, Joggen befördern diese gegenseitige Aktivierung von Kreislauf und Muskulatur und wirken Funktionsstörungen und gesundheitlichen Beeinträchtigungen im venösen Teil des Herz-Kreislauf-Systems entgegen.

Das Blut zirkuliert mit seinem durchschnittlichen Volumen von 5 l (untrainierte Frauen 4,5 l, untrainierte Männer 5,4 l[32]) durch die Röhren des Herz-Kreislauf-Systems. Es besteht etwa zur Hälfte aus einer Blutflüssigkeit, dem ***Blutplasma***, die andere Hälfte machen die ***Blutzellen*** aus. Während das ***Blutplasma*** Bau- und Nährstoffe an die Zellen bringt sowie Stoffe zur Blutgerinnung permanent durch den Kreislauf transportiert, führt die Erste der drei Arten von Blutzellen, die ***roten Blutkörperchen***, den lebensnotwendigen Sauerstoff an die Zellen heran. Die zweite Art von Blutzellen, die ***weißen Blutkörperchen***, bekämpfen eingedrungene Bakterien und Entzündungsprozesse. Die ***Blutplättchen*** schließlich als dritte Art der Blutzellen sind zuständig für die Blutgerinnung.

Im Rahmen seines ständigen Kreislaufs durch den Körper und durch seine spezifische Zusammensetzung erfüllt das Blut lebenswichtige ***Funktionen***, von denen hier neun kurz genannt werden, wobei zu berücksichtigen ist, dass sich diese Funktionen z. T. gegenseitig bedingen bzw. ergänzen und unterscheiden:

Die generelle, übergeordnete ***Transportfunktion*** des Blutes ermöglicht die nachgeordnete ***Atemfunktion*** (den Sauerstoffantransport ***von*** der Lunge zu den Körperzellen, den Kohlendioxidabtransport von den Zellen ***zur*** Lunge). Über die ***Nährfunktion*** wird die Versorgung der Zellen mit Kohlenhydraten, Fetten und Eiweißen gewährleistet. Die ***Spülfunktion*** erfüllt den Abtransport von Stoffwechselprodukten aus den Zellen. Die ***Steuerungsfunktion*** gewährleistet die chemische Steuerung des Gesamtorganismus über Hormone, Vitamine, Fermente. Die ***Wasser- und Elektrolyttransportfunktion***, die insbesondere auch beim gesundheitsorientierten Gehen, Walken, Joggen (Salz- und Wasserverluste durch Schwitzen) aktiviert wird, ebenso die ***Wärmetransportfunktion***: In Ausfüllung dieser Funktion nimmt das Blut die beim Stoffwechsel entstehende Wärme auf und transportiert sie an die Körperoberfläche, aber es verteilt auch die Wärme im gesamten Organismus. Zur Erhaltung des physikochemischen Gleichgewichts (relativ konstanter pH-Wert), das für die optimale Wirksamkeit der Enzyme wichtig ist, erfüllt das Blut eine ***Pufferfunktion***. Durch den Transport von Antikörpern und Abwehrzellen erfüllt das Blut letztlich auch eine ***Abwehrfunktion*** gegenüber eindringenden Krankheitserregern oder Fremdkörpern.

Anhand dieser vereinfachten Skizze wird die lebenswichtige Funktion des Blutes offensichtlich. Deshalb ist es eine logische Folgerung, dass die Anpassungen des Blutes an die ausdauerorientierten Belastungen durch Gehen, Walken, Joggen grundsätzlich positive Auswirkungen auf die Gesundheit, auf Vitalität und Fitness haben müssen.

So führen angemessene Ausdauerbelastungen langfristig zu einer ***Zunahme des Blutvolumens*** um 1-2 l. Durch proportionale Änderungen seiner Bestandteile wird bei kontinuierlichem Training die ***Sauerstofftransportkapazität*** des Blutes ***erhöht*** (rote Blutkörperchen und Hämoglobin), nicht wie im Effekt des Höhentrainings als relative Konzentrationszunahme, sondern durch die erhöhte Gesamtblutmenge als absolute Zunahme.

Gleichzeitig ***verbessern*** sich die ***Fließeigenschaften*** (rote Blutkörperchen). Das ***Fibrinogen*** als Faktor der Blutgerinnung wird ***reduziert, die Eigenschaft der Ballung*** von Thrombozyten (Blutgerinnung – Thrombusbildung) ***wird gesenkt***, die ***Viskosität*** (Klebrigkeit) *wird* ***reduziert***. Die positive ***Gesamtwirkung*** von gesundheitsorientiertem Ausdauertraining mittels Gehen, Walken, Joggen hinsichtlich sich verändernder Gerinnungsfaktoren besteht vor allem in einem ***antithrombotischen Effekt***, d. h. in einer ***Thromboseprävention***.

Durch Ausdauertraining erhöhen sich im Blut die Konzentrationen jener Substanzen, die für Muskelarbeit bei länger andauernden Belastungen und für die Funktionsfähigkeit des Nervensystems von Bedeutung sind (Kalzium- und Kaliumionen). Außerdem ist es für die grundsätzlich verbesserte allgemeine Abwehrlage des Organismus von Vorteil, dass beim Gehen, Walken, Joggen der Parasympathikus überwiegend gereizt wird, der die Produktion der Lymphozyten aktiviert.

Unter dem Aspekt der belastungsadäquaten Umverteilung des Blutes im Organismus wird durch regelmäßig durchgeführtes Training die Fähigkeit zu dieser schnellen Reaktion verstärkt und erhalten.

Wir stellen fest:

- Durch ausdauerorientiertes Gehen, Walken, Joggen vollziehen sich im Blut langfristige ***gesundheits***- und ***leistungsfördernde Adaptationen*** sowohl hinsichtlich seiner Zusammensetzung als auch in seinen vielfältigen lebenswichtigen Funktionen. Diese Anpassungen sind von ***hoher präventiver Bedeutung***.
- Zusammenfassend für das Herz-Kreislauf-System bleibt festzustellen, dass, ausgehend vom Herz als Motor des ganzen Systems, über das Gefäßsystem mit seinen Verteilerfunktionen, bis zum Transportmittel Blut, regelmäßiges Training mit ausdauerorientiertem Gehen, Walken, Joggen zu komplexen positiven Anpassungen führt, die sowohl die ***Leistungsfähigkeit*** des Gesamtorganismus als auch seine ***Widerstandskraft*** gegenüber störenden und gefährdenden Einflüssen auf die Gesundheit stärken.

1.4.2 Für Knochen und Gelenke

Knochen und ***Knorpel*** bilden das ***Stützgerüst*** (Skelett) unseres Körpers. Zusammen mit den Sehnen und Bändern ergeben sie den ***passiven Bewegungsapparat***, weil sie sich auch beim Gehen, Walken, Joggen ***nicht*** selbst aktiv bewegen können (im Gegensatz zur Muskulatur, dem aktiven

Bewegungsapparat). Sie bieten aber auch für Gehirn, Rückenmark, Knochenmark und die Sinnesorgane Schutz, ebenso wie das korbartige Gebilde des Brustkorbs den lebenswichtigen inneren Organen Schutz bietet. Der Knochen kann nur auf Grund seiner hervorragenden ***mechanischen*** Eigenschaften die auf ihn lastenden Aufgaben als Stütze und Teil des Bewegungsapparats bei der Fortbewegung zu Fuß erfüllen. Er sichert die ihm zugedachten Funktionen mit einer ***Druckfestigkeit*** von 15 kg/mm^2 (höher als älterer Sandstein oder Muschelkalk), einer ***Zugfestigkeit*** von 10 kg/mm^2 (zäher als Kupfer oder Duraluminium) sowie einer statischen Biegefestigkeit von 18 kg/mm^2 (vergleichbar mit der des Flussstahls) und einer ***Elastizität*** von 130 kg/mm^2 (ähnlich wie Eichenholz), ab.[33]

Auf Grund dieser Vergleiche darf man jedoch nicht annehmen, dass der Knochen ***tote*** mineralische ***Struktur*** wäre, sondern er ist lebendes, mit hoher Plastizität und Umbaufähigkeit ausgestattetes Gewebe, das, wie alle Zellen unseres Organismus, ***ständig*** auf- und abbauende Veränderungen vollzieht und ebenso die ***dynamische*** Fähigkeit zu biologischer ***Anpassung*** besitzt. Das Knochengewebe reagiert dynamisch auf physikalische und chemische Reize, es beantwortet Beanspruchung mit ***Umbau*** und erhält die erwähnten mechanischen Eigenschaften erst durch die sich entfaltende funktionelle Struktur.

Demzufolge werden Entwicklung und Erhalt der Belastbarkeit des Skeletts lebenslang von den alltäglich auf die Knochen einwirkenden Druck-, Zug-, Dreh- und Schubkräften, von ausreichender Versorgung mit Nährstoffen und angemessener Zeit für Erholung und Adaptation nach höheren Belastungen mitgeprägt. Für den Knochen gilt wie für alle lebenden Strukturen sinngemäß: *Wer rastet*, der *rostet*. ***Angemessenes*** Gehen, Walken, Joggen belastet unser Skelett und fordert Anpassungsprozesse in den belasteten Knochen heraus. Beim erwachsenen Menschen besteht die kompakte Knochensubstanz zu etwa 27 % aus organischer Substanz (Ossein), zu 52 % aus anorganischem Material (davon wiederum 85 % Kalziumphosphat, 10 % Kalziumkarbonat, 5 % Magnesium und Alkalisalze) sowie aus annähernd 21 % Wasser.

Beim gesunden erwachsenen Menschen vollziehen sich fortlaufend Ab-, Um- und Neubildungsprozesse im Knochengewebe im ständigen ***Fließgleichgewicht***. Die Intensität des Knochenstoffwechsels wird u. a. darin deutlich, dass ***alltäglich*** 10-20 % der Mineralsubstanzen in unserem Organismus ausgetauscht werden. Über den Zeitraum von etwa 50 Tagen geschieht dasselbe mit fast 30 % des Phosphatanteils in den äußeren Enden der langen Röhrenknochen (Epiphysen) sowie mit 30 % der Phosphatide des Knochenmarks. Unser Skelett wird in der Summe dieser Vorgänge während des Lebens 6-7 x ab und wieder neu aufgebaut.[34]

Die Auf- und Abbauvorgänge im Knochen werden sowohl von Aktivitäten der Skelettmuskulatur während des Gehens, Walkens, Joggens als auch von der Schwerkraft beeinflusst. Dabei wirken die Größe der ***mechanischen*** Beanspruchung, die Beanspruchungsrate ***pro Zeiteinheit*** und die ***Beanspruchungsrichtung*** als Stressfaktoren auf die Knochenstruktur und die Knochenmasse.[35]

Es ist Fakt, dass ***Druck- und Zugbelastungen*** am Knochen auch durch unsere Aktivitäten des Gehens, Walkens, Joggens sowohl notwendige ***Entwicklungsreize*** als auch ***funktionserhaltende*** Reize darstellen. Diese Vorgänge sind jedoch nur zu sichern, wenn die dafür notwendige ***Versorgung*** vor allem mit Kalzium, Phosphor, Fluor und Vitamin D sowie die entsprechende Proteinversorgung gewährleistet ist. Deshalb sollte im Zusammenhang mit der Absicht auf gesundheitsfördernde Wirkungen durch ausdauerorientiertes Gehen, Walken und Joggen stets eine adäquate gesunde Ernährungsweise angestrebt werden. Die biologische ***Anpassung*** des Knochens, auch durch intensivere Formen der Bewegung zu Fuß, vollzieht sich einmal in Form erhöhter ***Knochendichte*** entlang der ***Hauptbelastungslinien*** in der Knochenbälkchenstruktur (als ***binnenstrukturelle Adaptation*** bezeichnet) und zum anderen in der kompakten ***Knochenrinde*** (***Dickenwachstum*** der Knochenrinde).

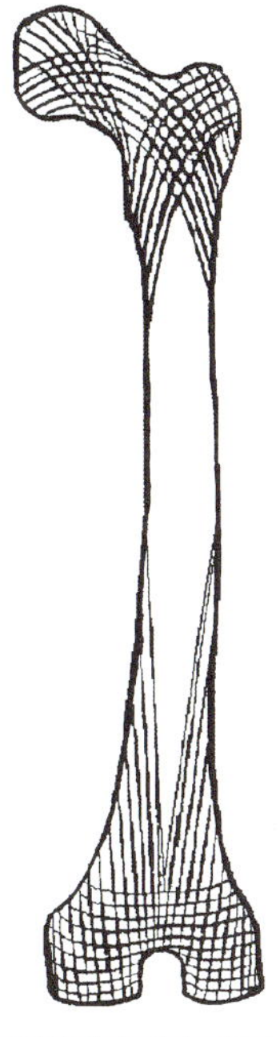

Abb. 13: Prinzip des Aufbaus der Knochenbälkchen nach Zug- und Drucklinien im Oberschenkelknochen – schematisch als Frontalschnitt

Das deutliche Wachstum der beanspruchten Knochenrinde ist etwa ***6-7 Monate*** nach Trainingsbeginn röntgenologisch ***nachweisbar***. Diese belastungsgeprägten Anpassungen vollziehen sich über Prozesse erhöhter ***Zufuhr*** notwendiger Nähr- und Aufbaustoffe (z. B. Kalzium), durch eine verbesserte ***Knochengewebsdurchblutung*** (bewirkt durch die Muskelpumpe, siehe Abb. 12) sowie über einen beschleunigten ***Um- und Aufbau*** der inneren Strukturen (durch erhöhte und aufeinander abgestimmte Aktivität der knochenaufbauenden und -abbauenden Zellen).

WESTLIN (1970)[36] hat durch Untersuchungen von sportlich ***aktiven*** und sportlich ***nicht*** aktiven jungen Männern übereinstimmend mit ATKINSON (1962)[37], der Personen älter als 50 Jahre untersuchte, nachgewiesen, dass am jeweils untersuchten Oberschenkelknochen (Femurknochen) bei den körperlich ***aktiven*** Personen die Knochendichte ***deutlich höher*** war. Nach einiger Zeit eines von Nichtsportlern neu aufgenommenen Lauf- oder Skilauftrainings wurde eine höhere Knochendichte im Oberschenkelknochen (Femur) gemessen als vor der Trainingsaufnahme.[38]

Sowohl ***längere Bettruhe*** als auch eine mehr als vier Tage anhaltende ***Schwerelosigkeit*** (fehlende Druckbelastung) durch Aufenthalt im Weltraum hingegen bedeuten eine ***Entlastung*** von dynamischer und statischer Tätigkeit, die den ***negativen*** strukturellen Umbau (Rückbau) des Knochens, vor allem über die eintretende ***Minderdurchblutung*** und verstärkte ***Kalziumausscheidung*** verursacht. Wie andere lebende Gewebe auch, passt der Knochen seine Belastbarkeit also auch im ***negativen*** Sinne an. Er regelt praktisch seine Kapazität auf eine erfolgte und von ihm wieder erwartete ***niedrigere*** Belastungsgröße herunter.

Deshalb ist zunehmende Unterforderung des Skeletts sowohl beim ***aufwachsenden*** Menschen als auch ***bei fortschreitendem Lebensalter*** mit außerordentlich ***negativen*** Folgen verbunden. Es fehlt, durch den ***Bewegungsmangel*** hervorgerufen, u. a. der natürliche Reiz für die ausreichende Aktivität der Knochenbildner (Osteoblasten) zum Knochenaufbau und der Erhalt ihrer Funktionsfähigkeit auf ausreichendem Niveau, um der allmählichen Knochenrückbildung entgegenwirken könnten. Gehen, Walken, Joggen tun den Knochen gut!

Wir stellen fest:

- ***Knochen*** ist ***lebendes***, mit hoher Plastizität und Umbaufähigkeit ausgestattetes Gewebe, das ***ständig*** auf- und abbauende Veränderungen vollzieht und ebenso die dynamische Fähigkeit zu biologischer ***Anpassung*** besitzt. Es ***reagiert*** dynamisch auf physikalische und chemische Reize, es beantwortet Beanspruchung mit ***Umbau*** und erhält die erwähnten mechanischen Eigenschaften erst durch die sich entfaltende ***funktionelle*** Struktur.
- Regelmäßiges, ausdauerorientiertes Gehen, Walken, Joggen, bei dem auf die Knochen vor allem Druck- und Zugkräfte einwirken, führt zu erwünschten, die Knochengesundheit fördernden Adaptationen, z. B. zur ***Verdickung*** der Knochenrinde, zu einer verbesserten ***Versorgung*** des gesamten Knochengewebes, zur ***Zunahme*** der Knochenbälkchenstrukturen entlang der Belastungslinien einschließlich ihrer Dickenzunahme.
- Durch Gehen, Walken, Joggen wird die gesamte Aktivität der Auf- und Abbauprozesse im Knochengewebe gefördert. Im Einklang mit der richtigen Ernährung wird der Entwicklung von Osteoporose vorgebeugt. Angemessene Fortbewegung zu Fuß unterstützt den Aufbau von Knochenmasse, wirkt der Gefahr der Knochenrückbildung entgegen und bremst im Knochengewebe ablaufende Alternsvorgänge.

Knorpelgewebe unterscheiden wir in drei Formen: ***hyaliner*** Knorpel, ***elastischer*** Knorpel, ***faseriger*** bzw. bindegewebiger Knorpel.

Hyaliner Knorpel (glasartig, bläulich-weiß durchscheinend) ist im menschlichen Körper von allen Knorpelarten am ***häufigsten*** vertreten. Er kommt vor als ***Überzug der Gelenkflächen***, als Rippenknorpel, bei den Spangen der Luftröhre und im Aufbau des Kehlkopfgerüstes.

Für regelmäßige sportliche Belastungen durch Gehen, Walken, Joggen ist es wichtig zu wissen, dass diese Art des Knorpels im Prinzip ***gefäß***- und ***nervenlos*** ist, der Austausch von ernährenden und verbrauchten Stoffen kann deshalb ***nur*** auf dem Wege der Diffussion (Ausgleich von Konzentrationsgefälle mittels Stofftransport durch eine Membran) ablaufen. Als Gelenkknorpel wird er durch den ***Saftstrom*** vom Knochen her ernährt.

Gesunder hyaliner Knorpel in Gelenken, der den ***Gelenkkopf*** überzieht und die ***Gelenkpfanne*** auskleidet, besitzt hohe Druck- und Zugfestigkeit und Elastizität (einschließlich gewisser Deformierbarkeit).

Kurzzeitige Belastungen führen zu einer ***akuten*** Dickenzunahme um 12-13 % (durch zeitlich begrenzte Flüssigkeitsaufnahme), die aber nach etwa einstündiger Erholungszeit wieder zurückgeht.[39] Verletzungen vorbeugend, provozieren wir diesen Effekt auch im gesundheitsorientierten sportlichen Training, indem wir vor intensiveren Hauptbelastungen eine ***Aufwärmphase*** durchführen (diese aber nicht nur wegen des Knorpels).

Gehen, walken und joggen wir regelmäßig schon ***längere*** Zeit, wird im hyalinen Knorpel eine Zunahme des ***Zellvolumens*** (Hypertrophie) und die Zunahme der ***Stoffwechselaktivität*** der Knorpelzellen hervorgerufen. Durch diese Anpassungen an unsere höhere körperliche Aktivität wird es dem Gelenkknorpel ermöglicht, höhere mechanische ***Belastungen ohne Beschädigung*** zu verarbeiten. Um diese Effekte nachhaltig zu erzielen, ist es insbesondere in der zweiten Lebenshälfte wichtig, die länger werdende Wiederherstellungszeit nach jeder Einzelbelastung zu berücksichtigen und eventuell abnehmende Syntheseleistungen des Knorpelgewebes bei der Belastungssteuerung zu ***beachten*** (z. B. im Urlaub, wenn größere Freizeit und schöne Umgebung in den Bergen zu intensiveren Belastungen in kürzeren Zeitabständen einladen).

Um ***Schädigungen*** des hyalinen Knorpelgewebes ***vorzubeugen***, sind praktikable Vorsichtsmaßnahmen schon üblich geworden. So gibt es dem jeweiligen Untergrund angepasste Schuhsohlen (verbesserte ***Stoßdämpfung***), bei kühlen Außentemperaturen werden bewusster als früher ***Gelenkwärmer*** angelegt, bei Kräftigungsübungen werden Tiefkniebeugen vermieden (Knieknorpel), in den meisten Sporthallen existieren elastische Fußböden usw.

Die ***funktionelle*** und ***strukturelle*** Anpassung der Knochen, Knorpel, Sehnen und Bänder an ***höhere*** Belastungen ist unterschiedlich, grundsätzlich aber im Vergleich zur Muskulatur ***bedeutend langsamer***. Der verringerte (fachwissenschaftlich *bradytrophe*) Stoffwechsel verlangsamt und verlängert damit auch mögliche Anpassungsprozesse.

Der ***elastische Knorpel*** (gelbliche Farbtönung) ist in unseren Zusammenhängen von geringerer Bedeutung. Er kommt vorwiegend in der Ohrmuschel, im äußeren Gehörgang und im Kehlkopf vor.

Der ***faserige*** oder ***bindegewebige Knorpel*** besitzt eine hohe Zugfestigkeit. Er bildet die Grundsubstanz z. B. für die Zwischenwirbelscheiben (***Bandscheiben***), für die Disken (Gelenkzwischenscheiben) und Menisken (Knie) sowie für die Schoß- und Schambeinfuge.

!

Wir stellen fest:

- Von den drei Knorpelarten ist unter dem Aspekt der erhöhten Belastungen durch Gehen, Walken, Joggen insbesondere der ***hyaline Gelenkknorpel*** beachtenswert. Er ist ***gefäß-*** und ***nervenlos***, der Austausch von ernährenden und verbrauchten Stoffen erfolgt ***nur*** auf dem Wege der Diffussion, er wird durch den ***Saftstrom*** vom Knochen her ernährt.
- Wir sehen im Training ***Erwärmungsphasen*** vor, u. a. um Schädigungen des hyalinen Gelenkknorpels vorzubeugen (Ausnutzung der akuten Dickenzunahme).
- Die ***Wiederherstellungszeit*** nach Belastungen ist für das Knorpelgewebe ***länger*** als beim Muskelgewebe. Extreme Belastungen erfordern bis zu 26 Stunden Regenerationszeit, um die volle Belastbarkeit wiederherzustellen.
- Die den jeweiligen Bodenverhältnissen angepassten ***Dämpfungseigenschaften*** der Trainingsschuhe sind für die schonende Belastung unserer Gelenkknorpel besonders wichtig.

Die Gelenke gestatten uns das Gehen, Walken, Joggen, sie erst ermöglichen die Bewegung unseres Körpers und seiner verschiedenen Teile. Ihre Funktionstüchtigkeit hat lebenslang einen großen Einfluss auf die Lebensqualität. Der Mensch besitzt über 100 Gelenke. Ein Teil davon, die ***bindegewebigen*** bzw. knöchernen Gelenke, lassen sich fast ***nicht*** bzw. gar nicht bewegen (z. B. Knorpelnähte am Schädel und das Becken). Die ***echten*** Gelenke ***lassen*** sich, je nach Gelenkart, in einem mehr oder weniger großen Spielraum bewegen.

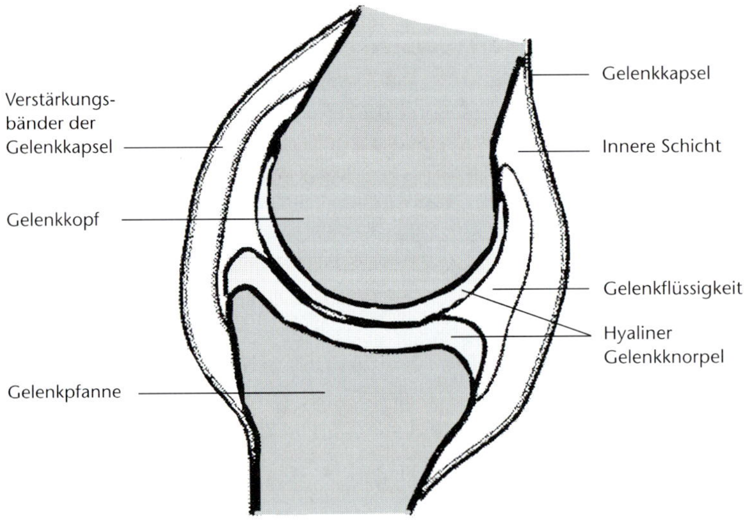

Abb. 14: Aufbau eines Gelenks – schematisch

Ein echtes Gelenk besitzt solche typischen ***Bausteine*** wie

- zwei Knochenenden, ein Ende als ***Gelenkkopf*** und ein Gegenüber als ***Gelenkpfanne***.
- die ***Gelenkflüssigkeit*** (***Gelenkschmiere***), die die Reibung zwischen den beiden Gelenkflächen senkt und den Knorpel ernährt.
- eine ***Gelenkkapsel***, die das Gelenk umschließt.
- ***Verstärkungsbänder*** (Verstärkungs- oder Hemmungsbänder) und in einigen Gelenken noch Bänder im Inneren (z. B. Knie- und Hüftgelenk), die als so genannte *Binnen-* oder *Zwischenknochenbänder* bezeichnet werden.

Die beiden Knochenenden, jeweils als Gelenkkopf und Gelenkpfanne ausgeformt, sind mit hyalinem ***Gelenkknorpel*** überzogen. Dieser Knorpel ist dank seiner speziellen Beschaffenheit in der Lage, zum ***Ausgleich*** von

Unebenheiten der Gelenkflächen beizutragen (Verformbarkeit) sowie Stoßeinwirkungen, wie sie z. B. beim Joggen vorkommen, zwischen den knöchernen Anteilen des Gelenks zu ***dämpfen*** und ***abzupuffern*** (Elastizität).

Die ***Gelenkschmiere*** (med. ***Synovia***) führt in Verbindung mit den positiven Eigenschaften des Gelenkknorpels dazu, dass die ***Reibung*** eines gesunden menschlichen Gelenks praktisch für uns ***keine*** Bedeutung hat. Von großer Bedeutung ist sie für die ***Ernährung*** des gefäßlosen Knorpels. In der ***Gelenkinnenhaut*** wird die Gelenkflüssigkeit ***produziert*** (eine fadenziehende Flüssigkeit, die Fetttröpfchen, Eiweiß, Hyaluronsäure (wichtiger Bestandteil des Bindegewebes und Zelltrümmer enthält). Dementsprechend ist die Gelenkinnenhaut stark mit Blutgefäßen ausgestattet. Durch die ***Bewegung***, z. B. im Kniegelenk beim Gehen und Joggen, wird die Gelenkflüssigkeit ***durchmischt***, gleichzeitig wird die im Gelenkspalt befindliche Flüssigkeit in die Knorpelzellen ***hineingepresst***. Nur so werden die Knorpelzellen ***versorgt***. Aus ***nichtbelasteten*** Knorpelarealen ***tritt verbrauchte*** (mit Abfallprodukten des Kordelzellstoffwechsels aufgefüllte) Gelenkflüssigkeit ***aus***. Die Gelenkinnenhaut nimmt die Abfallprodukte auf und leitet sie über ihre Blutgefäße ab.

Der ***Zusammenhalt der Gelenkflächen*** wird durch die ***Gelenkkapsel*** wesentlich unterstützt, dennoch kann sie diese Aufgabe bei weitem nicht allein ausfüllen. Dafür ist in hohem Maße die ***Eigenspannung*** des Muskels (als ***Tonus*** bezeichnet) und dessen ***Zugwirkung*** zuständig. Die so aufgebrachte Spannung hält auch bei hohen Anforderungen die Gelenkflächen eng zusammen. So wird z. B. die Kraft, die das Ellbogengelenk beim Heben eines etwa 50 kg schweren Gegenstands eng zusammenhält, auf mehrere Zentner geschätzt, bei einer mit 2 kg belasteten Hand sind es etwa 20 kg.[40]

Die ***Gelenkkapsel*** besitzt eine zarte, aus lockerem, zellreichen Bindegewebe aufgebaute ***Innenschicht*** (med. ***Synovialis***), deren zottenartige Erhebungen sind reich an Blutgefäßen, sensiblen Nerven und freien Bindegewebszellen. Bei Reizzuständen, u. a. infolge von Verschleiß am Gelenkknorpel (dieser hat selbst keine Nervenenden), vermitteln die Nerven der Innenhaut den warnenden Schmerz.

Die ***Verstärkungsbänder*** sind überaus straffes Gewebe mit relativ ***geringer*** Elastizität. Bei Überdehnungen, auch beim Gehen, Walken, Joggen, ist unbedingt eine längere Ruhepause für die überforderten Bänder einzuhalten. In dieser Regenerationszeit muss die notwendige Festigkeit für die vorgesehene Arbeit des Gelenks wieder völlig hergestellt werden.

Disken und ***Menisken*** (knorpelige Zwischenscheiben) wirken als Puffer im Gelenk, sie dämpfen Schlageinwirkungen und arbeiten als eine Art verschiebbare Gelenkfläche im Gelenk.

Schleimbeutel befinden sich überall dort, wo am Gelenk Weichteile über Knochenvorsprünge hinwegziehen. Mit dem Gelenkraum selbst gehen sie keine Verbindung ein. Sie dienen dem Schutz der über die Knochenvorsprünge ziehenden Sehnen und Haut.

Das ***Kniegelenk*** ist bei allen Arten der Fortbewegung zu Fuß besonders belastet. Es muss bei jedem Aufsetzen des Fußes unter dem Druck unseres gesamten Körpergewichts den Stoß abfangen und bis zum Abdruck des Fußes das Körpergewicht tragen. Es ist das größte und am kompliziertesten gebaute Gelenk (in der Art eines Scharniergelenks) des menschlichen Körpers. Es besitzt eine ausgesprochen feste, die Gelenkkapsel umhüllende ***Bandsicherung***. Daran beteiligt sind Sehnen des vierköpfigen Schenkelstreckers (mit eingelagerter ***Kniescheibe***), des Zwillingswadenmuskels, des Plattsehnenmuskels und des Kniekehlenmuskels. Die Mechanik des Kniegelenks sichern Bandzüge, wie inneres ***Seitenband***, äußeres Seitenband, vorderes ***Kreuzband***, hinteres Kreuzband, maßgeblich mit ab.

Unter dem Aspekt ausdauerorientierten Gehens, Walkens, Joggens ist es außerordentlich wichtig, zumindest in groben Zügen über das Kniegelenk und seine Gesunderhaltung etwas zu wissen. Die enorme Bedeutung dieses Gelenks für unsere Bewegungsmöglichkeiten wird leider oft erst offenbar, wenn Schleimbeutel durch Überlastungen gereizt oder entzündet sind, wenn Bänder durch übergroße Kräfte gedehnt wurden oder wenn Knorpeldefekte aufgetreten sind.

Wir sollten wissen, dass eine gut ***gekräftigte Muskulatur*** für die Stabilität und damit für die Gesundheit des Kniegelenks von enormer Bedeutung ist, dass nur angemessenes Training diese Sicherheit und die volle Funktionstüchtigkeit erhält. Die Kräftigung der die Knie stabilisierenden Muskeln gehört zu unserem Übungsrepertoire genauso wie ***vorbeugende Maßnahmen***, z. B. ***gutes Aufwärmen*** und grundsätzliches ***Warmhalten*** des Gelenks, ***Vermeidung*** von Stürzen und groben Stoßwirkungen in der Fortbewegung (ungedämpftes Schuhwerk, nicht federnder Bodenbelag, plötzliche Stoppwirkung des Fußes, bergab gehen ohne Stöcke usw.). Ebenso sind ***seitliche Drehwirkungen*** und ein ***Überstrecken*** des Gelenks bei ***Tiefkniebeugen*** (Gefahr bei Gerättraining) zu vermeiden.

Wir stellen fest:

- Beim erwachsenen Menschen ist der ***Gelenkknorpel*** nicht mehr direkt mit dem Blutsystem verbunden. Er kann nur über die Gelenkflüssigkeit ernährt werden.
- Eine angemessene ***Versorgung*** des Gelenkknorpels kann nur durch ausreichende körperliche ***Bewegung*** gewährleistet werden. Dafür bieten bei ***richtiger*** Ausführung ***Gehen, Walken, Joggen*** beste Voraussetzungen. Sie tragen dazu bei, sowohl die ***Elastizität*** des Knorpels als auch die ***Dynamik*** der Versorgung und Entsorgung des Knorpels zu ***trainieren*** und damit möglichst lange zu ***erhalten***.
- Unsere Gelenke werden nur durch ausreichende Bewegung funktionstüchtig erhalten, nicht bewegte Gelenke beginnen zu ***versteifen***. Angemessene, moderate Bewegung, wie sie beim Gehen, Walken, Joggen abläuft, hält die Gelenke jung.
- ***Vorbeugende*** Maßnahmen gegen ***Überbelastung*** von Gelenken, gegen schädigende äußere Einwirkungen und gelenkschädigende ***Bewegungsausführung*** (Gehtechnik) sind wichtige Bestandteile gesundheitsorientierten Gehens, Walkens und Joggens.

1.4.3 Für die Muskulatur

Ohne unsere Muskeln wären wir nicht lebens- und bewegungsfähig. Erst das spezialisierte Muskelgewebe, das in der Lage ist, als Motor auf entsprechende Reize (mechanische, elektrische, chemische) oder auf Impulse (aus Gehirn- oder Rückenmarkzellen) zu zünden, sich zusammenzuziehen und zu verkürzen, aktiviert den passiven Bewegungsapparat (Knochen, Sehnen, Bänder) mit seinen Gelenkmechanismen.

Die Bedeutung der Muskulatur erkennen wir schon am prozentualen Verhältnis ihres Anteils am Menschen. Bei einer etwa 70 kg schweren, untrainierten Person besitzt die Muskulatur einen Anteil von etwa 43,5 % des Gesamtgewichts (30,6 kg etwa entfällt auf die Muskelmasse). Der Mann hat durchschnittlich 40-45 % Muskelmasseanteil, die Frau 25-35 %.[41]

Der Anteil des passiven Bewegungsapparats dagegen macht nur etwa 12,2 kg bzw. 17,5 % aus.[42]

Unser Körper weist ***drei*** Arten von Muskulatur auf: die ***glatte*** Muskulatur, z. B. im Magen-Darm-Trakt, in den Bronchien, den Harnwegen und Blutgefäßen, sie ist ***willentlich*** nicht beeinflussbar.

Die ***quer gestreifte Herzmuskulatur*** ist mehr auf eine mittlere Dauerleistung von hoher Zuverlässigkeit ausgerichtet, sie kann von uns auch ***nicht willkürlich*** beeinflusst werden.

Dagegen wird das gesamte System der Skelettmuskeln von der ***quer gestreiften Skelettmuskulatur*** gebildet, ihre Kontraktionen werden größtenteils durch unseren Willen ausgelöst.

Unsere Muskeln setzen sich aus vielen ***Muskelfasern*** zusammen, sie besitzen damit eine Faserstruktur. Es gibt ***schnell*** kontrahierende (zuckende) und ***langsamer*** kontrahierende (zuckende) Fasern. Letztere werden vor allem beim Gehen, Walken, Joggen angesprochen.

Muskelbündel entstehen, wenn mehrere Muskelfasern durch das Bindegewebe miteinander verbunden werden. Die erneute Bündelung mehrerer dieser Muskelbündel ergibt den ***Muskel***. Der Muskel ist wiederum zuerst von einer versorgenden Gewebeschicht und von einer abschließenden, sehr straffen Bindegewebehaut (der Faszie) eingehüllt.

Der Muskel verläuft von seinem Muskelbauch (der eigentlich kontraktile Faseranteil) zu seinen Enden hin in einer sehr dehnungsfesten ***Sehne*** aus. Die Sehne stellt zumeist über einen Anheftpunkt auf der Knochenhaut (med. ***Periost***) die ***Verbindung zum Knochen*** her, sie kann aber auch direkt in den Knochen eingemauert sein.

Sehr lange Sehnen werden von einem röhrenförmigen Sack, der ***Sehnenscheide***, eingehüllt. Durch aus der inneren Schicht der Sehnenscheide austretenden Schleim kann die Sehne reibungslos gleiten.

Die eine Bewegung aktiv durchführende, willkürliche ***Skelettmuskulatur*** reagiert auf Anordnungen unseres Gehirns. Ein entsprechender Befehl geht als Impuls von der Nervenzelle aus und erregt die dem jeweiligen Muskel ***zuleitende*** Nervenfaser (***motorische*** Nervenfaser). Kommt die Erregung am Muskel an, löst sie über weitere komplizierte Vorgänge (von der motorischen Endplatte zur Überträgersubstanz Acetylcholin usw.) die Zündung in den Kraftwerken, den Mitochondrien, und damit die Kontraktion der angesteuerten Muskeln aus.

Eine ***Rückinformation*** über den aktuellen Dehnungs- und Kontraktionsvorgang des arbeitenden Muskels erhält das Zentralnervensystem über die ***sensiblen, afferenten*** Nervenfasern (***Empfindungs***nervenfasern). Diese verlaufen in dem gleichen Nerv, der die motorischen Nervenfasern zum Muskel führt.

Der leistungsfähige Muskel muss sich einem ***ständigen Training*** aussetzen, sowohl, um vorhandene Fähigkeiten zu ***entwickeln*** als auch, um diese zu ***erhalten***. ***Bewegungsmangel*** ruft am Muskel ähnliche Erscheinungen hervor wie ***Alterung***. Deshalb erhält auch Gehen, Walken, Joggen die beteiligte Muskulatur dynamisch und bremst Alternsvorgänge ab. Sobald eine ***Nervendurchtrennung*** die funktionelle Einheit von Nervenzelle-Nervenfaser-Muskelfaser unterbricht, wird ein selbst noch völlig intakter Muskel ***arbeitsunfähig***. Seine Eigenspannung geht verloren und allmählich verliert er ***alle*** Möglichkeiten, Kontraktionen auszuführen.

Deshalb ist ausschließliche ***Ruhe*** für gesunde Muskulatur eine große ***Gefahr***. Bettruhe, und noch mehr der Gipsverband, führen schnell zu beträchtlichen Rückgängen des Muskelumfangs und zu Kraftverlusten. Nicht geforderte Muskelzellen schrumpfen, ihre Zellwände werden derber und die zuführenden Haargefäße verkümmern teilweise.

Für die ***Muskulatur*** bedeutet ***Passivität*** nicht nur ***Verlust*** an Umfang und ***Schwächung***, sondern auch eine ***Reduktion*** ihrer Durchblutung. Letzteres schließt die geringere Versorgung in Ruhe und erst recht bei ansteigenden Belastungen ein.

Eine ***verkümmerte*** Muskulatur einschließlich ihres Kapillarnetzes kann meistens durch angemessenes, wiederherstellendes Training ***wieder aufgebaut*** werden. Einen anderen Weg als den der ***aktiven*** Wiederherstellung gibt es nicht, einzig nur das Medikament Bewegung, d. h. zielgerichtetes Training mittels behutsam steigender und wiederholender Anforderungen auch beim Gehen, Walken, Joggen.

Gehen, Walken, Joggen sind Fortbewegungsformen, in denen wir eine natürliche, ***aufrechte*** Körperhaltung einnehmen. Physikalisch gesehen, befindet sich der Mensch in aufrechtem Stand im ***labilen*** Gleichgewicht, der Körperschwerpunkt liegt relativ weit über der ***kurzen*** Unterstützungsfläche (Fuß). Auf dem Fuß muss über ***neuromuskuläre*** Regelkreise ständig das Gewicht ***ausbalanciert*** werden (Leistung koordinativer Steuerung).

Zahlreiche Rezeptoren an der Fußsohle nehmen entsprechende Parameter zur Lastverteilung und Balance auf und leiten sie als Informationen an die zuständigen Areale im Zentralnervensystem weiter.

So gesehen, müssen die ***Füße*** lebenslang für uns ***Schwerstarbeit*** leisten. Einmal bei jedweder Schwerpunktverlagerung des Körpers müssen sie sensorisch richtig ermitteln, um optimal muskulär im Sinne des zu erhaltenden Gleichgewichts reagieren zu können. Zum anderen müssen sie die Kraftleistung der beteiligten Arbeitsmuskulatur über Fußsohle-Ballen-Zehen effektiv in Vortrieb umsetzen. Es geht uns darum, zu verdeutlichen, wie wichtig es ist, dass ***passive*** und ***aktive*** Bewegungselemente den Belastungsanforderungen der aktiven Fortbewegung ***lebenslang*** gewachsen sind. Das ist nur über entwickelndes bzw. erhaltendes Training mittels Gehen, Walken oder Joggen bei unterschiedlicher Bodenbeschaffenheit möglich.

Deshalb auch sehen wir angemessene Belastungen durch ***Gehen, Walken, Joggen*** für den Erhalt fester ***Knochen***, straffer ***Kapseln*** und ***Bänder*** in den beteiligten Gelenken, aber auch für eine kräftige ***Arbeitsmuskulatur*** sowie eine ausreichende ***koordinative Leistungsfähigkeit*** als Notwendigkeit bis ins hohe Alter an. Allgemein bekannt ist, dass zunehmende Unsicherheit beim Gehen, Stolpergefahr, zunehmendes Umknicken, schnellere Ermüdung der Fußgewölbe im höheren Alter vielfach Ausdruck von ***Bewegungsmangel***, von fehlendem Training koordinativer Leistungsfähigkeit für den Alltag, aber auch von Störungen des muskulären Gleichgewichts durch einseitige Verkürzungen von Muskulatur sind.

Obwohl wir unsere Füße im Lebensgang oftmals übersehen, wahrscheinlich, weil sie wie selbstverständlich, scheinbar ohne unser Zutun, ihre Arbeit leisten, sollten wir daran denken: Nur ***Kräftigung*** und ***Dehnung*** der Muskulatur, vielfältiges koordinatives ***Training***, aber auch ***Erholungszeit*** für Knochen und Knorpel des Fußes nach höheren Belastungen, ***Stoffwechselbelebung*** (z. B. Warmbäder, Anwendungen nach KNEIPP) halten die Füße jung.

Auch im Zusammenhang mit steigenden Umfängen im Gehen, Walken, Joggen muss, bezogen auf die gesamte Muskulatur der ***unteren*** Extremitäten, berücksichtigt werden, dass die ***Dehnbarkeit*** der Muskel- und Sehneneinheiten der ***Streck- und Beugemuskulatur*** maßgeblich unser

Gangbild mitbestimmt. Wie ***lange*** das aufgesetzte, ***belastete*** Bein nach hinten ***Bodenkontakt*** halten kann, nach welchem ***zeitlichen*** und ***räumlichen*** Abstand der freie Fuß wieder aufgesetzt werden muss (wie lang also der Schritt ist), das wird in hohem Maße von der ***Dehnfähigkeit*** der die Hauptarbeit leistenden Muskeln und ihrer Gegenspieler (so genannter ***Antagonisten***) in ihrem funktionellen Zusammenspiel bestimmt. Eine ***verkürzte Achillessehne*** z. B. zwingt den Fuß dazu, dass er nach dem Aufsetzen den ***Abrollvorgang*** schneller ***abbrechen*** muss. Dadurch wird der ***Schritt*** unnötig ***verkürzt***, die ***Stabilität*** und vor allem die ***Kraftübertragung*** verliert an Wirkung. Deshalb erreicht ***kraftentwickelndes*** Training der unteren Extremitäten durch Gehen, Walken und Joggen vor allem erst durch die Verbindung mit gewissenhaftem, differenziertem ***Stretching*** (Umgehung des Streckreflexes des Muskels durch langsame Bewegung bei weitem Dehnen) seine Gesundheitsorientierung.

Wir unterscheiden bei den Grundformen der Muskeltätigkeit generell zwischen der ***Eigenspannung*** (***Tonus***), auch als ***Grundspannung*** bezeichnet, der ***statischen Arbeit*** (Anspannung ***ohne*** Verkürzung des Muskels) und der ***dynamischen Arbeit*** (Kontraktion mit Verkürzung der Muskellänge).

Der ***Muskeltonus*** ist ein unwillkürlicher Spannungszustand, den der Muskel auch in Ruhe beibehält. Er unterliegt dem vegetativen Nervensystem, führt zu keiner Verkürzung und Ermüdung. Der Spannungszustand des Tonus liegt geringfügig über der Schwelle völliger Entspannung. Er wird mit eintretender Müdigkeit vermindert und im Schlaf weiter abgesenkt. Entsprechend dem Wachheitszustand nimmt der Muskeltonus wieder zu. Er erhöht sich auch mit zunehmendem ***Kraftzuwachs*** des Muskels. Erfolgt mit dem Kraftzuwachs kein ***gegensteuerndes Stretching***, übersteigt die Grundspannung das biologisch vorgegebene Niveau, ***verkürzt*** sich der Muskel schon im Ruhezustand. Diese Verkürzung verändert die Grundhaltung einbezogener Gliedmaßen (z. B. ist bei Gewichthebern und Leistungsturnern zu beobachten, dass die in Ruhe herabhängenden Arme schon leicht angewinkelt sind). Das ***muskuläre*** Gleichgewicht wird gestört, die ***Dehnbarkeit*** des Muskels wird beeinträchtigt (Verletzungsgefahr). Eine erhöhte Grundspannung in der Muskulatur der Oberschenkelvorderseite verstärkt den Andruck der Kniescheibe bei angewinkeltem Knie. Der daraufhin eintretende Schmerz ist vielen Autofahrern bekannt, leider aber wissen sie nicht, dass aktive Selbsthilfe durch zielgerichtetes Stretching der verkürzten Muskulatur (hier am Oberschenkel) relativ leicht möglich ist. Grundsätzlich wird bei gestörtem muskulären Gleichgewicht durch einseitige Kräftigung einer bestimmten Muskelgruppe versucht, durch regelmäßiges Stretching den Tonus der betroffenen Muskulatur wieder zu normalisieren. Gleichzeitig aber werden die vernachlässigten muskulären Gegenspieler gezielt gekräftigt, um das muskuläre Gleichgewicht neu auszubalancieren.

Die ***statische Muskelarbeit*** wird ***ohne*** Bewegungsausführung über Gelenke, ***nur*** durch erhöhte ***Muskelanspannung***, ausgeführt. Sie führt zu schneller Ermüdung der Arbeitsmuskulatur, weil durch die ***andauernde*** Spannung im Muskel keine Sauerstoffergänzung möglich ist, die Muskelarbeit erfolgt weitestgehend ***ohne*** Sauerstoff (anaerob). Deshalb ist sie im Vergleich mit dynamischer Muskelarbeit insgesamt unökonomisch, gleichzeitig schließt sie unter Einbezug ***größerer*** Muskelgruppen bzw. höherer Kraftanforderungen bei ***laienhafter*** Ausführung erhebliche ***gesundheitliche Risiken*** u. a. durch ***Pressatmung*** und den damit verbundenen starken Blutdruckanstieg ein.

Dennoch sind ***Elemente*** statischen Krafttrainings aus aufbauenden und erhaltenden Trainingsprogrammen heute nicht mehr wegzudenken. Voraussetzung dafür ist aber eine solide ***Fachkenntnis*** oder die sachgemäße ***Anleitung***. Es hat sich auch bei Menschen in der zweiten Lebenshälfte als wirkungsvolle Methode erwiesen, um alternsbedingten Muskelmasseverlusten entgegenzuwirken. HOLLMANN z. B. verweist aus eigener umfassender Kenntnis darauf, dass sich ein statisches Krafttrainingsprogramm (z. B. 5 x täglich die angezielten Muskeln je fünf Sekunden lang mit etwa 70 % der individuellen Maximalkraft statisch beanspruchen) dazu eignet, ***alternsbedingten*** Muskelmasseverlusten wirksam entgegenzutreten.[43]

Die ***dynamische Muskelarbeit***, wie sie beim ***Gehen, Walken, Joggen*** erfolgt, zeichnet sich, im Gegensatz zur anaeroben statischen Arbeit, durch einen ständigen ***Wechsel*** von ***Kontraktion*** und ***Erschlaffung*** der Arbeitsmuskulatur bei gleichzeitigem Zurücklegen einer Wegstrecke aus. Das ***Wechselspiel*** von Anspannung-Erschlaffung beinhaltet die Wirkung der schon erwähnten Muskelpumpe, die einerseits den Rückfluss venösen Blutes aus den unteren Extremitäten zum Herzen sichert und zum anderen die Venen selbst trainiert.

Ein weiterer Vorteil dynamischen Krafttrainings liegt in der entsprechenden ***neuromuskulären*** Prägung des ablaufenden Bewegungsprogramms, das ökonomisierende Einschleifen der oft wiederholten Geh- bzw. Laufbewegungen. Daraus entwickeln sich Bewegungssicherheit und besseres Gleichgewichtsempfinden, auch für den Alltag. Diese Effekte sind insbesondere für Menschen in der zweiten Lebenshälfte anzustreben, zumal sie sich bei ihnen wirkungsvoll mit einem Herz-Kreislauf-Training verknüpfen lassen (Treppen steigen, bergan gehen oder Walking, Walking mit Zusatzlasten).

Zwischen dem 20. und 30. Lebensjahr liegt das Optimum des Anpassungsvermögens für die Muskelkraft des Menschen. Wird ***keine*** entsprechende Muskelkraftanforderung gestellt, gleich, ob durch Berufsarbeit, im Alltag oder zusätzliches Training, ***verlieren*** alle Muskeln an Masse und Kraft.

Ein 70-jähriger Mensch verliert im Vergleich zu seinem 20. Lebensjahr ***20-40 %*** seiner Muskelmasse, wenn er nicht trainiert.[44] Gleichzeitig geht die Kapillarisierung in der Muskulatur zurück, damit nehmen Grundlagen aerober und anaerober Leistungsfähigkeit ab, der Mensch altert durch ***vermeidbare*** eigene Versäumnisse.

Unser Vorhaben, mittels Gehen, Walken, Joggen fit zu bleiben, wird auch dadurch gestützt, dass sich bei fehlendem Training (bzw. alltäglicher Bewegungsarmut) Kraftverluste in der Bein- und Rumpfmuskulatur schneller vollziehen als in den Armmuskeln.[45]

Diese Erkenntnisse über mögliche, aber nicht notwendige Verluste (zumeist sind ***nichttrainierende*** Personen betroffen) weiten den Blick auf individuelle gesundheitliche Perspektiven und machen Mut, durch ***gesundheitsorientiertes*** Krafttraining angemessen gegenzusteuern.

Wir wissen, dass bis ins hohe Alter eine Funktionsverbesserung der Skelettmuskulatur durch ***angemessenes, gesundheitsorientiertes*** Krafttraining zu erreichen ist. Aus der allgemeinen Erfahrung zunehmender Passivität (geistiger, körperlicher, sozialer) bei zunehmendem Alter und aus den Erkenntnissen der modernen Sportmedizin heraus ist nachdrücklich zu wünschen, dass ein der ***individuellen*** Belastbarkeit angemessenes ***Krafttraining bis in das achte und neunte Lebensjahrzehnt hinein beibehalten werden sollte.***[46]

!

Wir stellen fest:

- Der Muskelmasseanteil einer Frau beträgt etwa 25-35 %, beim Mann sind es durchschnittlich 40-45 %.
- Die Muskulatur ist zu unterscheiden zwischen ***glatter*** Muskulatur, deren Aktivität wir nicht durch unseren Willen steuern können, ***quer gestreifter Herzmuskulatur***, die auch nicht unserem Willen unterliegt, ***quer gestreifter*** Muskulatur des Skelettsystems, die, von uns gesteuert, aktiviert und entspannt werden kann.
- Unter dem Aspekt von ***Gehen, Walken, Joggen*** ist die willkürliche Skelettmuskulatur von maßgeblicher Bedeutung. Lebens- und Leistungsfähigkeit dieser Muskulatur ist in hohem Maße an Bewegung und Leistung gebunden. Erzwungene ***Inaktivität*** (z. B. grundsätzlicher Bewegungsmangel, Bettruhe, Gipsverband) bedeutet für sie ***Leistungsrückgang*** und ***Verlust*** der Funktionalität.
- ***Gehen, Walken, Joggen*** als gesundheitsorientiertes Training dienen dem Erhalt fester ***Knochen***, straffer ***Kapseln*** und ***Bänder*** in den beteiligten Gelenken, aber auch kräftiger ***Arbeitsmuskulatur*** sowie ausreichender ***koordinativer Leistungsfähigkeit***. So gesehen, ist es eine Notwendigkeit bis ins hohe Alter.
- Die Kraftentwicklung des Muskels erhöht dessen Grundspannung. Diese führt ab einem bestimmten Punkt zur Verkürzung des Muskels und zur Störung des muskulären Gleichgewichts. Diesem unerwünschten Effekt treten wir mit zielgerichtetem ***Stretching*** der besonders belasteten Muskulatur (als Teil der Erwärmungs- und der Abkühlungsphase) entgegen.
- Wir unterscheiden zwischen statischer und dynamischer Muskelarbeit. Statische Muskelarbeit führt nur zur Anspannung des Muskels, ohne Bewegung. Dabei kann kein neuer Sauerstoff in die Muskelzellen gelangen (deshalb anaerob). Bei gleichzeitiger Pressatmung besteht die Gefahr unbeabsichtigten Blutdruckanstiegs.
- Die Muskelarbeit beim ***Gehen, Walken, Joggen*** erfolgt ***dynamisch*** im rhythmischen Wechsel von Anspannung und Entspannung und dadurch gewährleisteter ausreichender Sauerstoffversorgung der Zellen (aerobe Muskelarbeit). Durch ***Verlängerung*** der Stützphase im Schritt ***vergrößert*** sich der zeitliche Anteil der ***Anspannungsphase***, nach und nach erfolgt damit die Erhöhung des Anteils

anaerober Muskelarbeit auch beim Gehen (z. B. bergan gehen, Treppen steigen).

- Eine ***Funktionsverbesserung*** der Skelettmuskulatur ist durch ***angemessenes, gesundheitsorientiertes*** Krafttraining ***bis ins hohe Alter*** zu erreichen. Um den komplexen Folgen allgemein zunehmenden Bewegungsmangels aktiv entgegenzutreten, sollte ein der ***individuellen*** Belastbarkeit angemessenes Krafttraining bis in das achte und neunte Lebensjahrzehnt hinein beibehalten werden.

1.4.4 Für den ganzen Menschen

Es wäre ein grundsätzlich falsches Verständnis von Ausdauertraining, wenn wir unsere Sicht auf die Anforderungen, die diese Formen körperlicher Bewegung an uns stellen und welche Wirkungen sie bei uns erzielen, nur auf die Muskulatur und das Herz-Kreislauf-System beschränken.

Gehen, Walken, Joggen als körperliche Bewegung bedeuten ***Lebensäußerung*** des ***ganzen*** Menschen. Ganzheitlichkeit heißt in diesem Falle, dass diese Art der Lebensäußerung den Menschen in der Einheit seiner ***biologischen, psychisch-seelischen*** und ***sozialen*** Komponenten fordert und in der Auseinandersetzung mit der Umwelt wieder ebenso auf ihn einwirkt. Es geht in diesen Zusammenhängen also nicht nur um physiologische Wirkungen der Belastungsanforderungen, sondern um komplexes, bewusstes Handeln, um Bewusstseinsprozesse, Informationsverarbeitung, Motivation, Emotionen, Gebrauch der Sinne usw.

So gesehen, ist gesundheitsorientiertes Gehen, Walken, Joggen nicht nur eine Folge kontrahierender Muskeln und sich bewegender Gelenke, sondern eine ***Bewegungshandlung*** unserer ganzen ***Persönlichkeit***. Um Abläufe, Anforderungen und Wirkungen von einem gemeinsamen Standpunkt aus zu betrachten, soll in vereinfachter und verkürzter Form anhand eines Strukturmodells[47] umrissen werden, wie man sich den inneren Ablauf der Bewegungshandlung Gehen, Walken, Joggen vorstellen kann.

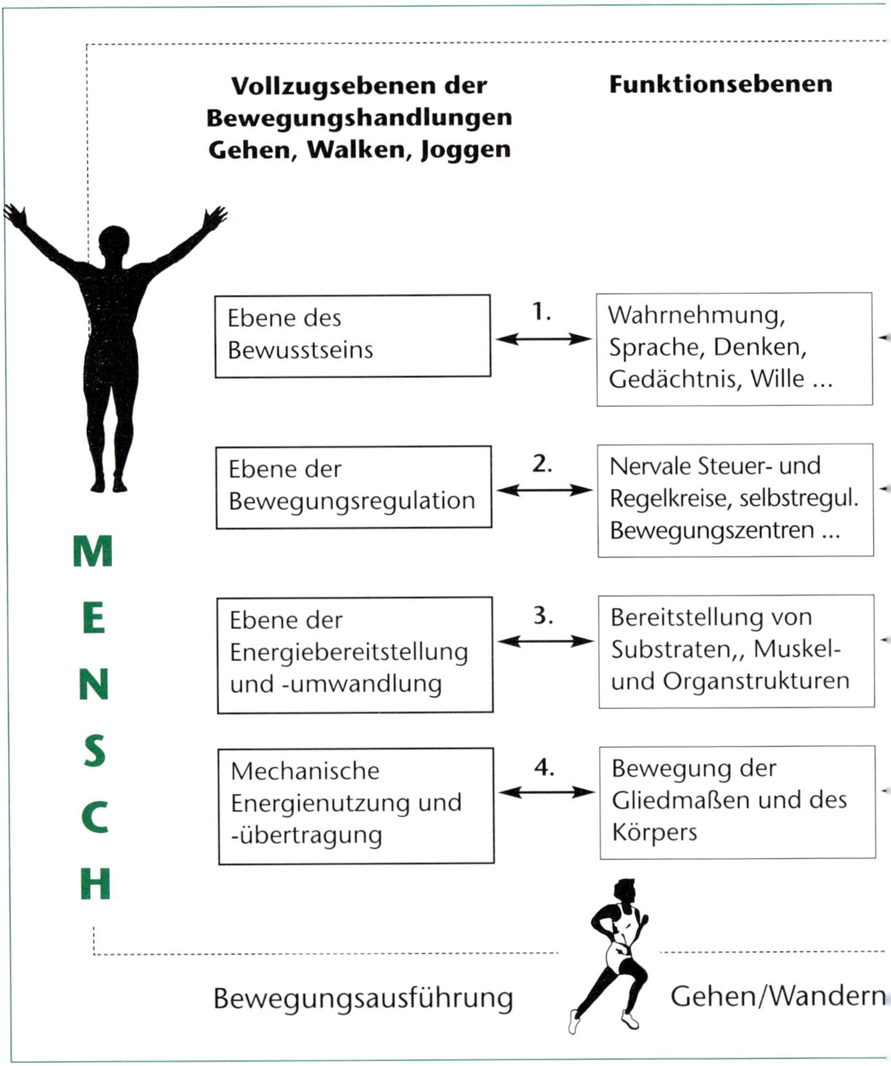

Abb. 15: Vollzugsebenen der Bewegungshandlung beim Gehen/Joggen ... (Integration – Ganzheitlichkeit)

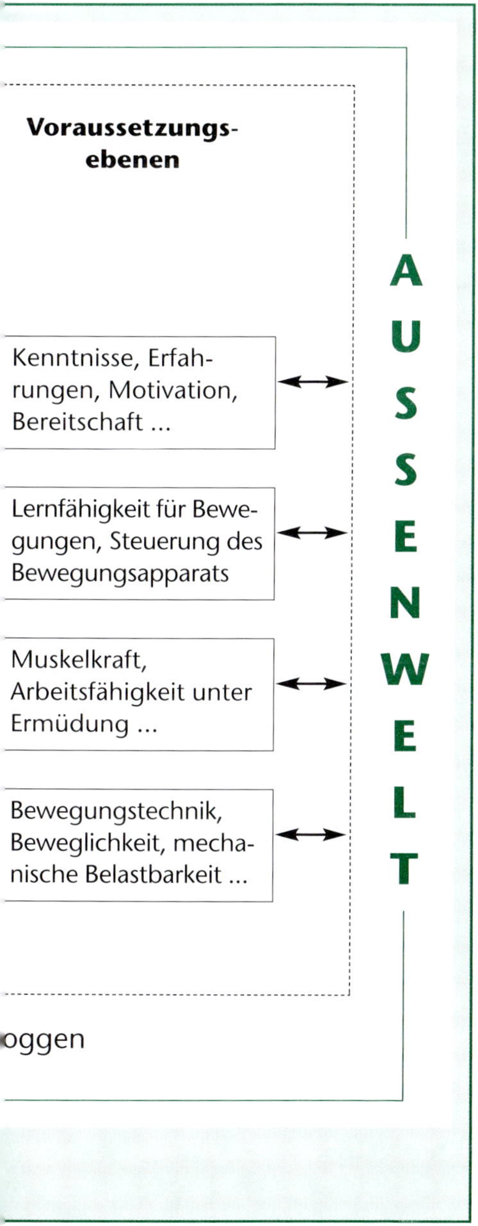

Zum inneren Ablauf der Bewegungshandlung

Wie Abbildung 15 verdeutlicht, läuft eine Bewegungshandlung in uns über vier ***Vollzugsebenen*** ab (vgl. Abb. 15, dick umrandete Kästchen ganz links):

1. Ebene des Bewusstseins
2. Ebene der Bewegungsregulation
3. Ebene der Energiebereitstellung und -umwandlung
4. Mechanische Energieausnutzung und -übertragung

Zu jeder Vollzugsebene gehört eine entsprechende ***Funktionsebene*** (Abb. 15, mittlere Kästchen). Wir können in Verwirklichung unserer Bewegungsabsicht nur gehen, walken, joggen, wenn die integrierten Funktionen auf der jeweiligen Ebene und in ihrem Verbund ihrer Aufgabe quantitativ und qualitativ ausreichend gerecht werden können. Das bedeutet aber auch, dass sich sowohl Funktionsdefizite als auch positive funktionelle Adaptationen an höhere Belastungen im Bewegungsvollzug in ihrer Gesamtheit widerspiegeln. Für zielgerichtetes Herangehen an notwendige Verbesserungen bzw. gesundheitsorientierte trainingsmethodische Veränderungen ist es jedoch notwendig, sich der defizitären bzw. positiven Bilanzen in den ***einzelnen*** Funktionsebenen bewusst zu werden.

Letztendlich aber müssen in uns selbst Voraussetzungen gegeben sein, die auf der jeweiligen Ebene die Absicht einer Bewegungshandlung im Sinne von Gehen, Walken, Joggen überhaupt umsetzbar machen. Deshalb werden in Abbildung 15 mit den Kästchen ganz rechts auf jeder Ebene die ***Voraussetzungsebenen*** genannt.

Unser Gehirn ist Sitz der ***ersten Vollzugsebene***. Es steuert als Zentrum des ***Bewusstseins***, des Wahrnehmens und Denkens, der Emotionen, des Gedächtnisses und Willens, unser Handeln und Verhalten. Es ermöglicht Informationsaufnahme und bestimmt die Informationsverarbeitungsgeschwindigkeit im Prozess der Bewegungshandlung beim Gehen, Walken, Joggen. Aus verinnerlichten Leitbildern entwickeln sich motorische Handlungsvorstellungen, es entsteht die geistige Vorwegnahme (Antizipation) der beabsichtigten Bewegung. Es ist auch unser Bewusstsein, das den beabsichtigten Bewegungshandlungen Sinn verleiht und die Anordnung zum Gehen, Walken, Joggen an die nächstfolgenden Ebenen ausgibt.

Die Anordnungen gelangen aus dem Bewusstsein in eine ***zweite Vollzugsebene***, die der ***Bewegungsregulation***. Hier werden über ***neuromuskuläre*** Verbindungen mit einem System von Regelkreisen Bewegungen ***geregelt***, ***erlernt*** und bewusst ***steuerbar***, auch selbstregulierende Bewegungskomponenten sind mit eingeschlossen (viele Reflexzentren sitzen im Rückenmark). Es geht auf dieser Ebene um das optimale ***Zusammenspiel*** zwischen ***Zentralnervensystem***, ***Sinnesorganen*** und für Gehen, Walken, Joggen angesteuerter ***Muskulatur***. Über Muskel-, Haut- und Gleichgewichtssinn sowie Gehör- und Gesichtssinn laufen Sinnesinformationen an Steuerungszentren zurück, die Regelung und Steuerung der Bewegungshandlung wird dort sofort aktualisiert. Zwischen dem vollziehenden Muskel und dem zuständigen Bewegungszentrum im Gehirn laufen über ableitende und zuleitende Nervenverbindungen sowohl Hin- als auch Rückinformationen als Steuer- und Regelsignale.

Werden mittels entsprechender Anordnung, z. B. Schritt ausführen, über die zweite Ebene Muskeln angesteuert, wird die ***dritte Vollzugsebene*** eingeschaltet. Sie umfasst die Vorgänge der ***Energiebereitstellung*** und ***Energieumwandlung***.

Die Fähigkeit des Muskels zu ***längerer*** Arbeit, wie sie beim Gehen, Walken, Joggen beabsichtigt ist, wird in hohem Maße durch dessen

Durchblutung, Sauerstoff- und Nahrungszufuhr bestimmt. Die Arbeitsform des angesteuerten Muskels und dessen Belastungsintensität bestimmen das Stoffwechselgeschehen, indem es um eine ausreichende ***Bereitstellung*** von energietragenden Substanzen (Phosphate, Kohlenhydrate, Fette, Eiweiße) sowie deren effektive ***Umwandlung*** in der jeweiligen Muskel- bzw. Organstruktur bis hin zu den Vorgängen der Muskelkontraktionen (Zusammenziehen der Muskeln) geht.

Die ***Energiebereitstellung*** im Muskel kann grundsätzlich über ***drei Varianten*** erfolgen. Diese werden ***hier*** kurz umrissen, weil sie übergreifend für alle später erläuterten Bewegungsprogramme Gültigkeit besitzen.

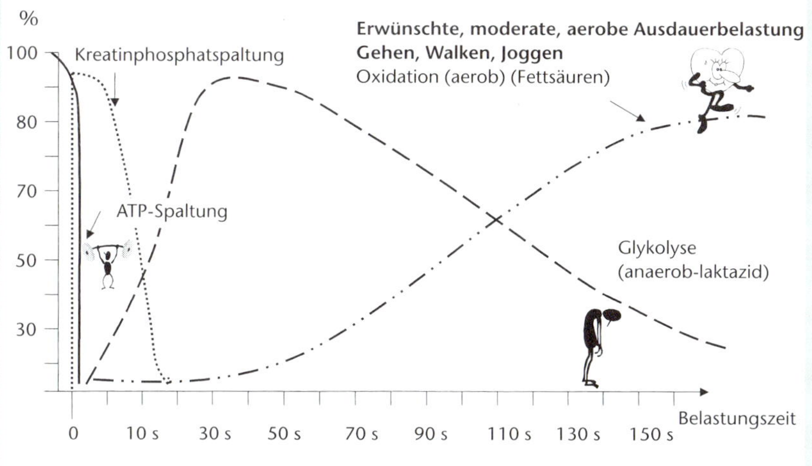

Abb. 16: Schematische Darstellung des %-Anteil energieliefernder Substrate an der Energiebereitstellung

A. Anaerob-alaktazide Energiebereitstellung, (ATP-Spaltung-Kreatinphosphatspaltung)

Der Muskel kann damit kurzzeitig maximale Leistung erbringen. Bei ***maximaler körperlicher Belastung*** (z. B. Gewichtheben) werden zuerst die Speicher von Adenosintriphosphat (ATP, ***maximale*** Leistungsdauer ***10*** Sekunden) und Kreatinphosphat (bis maximale Leistungsdauer

20 Sekunden) ***ohne*** Verwendung von Sauerstoff ***ausgeschöpft. Im gesundheitsorientierten Gehen, Walken, Joggen*** treten diese sehr hohen, kurzzeitigen Leistungsanforderungen nicht auf.

B. Anaerob-laktazide Energiebereitstellung, Umwandlung von Muskelglykogen bzw. Glukose ***ohne*** Sauerstoff mit Bildung von ***Laktat*** (Laktat: Salz der Milchsäure, entsteht durch Abbau von Glukose zu ATP, es ist Endprodukt bei der Energiegewinnung durch Glykolyse). Diese Vorgänge können bei maximaler Auslastung ***bis etwa 90 Sekunden*** Belastungsdauer durchgehalten werden (z. B. Mittelstreckenlauf). Bei relativ hohem Energiegewinn pro Zeit wird aber die belastete Muskulatur zunehmend sauer. Deshalb sollten diese intensiven Belastungsstufen dem Wettkampfsport vorbehalten bleiben. Die eintretenden Effekte sind in Bereichen des gesundheitsorientierten Gehens, Walkens, Joggens kontraproduktiv und ***nicht erwünscht.***

C. Aerobe Energiebereitstellung, erfolgt nur unter Verwendung von ***Sauerstoff*** (aerob), nutzt anfangs den Abbau von Kohlenhydraten, bei langsameren Fortbewegungsgeschwindigkeiten werden nachfolgend ***Fette*** verbrannt (bei ganz langen Belastungszeiten teilweise Eiweiße). Die Vorgänge laufen zwar relativ langsam ab (deshalb auch ***langsamere*** Gehgeschwindigkeiten), aber die Substrate stehen ***fast unbeschränkt*** zur Verfügung. Kohlenhydrate stehen schneller (Glykogen/Glukose) bereit, dafür reichen sie nur bis zu 90 Minuten (Leistungsdauer einer Wettkampfleistung).

Die im gesundheitsorientierten ***Gehen, Walken, Joggen*** angezielte ***Nutzung der Fette*** (freie Fettsäuren und Glyzerin) benötigt bis zur Energieumwandlung die ***längste Verwertungszeit.*** Fette sind ***überall*** im Körper verteilt und werden nach Bedarf ***von dort*** zur Energiegewinnung in der Muskelzelle ***herangeholt.*** Diese Fettverbrennung setzt gleitend mit den vorher geschilderten Formen der Energieumwandlung ein, benötigt aber etwas ***Anlaufzeit,*** um nach etwa ***10 Minuten*** mit prozentualen Anteilen wirksamer anzusteigen, nach etwa ***25-30*** Minuten Gehen, Walken, Joggen erreichen sie ihren vollen Anteil an der Energieumwandlung.

Wir müssen immer daran denken, dass die Fettverbrennung ***nur bei ausreichendem Sauerstoffangebot*** in der Muskelzelle funktioniert, dieses muss ununterbrochen über das Blut herangeschafft werden. Das ist nur über eine relativ ***niedrige Belastungsintensität***, wie wir sie bei unserem Gehen, Walken, Joggen anstreben, möglich (deshalb z. B. Laufen ohne zu schnaufen). Dafür stehen die benötigten Fettsäuren jedoch einer ***stundenlangen*** Leistungsabgabe zur Verfügung, außerdem werden sie durch den Einsatz von Sauerstoff ***ohne Schlackenrückstände*** verbrannt.

Zwischen dem ***Antransport*** von Sauerstoff- und Energieträgern, ihrem ***Verbrauch*** und dem kontinuierlichen ***Austausch*** Alt gegen Neu besteht bei aerober Arbeit ein ***Fließgleichgewicht*** (es gibt auf keiner Seite eine Schuld oder einen Rückstand). In der Summe dieser Abläufe einer andauernden aeroben Energieumwandlung aus den Fettsäuren liegen wertvolle gesundheitliche Effekte, die wir mit dem Gehen, Walken, Joggen anzielen.

Im Gesundheitssport werden zur Kontrolle einzuhaltender aerober Belastung mitunter vom Mediziner aus einem Blutstropfen Laktatwerte (Anteile der Salze der Milchsäure als Schlacken des Energiestoffwechsels) ermittelt. Diese sollten bei beabsichtigter Kontrolle der Energieumwandlung aus Fettsäuren unterhalb einer Schwelle von 4 mmol bleiben. Werden unmittelbar am Ende der Belastung geringere Laktatwerte nachgewiesen, dann ist die durchlaufene Belastung tatsächlich moderat und aerob abgelaufen, nur so werden die vorgesehenen gesundheitsfördernden Effekte erzielt.

Wir stellen fest:

- Gehen, Walken, Jogging entsprechen, wenn sie in moderaten Geschwindigkeiten durchgeführt werden, den gesundheitsorientierten ***aeroben*** Ausdauerbelastungen.
- Aerobe Energieumwandlung im Muskel heißt für uns vor allem, Fettverbrennung unter Verwendung von Sauerstoff. Die damit im Zusammenhang stehenden Prozesse benötigen mehr Zeit als die der anaeroben Energieumwandlung, deshalb ist es absolut wichtig, zu *laufen ohne zu schnaufen*.
- Die aerobe Energieumwandlung der körpereigenen Fette läuft nicht sofort mit Beginn des Gehens, Walkens, Joggens voll an. Ab etwa 10 Minuten körperlicher Bewegung steigen diese Prozesse anteilig wirksam an, um ab 25-35 Minuten optimal über mehrere Stunden ablaufen zu können.

Die vierte Vollzugsebene dient dazu, die auf Ebene 3 durch Muskelkontraktion entstandene Energie so zu ***übertragen*** und ***biomechanisch*** auszunutzen, dass die angezielte Bewegungshandlung, in unserem Falle die Fortbewegung zu Fuß, mit ***beabsichtigter*** Kraftwirkung vollzogen werden kann.

Dabei geht es um die Übereinstimmung zwischen den Bewegungen des Körpers und der Gliedmaßen (z. B. Schrittausführung-Armbewegung) mit der im Bewusstsein vorgeplanten ***Bewegungsabsicht*** und mit der ***mechanischen*** Beschaffenheit des Bewegungsapparats. Einleuchtend ist, dass die entsprechende ***sportliche Technik***, die ***Beweglichkeit*** und die ***mechanische Belastbarkeit*** als Leistungsvoraussetzungen innerhalb dieser Ebene anzusehen sind (vgl. Abb. 15, von Vollzugsebene ***4.*** nach rechts).

Die gesundheitsförderliche Wirkung des Gehens, Walkens, Joggens wird vom Niveau der Leistungsvoraussetzungen der trainierenden Person maßgeblich beeinflusst. Der Aspekt, dass die Bewegungshandlung vom ***einzelnen*** Individuum vollzogen wird, dessen Körperbaumerkmale, die mechanische Belastbarkeit, die Beweglichkeit sowie das verinnerlichte Abbild der Bewegungstechnik eben individuell geprägt sind, wird nicht immer ausreichend berücksichtigt. Werden diese Zusammenhänge ernst genommen, dann ***wirken Gehen, Walken, Joggen*** über die vierte Vollzugsebene ***nachhaltig auf die Herstellung und die lebenslange Bewahrung der Belastbarkeit unserer Knochen ein***. Regelmäßige und ausreichende körperliche Belastung durch Gehen, Walken, Joggen, bei der auf die Knochen vor allem Druck- und Zugkräfte einwirken, regt die Verdickung der Knochenrinde an, fördert eine bessere Versorgung der gesamten Knochenstruktur, bewirkt entlang der Belastungslinien die Zunahme der Knochenbälkchenstruktur und ihre Verstärkung durch Dickenzunahme. Gehen, Walken, Joggen aktivieren den Aufbau von Knochenmasse. Damit wird der Gefahr der Knochenrückbildung in den besonders belasteten Knochen entgegengewirkt, im Knochen ablaufende Alternsvorgänge werden gebremst. Gehen, Walken, Joggen dienen bei richtiger technischer Ausführung und richtiger Belastungsdosierung bei Frauen und Männern der aktiven Vorbeugung von Osteoporose.

!

Wir stellen fest:

- ***Beim Gehen, Walken, Joggen sind alle Hierarchieebenen der Bewegungshandlung direkt beteiligt***, dementsprechend treten auch in allen Voraussetzungs- und Funktionsebenen höhere Anforderungen und Belastungen auf.
- Die ***ganzheitliche*** Forderung und Belastung durch Gehen, Walken, Joggen führt bei fachgerechter Durchführung folgerichtig zu ganzheitlichen ***Anpassungswirkungen, zu Adaptationen über alle*** vier Hierarchieebenen. Damit geht es in aller Eindeutigkeit nicht mehr einzig um Kräftigung von Muskeln und Herz, vielmehr ist der ganze Mensch betroffen.
- Unter dem Aspekt von Gesundheit, Fitness und Vitalität erkennen wir, dass die beim Gehen, Walken, Joggen auftretenden inneren Belastungen in den beteiligten ***Funktionsbereichen***, durch Änderungen der ***Funktionslage*** und eintretende ***Adaptationen*** in ***Organen*** und ***Systemen***, weiter reichende gesundheitsförderliche Wirkungen herbeiführen, generell präventiv wirken und Alternsvorgänge abbremsen.

Diese ganzheitlichen Anforderungen und nachfolgenden Wirkungen auf Gesundheit, Fitness und Vitalität lassen sich anhand ***einiger ausgewählter Beispiele*** untermauern:

W. HOLLMANN (Deutsche Sporthochschule Köln) führte 1987 in Kooperation mit dem Kölner Max-Planck-Institut für Hirnforschung die weltweit ersten Ergometeruntersuchungen zur Messung der ***Gehirndurchblutung*** durch. Er konnte belegen, dass schon bei einer Belastung wie dem ***Spazierengehen*** (25 Watt) die Gehirndurchblutung um ***13 %*** angehoben ist, ***bei einem langsamen Dauerlauf*** (100 Watt) beträgt die Zuwachsrate schon über ***25 %***.[48]

Ausgehend von diesen Untersuchungen und aktuellen Erkenntnissen der Sportmedizin gilt als sicher, dass Gehen, Walken, Joggen, durch Auswirkungen auf ***Erregungsniveau, Hormonausschüttung*** und ***Blutzirkulation*** sowie eintretende ***stoffwechselbedingte Veränderungen***, letztlich auch zu Veränderungen in der ***Funktionslage des Gehirns*** führt. Durch solche Veränderungen werden die Grundlagen für kognitive Funktionen (wie

Wahrnehmen, Denken, Informationsverarbeitung, Erkennen und Einprägen ...) verbessert und emotionale Zustände werden positiv verändert (gedämpft bzw. angeregt). Gehen, Walken, Joggen können ***schädlichen Stress (Disstress)*** kompensieren, andererseits könnten Disstresswirkungen im Training selbst erzeugt werden.

Übertriebener Ehrgeiz, falsche Ambitionen oder Unwissenheit bezüglich trainingsmethodischen Grundwissens können dafür Auslöser sein. So sind Übertrainingswirkungen (zu viel bzw. zu intensives Training, zu ***wenig*** Erholung), aber auch Unterschätzung von Infektionen (Dauer und Wirkung) und tief gehende Stresssituationen, wie sie z. B. bei einem kritischen Lebensereignis entstehen, auch im gesundheitlich orientierten Training möglich.

Disstress stört nicht nur das Wohlbefinden, sondern er wirkt auch schwächend auf die Immunabwehr. Bei älteren Menschen könnten damit die durch normale biologische Alternsprozesse möglicherweise entstehenden immunologischen Risiken noch verstärkt werden.

Experten wie Kenneth H. COOPER (USA, 1995), Wildor HOLLMANN, (Deutschland), Gerd UHLENBRUCK (Immunbiologisches Institut der Universität zu Köln) (1994 u. a.)[49] sowie Helmut LÖTZERICH (Deutsche Sporthochschule Köln, 1997) veröffentlichten wissenschaftliche Studien über den Stressfaktor Sport in seiner positiven und negativen Wechselwirkung auf das Immunsystem des Menschen. Diese lassen es zu, dem moderaten aeroben Ausdauertraining (z. B. mittels Gehen, Walken, Joggen), eine Eustresswirkung und Anti-(Dis-)Stresswirkung mit positiven Wechselwirkungen zum Immunsystem, bis hin zur Unterstützung der Prävention und der Krebsnachsorge, zuzusprechen (vgl. Abb. 17).

COOPER (1995, 50), der Ausdauer- und Gesundheitssportspezialist der USA, verweist auf Ergebnisse von 43 Studien, nach denen das Risiko für Krebs und koronare Herzkrankheiten bei ***körperlich inaktiven*** Personen (sitzende Tätigkeit bzw. bewegungsarme Lebensweise) fast 2 x höher als bei körperlich aktiven Menschen ist. Er ist der festen Meinung, dass moderate, aerobe Ausdauerbelastungen die Entstehung schädigender freier Radikale (instabile Sauerstoffmoleküle) begrenzen und die Bildung körpereigener Enzyme oder von außen kommender Radikalenfänger (endogene Antioxidantien), z. B. Vitamine C, E und Betakarotin, aktivieren.

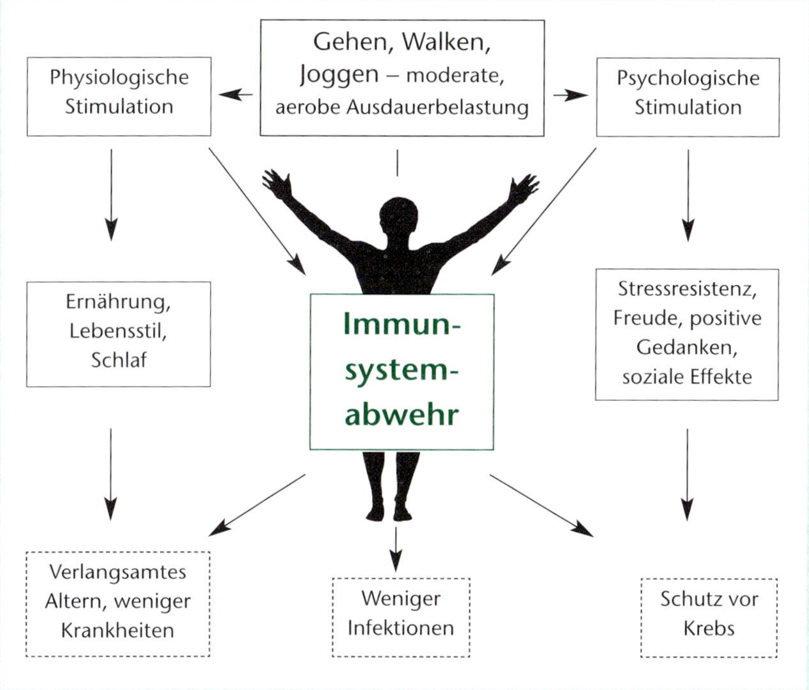

Abb. 17: Stimulierende Effekte moderaten aeroben Ausdauertrainings auf das Immunsystem (nach: UHLENBRUCK, 1994, 195)

Maßgebliche Faktoren für diese Wirkungen, auch bei erhöhten Belastungen im Gehen, Walken, Joggen, sind:

- Die ***Motivation*** für die ausgewählte Aktivität (mit Freude aktiv sein), ***Information*** (Gesundheit und Trainingsmethodik).
- Die Arbeit möglichst ***vieler Muskelgruppen*** (Gehen, Walken, Joggen entsprechend).
- Die moderate ***Belastungswirkung*** in der Einheit von ***Intensität*** und ***Dauer*** sowie dem ***individuellen*** Empfinden entsprechende, wohltuende ***Umwelt***- und ***Umgebungsatmosphäre*** (je nach individuellem Empfinden Natur, Stille, Musik, Fernsicht, Einzelbegleitung, Gruppentraining, soziale Interaktion).

Eine anhaltende ***Regelmäßigkeit*** und trainingsmethodische ***Korrektheit*** in der Durchführung und Geduld zu ***moderater aerober Ausdauerbelastung,*** einhergehend mit individuellem ***Wohlfühlen*** und ***innerer Freude***, stützen die Wirkung des Trainings als ***positiven*** Stress und zur ***Stärkung der Immunabwehr***.

Wir stellen fest:

- Sportliche Aktivität kann bei unsachgemäßer Ausführung als ***Disstress*** (schädlicher Stress) wirken. ***Zu viel, zu schnell*** gehen, walken oder joggen, bei ***geschwächter*** Gesundheit trainieren, ebenso bei Lärm und ungünstigen Umgebungsbedingungen, kann Disstress verursachen und auf das Immunsystem negativ einwirken.
- Moderate aerobe Ausdauerbelastungen mittels Gehen, Walken, Joggen wirken als ***Eustress*** (positiver Stress) und führen, infolge ***regelmäßiger,*** belastungsbedingter Aktivierung von unspezifischen Immunfunktionen, zu einer Adaptation des Immunsystems. Die ***Aktivierung natürlicher Killerzellen*** (unspezifische Abwehr virusinfizierter und maligne entarteter Zellen) wird von Experten als besonders positiver Effekt angesehen (LÖTZERICH & PETERS, 1997, 92).
- In ***Gesundheit, Wohlbefinden und Freude regelmäßig*** durchgeführte, ***moderate aerobe Ausdauerbelastungen stärken in ganzheitlicher Wirkung das Immunsystem, bauen Fitness und Vitalität auf und erhalten sie.***
- Es geht letzten Endes nicht nur darum, durch stärker belastendes Gehen, Walken, Joggen körperlich aktiver zu werden, sondern es kommt insbesondere darauf an, diese Dinge ***richtig*** durchzuführen. Das schließt ein, sich ***nicht nur mehr,*** sondern auch ***trainingsmethodisch richtig*** zu belasten, die individuell vorhandenen Voraussetzungen zu berücksichtigen und mit Freude aktiv zu sein.

1.5 Der Rhythmus von Belastung und Erholung

Belastungen durch Gehen, Walken, Joggen ***können***, aber ***müssen nicht*** die Entwicklung von Gesundheit, Vitalität und Fitness nach sich ziehen. Ein Mehr an ***Belastung*** bedeutet nicht automatisch ein Mehr an ***Gesundheit***. Vielmehr kommt es darauf an, sowohl das Maß und die ***Wirkung der Belastung*** auf den Menschen zu kennen als auch die Abläufe und die zeitliche Dauer nachfolgender ***Erholung und Wiederherstellung*** ausreichend zu berücksichtigen. Die größeren Risiken entstehen durch ***Ungeduld***, durch zu frühes Ansetzen der neuen Belastung, bevor sich der Körper wieder vollständig von der vorhergehenden Belastung regeneriert hat. Eine schematische Übersicht dazu vermittelt Abbildung 18.

In Abbildung 18 bildet die ***linke, senkrechte Linie*** mit Pfeilspitze die Höhe der Leistungsfähigkeit und Belastbarkeit ab. Die Zahl ***100*** repräsentiert das aktuell erreichte Niveau.

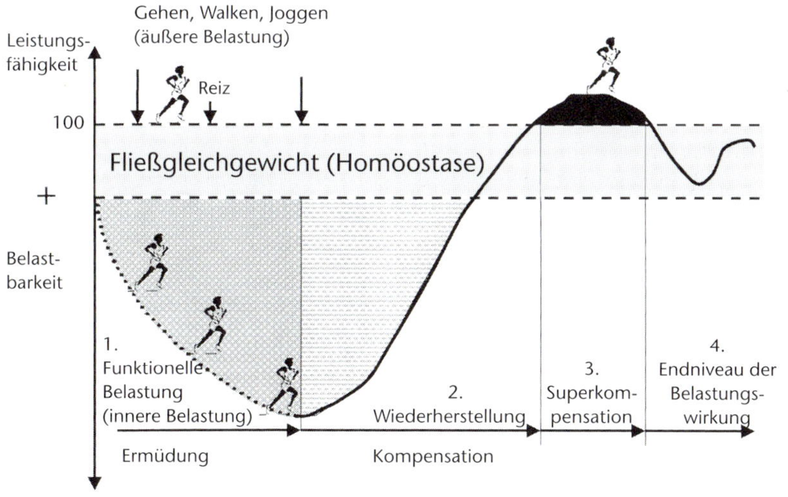

Abb. 18: Belastung – Ermüdung – Wiederherstellung

Beginnen wir ein Training im Gehen, Walken oder Joggen, werden innere Belastungen ausgelöst, das innere Fließgleichgewicht wird gestört (beabsichtigt). Die das Fließgleichgewicht sichernden Systeme werden aktiviert und energetische und funktionelle Potenziale werden verbraucht. ***Ermüdung*** setzt ein und die Leistungsfähigkeit/Belastbarkeit ***sinkt*** nach und nach ab. Es läuft ***Phase 1.***, die vom abfallenden ***punktierten*** Teil der Kurve umrissen wird. Haben wir das beabsichtigte Trainingspensum (z. B. 60 Minuten moderates aerobes Walking) absolviert, wird die ermüdende Leistungsabgabe der beteiligten Organe und Systeme beendet. Am Umkehrpunkt des Kurvenverlaufs (unteres Joggersymbol) ist Phase 1. abgeschlossen.

Jetzt setzt mit ***Phase 2.*** die ***Wiederherstellung*** der Leistungsfähigkeit/Belastbarkeit ein. Verbrauchte Stoffe werden wieder aufgefüllt, ermüdete Potenziale wiederhergestellt und Strukturen passen sich in Erwartung neuer Belastungen so an, dass sie bei den nächsten Belastungen effektiv reagieren können. Die vorangegangenen Belastungen sind kompensiert, wenn das vor Trainingsbeginn vorhandene Ausgangsniveau wieder erreicht ist. Damit ***schließt*** die Phase 2. ab, die Anpassungsvorgänge sind aber noch nicht abgeschlossen. Wenn wir am Ende von Phase 2. nicht sofort eine neue Belastung ansetzen, sondern unserem Körper etwas mehr Zeit lassen, erhöht sich die Leistungsfähigkeit und Belastbarkeit kurzzeitig noch etwas weiter.

Es kommt mit Beginn ***Phase 3.*** zur ***Superkompensation***, d. h. zu einer ***zeitweilig höheren Leistungsfähigkeit/Belastbarkeit*** der beteiligten Organe und Funktionen als vor der zur Ermüdung führenden Belastung. Beginnen wir ***jetzt***, in der Phase der Superkompensation, erneut zu trainieren, starten wir von einem kurzzeitig zur Verfügung stehenden höheren Niveau den nachfolgenden neuen Zyklus von Belastung – Wiederherstellung – Superkompensation.

Gelingt es, diesen Zyklus über längere Zeit immer wieder zu wiederholen, kommt es über eine Summation dieser Effekte zur stabileren Erhöhung der Leistungsfähigkeit/Belastbarkeit. Dieser Effekt von Superkompensation wird im ***leistungsorientierten*** Sport als durchgängiges Grundprinzip des Trainings für individuelle Höchstleistungen bewusst angezielt.

Gehen, Walken, Joggen als gesundheitsorientiertes Training strebt nicht nach ständiger Höherentwicklung bis zur Höchstleistung. Vielmehr wird dieses Training in moderater aerober Belastung mit dem Ziel gesteuert, optimale, gesundheitlich bedeutsame Anpassungsreaktionen zu erreichen, deren optimales Niveau wir dann ***über mehrere Jahrzehnte*** halten möchten.

Gehen, Walken, Joggen in dieser grundsätzlichen Ausrichtung beinhalten das Ziel vom Funktionserhalt über die Zeit. Es zielt anfangs darauf ab, eventuelle individuelle Anpassungsdefizite aufzuholen, um danach dieses gesundheitsorientierte, gute Anpassungsniveau möglichst weit in das höhere Alter zu erhalten. Deshalb ist das Verständnis dieser Wechselbeziehungen zwischen Belastung und Wiederherstellung vor allem unter dem Aspekt wichtig, dass nicht in die Phase 2. hineintrainiert wird, in der die Wiederherstellung der Leistungsfähigkeit und vollen Belastbarkeit noch nicht abgeschlossen ist. Wie dem Kurvenlauf in Abbildung 18 zu entnehmen ist, verläuft die Superkompensation nur über einen relativ kurzen Zeitraum. Mit ihrem Abschluss beginnt mit dem ***Endniveau der Belastungswirkung Phase 4.***, in der sich die Leistungsfähigkeit und Belastbarkeit auf der Bandbreite des vor dem Belastungs-Erholungs-Zyklus bestehenden Fließgleichgewichts einpegelt. Unter dem Gesichtspunkt des ***Leistungserhalts*** bei gleichzeitiger ***Förderung*** der Gesundheit ist es risikomindernd, in das Auspendeln der Superkompensation, also in Phase 4., hineinzutrainieren. Wird dann aber über ***längere*** Zeit pausiert, bilden sich schon erreichte Anpassungen zurück, das Niveau von Belastbarkeit/Leistungsfähigkeit sowie Erholungsfähigkeit sinkt. ***Stillstand heißt*** unvermeidlich ***Rückgang***.

Insofern bestätigen diese Zusammenhänge, dass regelmäßig und richtig durchgeführtes, moderates aerobes Gehen, Walken und Joggen wirksame Belastungsreize setzen kann, um die an Gesundheit gebundene Erholungs-, Leistungsfähigkeit und Belastbarkeit in jeder Altersgruppe immer wieder zu aktivieren und zu fördern.

Wirksam werden Belastungsreize durch Gehen, Walken, Joggen, wenn sie die im Alltag ***allgemein*** üblichen Belastungen überschreiten. Quantitativ und qualitativ wird die ***Gesamtbelastung*** beim Training im ***Gehen, Walken, Joggen charakterisiert*** durch die

- Belastungs***häufigkeit*** (Wie oft? z. B. Anzahl der pro Woche).
- Belastungs***dauer*** (Wie lange? Einwirkungsdauer der Belastung je Training).
- Belastungs***intensität*** (Wie stark wirkt der Reiz?).
- Belastungs***dichte*** (zeitliche Abfolge, zeitliches Verhältnis von Belastungs- zu Erholungsphasen).

Der beim Gehen, Walken und Joggen eintretende ***Belastungsgrad*** lässt sich durch unterschiedliche Kenngrößen kontrollieren. Wir können unser eigenes ***Belastungsempfinden*** einschätzen, aber auch ***Atemfrequenz*** und ***Herzfrequenz*** (am weitesten verbreitet) ermitteln sowie die ***Laktatmessung*** (medizinisches Verfahren zur Messung des Milchsäureanstiegs im Blut) einsetzen. Die Beurteilung der gemessenen Parameter ermöglicht es, die gesundheitsfördernde Trainingsbelastung sowohl nach oben (Grenze zu einem ***zu hohen*** Belastungsreiz) als auch nach unten (Grenze zu ***nicht ausreichendem*** Belastungsreiz) effektiv auszusteuern. Im Gehen, Walken und Joggen trainieren wir in moderaten aeroben Bereichen. Dadurch ist die individuelle Bandbreite des ***akzeptablen*** Belastungsgrades für ***erfahrene*** Teilnehmer relativ sicher einzuhalten. Anders verhält es sich bei Neu- bzw. Wiedereinsteigern. Diese sollten sich durch eine etwas häufigere oder durchgängige Pulskontrolle erst nach und nach die Erfahrung für ihr optimales Tempo aneignen. ***Zwingend*** erforderlich sind sichere Selbst- bzw. Fremdkontrollen bei ***ärztlich*** vorgegebenen Belastungsmaßen. Deren Bandbreite ist in den meisten Fällen etwas enger, Überschreitungen nach ***oben*** sind oft mit gesundheitlichen ***Risiken*** verbunden, die dem eigentlichen Anliegen entgegenstehen.

In Abbildung 19 wird die ganzheitliche Wirkung von Gehen, Walken und Joggen, auf den Menschen bezogen, verdeutlicht und in das Bedingungsgefüge eingeordnet, in dem erst die positive, nämlich gesundheitsorientierte Wirkung entsteht.

!

Wir stellen fest:

- Gehen, Walken und Joggen ***können***, aber ***müssen nicht*** die Entwicklung von Gesundheit, Vitalität und Fitness nach sich ziehen. Ein Mehr an ***Belastung*** bedeutet ***nicht automatisch*** ein Mehr an ***Gesundheit***.
- Um durch Gehen, Walken und Joggen gesundheitssteigernde und -stabilisierende Effekte sicher erzielen zu können, muss man sowohl das Maß der Belastung und ihre ***Wirkung*** auf den Menschen kennen als auch die Abläufe und die zeitliche Dauer nachfolgender ***Erholung und Wiederherstellung*** ausreichend berücksichtigen.
- Gehen, Walken und Joggen erhalten ihre klare Gesundheitsorientierung erst durch die ***bewusste*** Nutzung der Zusammenhänge zwischen ***Belastung – Ermüdung – Wiederherstellung – Superkompensation***.
- Gehen, Walken und Joggen führen nur dann effektiv zu den angezielten gesundheitsdienlichen organischen und funktionellen Anpassungen, wenn sie an der aktuellen ***individuellen*** Belastbarkeit und am ***individuellen*** Leistungsvermögen orientiert werden.

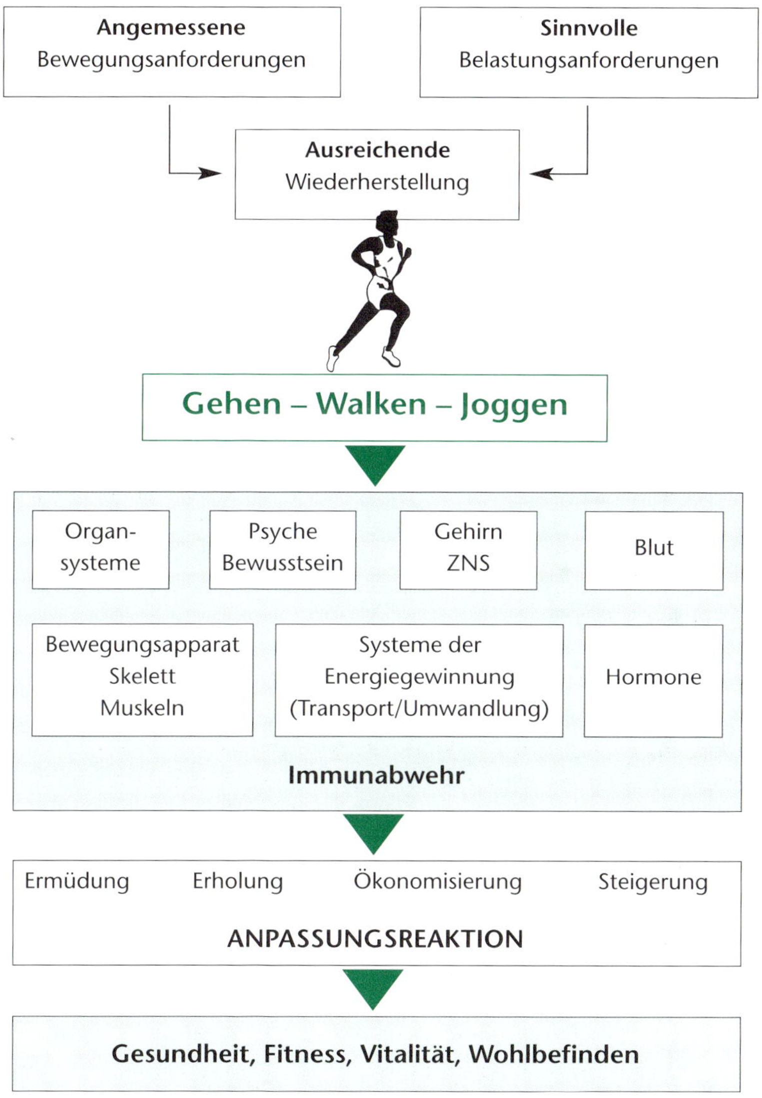

Abb. 19: Gehen, Walken, Joggen – ganzheitliche Wirkung

Champion
U.S.A
NIKE

2 Gehen im Alltag

2.1 Gehen kontra Bewegungsarmut

Mit der ***Aneignung des aufrechten Gangs*** haben unsere Vorfahren vor über vier Millionen Jahren einen wesentlichen Schritt zur Herausbildung des Menschen aus dem Tierreich vollzogen. In einer ***über Millionen Jahre*** währenden Zeitspanne haben sich körperbauliche Merkmale, organische Strukturen und Funktionen an diesen, auf unserer Erde nur der Gattung Mensch ***dauerhaft*** möglichen aufrechten Gang auf den unteren Extremitäten, angepasst. Damit einher verlief die Entwicklung des Bewusstseins und der intellektuellen Fähigkeiten, mit denen der Mensch zunehmenden Einfluss auf die künstliche Gestaltung seiner Lebensumwelt nahm. In der entwicklungsgeschichtlich kleinen Zeitspanne der letzten 150 Jahre hat der Mensch den wissenschaftlich-technischen Fortschritt mit fortschreitender Beschleunigung besonders genutzt, um den im Lebensalltag notwendigen Anteil aufrechten ***Gehens*** und ***körperlicher Arbeit*** insgesamt deutlich ***abzusenken***.

Maschinen vollbringen heute zumeist die erforderliche ***Leistung*** zur Fortbewegung des Menschen über ***horizontale*** und ***vertikale*** Distanzen, sie verdrängen im Arbeitsprozess und in der Freizeitgestaltung immer mehr die körperliche Arbeitsleistung. Die ***Anforderungen*** an Muskelkraft, Herz-Kreislauf-System und Gesamtmotorik sind ***drastisch*** zurückgegangen. Diese Entwicklung hat unbestritten viel Erleichterung in früher körperlich sehr anstrengende menschliche Tätigkeiten gebracht, sie hat bis in die heutige Zeit aber das alltägliche menschliche ***Bewegungsverhalten*** insgesamt ***minimiert***.

In der Arbeitswelt herrscht zu hohen Anteilen die Monotonie des Sitzens bzw. die Monotonie kleinräumiger Bewegungsabläufe (z. B. nur der Finger), teilweise bestimmen statische Belastungen durch vorwiegendes Stehen im Arbeitsprozess über unser Bewegungsverhalten.

Sitzende Körperhaltung entwöhnt in komplexer Weise den Menschen von der im Erbgut verankerten Bewegung zu Fuß im aufrechten Gang.

Es ***fehlen*** für Knochen, Gelenke, Herz-Kreislauf-System, Muskeln und Stoffwechsel die für ihre Entwicklung und ihren Erhalt notwendigen ***Belastungsreize***. Vorwiegend ***stehend*** ausgeführte berufliche Arbeit wiederum belastet durch statische Haltearbeit insbesondere die Venen der unteren Extremitäten, aber auch alle ***tragenden*** Systeme unseres im labilen Gleichgewicht befindlichen Körpers (Knorpel, Knochen, insbesondere Wirbelsäule, Hüfte, Knie, Füße). Gleichzeitig werden alle von ***Aktivität*** abhängigen Vorgänge des Herz-Kreislauf-Systems und des Stoffwechsels auf ein Niveau ***unterhalb*** der gesundheitsförderlichen Bandbreite abgebremst.

Die in Jahrmillionen der Evolution im Erbgut verankerten ***unteren*** Toleranzgrenzen für gesunde Funktionen von Organen und Organsystemen und für eine gesunde Entfaltung der ganzen Persönlichkeit werden in gesundheitlich bedrohlichem Maße im Lebensalltag zu ***wenig überschritten***. In ***allen*** Altersgruppen herrschen Bewegungsmangel und zu geringer täglicher Kalorienverbrauch im Vergleich zur Kalorienaufnahme vor (Kalorienüberschuss). Die Folgen sind Übergewicht und ein Komplex unübersehbarer, mittlerweile allgemein bekannter gesundheitlicher Risiken.

Deshalb auch machte die Weltgesundheitsorganisation (WHO) mit der Aktion des Weltgesundheitstages 2002 „Gesund leben – in Bewegung bleiben" darauf aufmerksam, dass sich weltweit bis zu ***80 %*** der erwachsenen Menschen ***nicht ausreichend bewegen***[50] (Aussagen zu Deutschland, vgl. Kapitel 1.2).

Wir stehen vor der Fragestellung, wie können Menschen mit Bewegungsdefiziten den ***Einstieg*** in ein bewegtes Leben finden?

Am Anfang stehen für Menschen aller Altersgruppen Überlegungen zu ***alltagstauglichen Verhaltensänderungen***, die ohne größeren Aufwand und Kosten vorgenommen werden können und keine unbekannten Bewegungstechniken erfordern. Also, einfach zurück zu den ursprünglichen Formen der menschlichen Fortbewegung mit dem Motto: „Mensch, geh mal wieder".

Ein bedeutender britischer Historiker, George Macaulay TREVELYAN (1876-1962), gilt als Anhänger dieser These, denn er äußerte sich, bezogen auf seine Gesundheit: ***„Ich habe zwei Ärzte: mein linkes und mein rechtes Bein."*** Wir erfinden diesen Weg aktiver Gesundheitsförderung also nicht, sondern wir greifen ihn nur zeitgemäß auf.

Einfach ***gehen***, etwas ***öfter***, etwas ***länger***, nach und nach etwas ***schneller,***

- stimuliert den Umbau der Knochen (Osteoporoseprophylaxe).
- aktiviert die Gelenke der unteren Extremitäten und die Hüftgelenke, fördert die Ernährung der Gelenkknorpel (siehe auch Hinweise zum Gelenk in Kap. 1.4.2).
- kräftigt die beteiligte Muskulatur, Sehnen und Bänder und fördert deren Versorgung.
- aktiviert Herz und Kreislauf und den Stoffwechsel, fördert die periphere Blutversorgung und die Durchblutung des Gehirns. HOLLMANN (1993) verweist darauf, dass schon bei einer Belastung wie dem ***Spazierengehen***, entspricht 25 Watt, die ***Gehirndurchblutung*** um ***13 % angehoben*** ist.
- beugt Bluthochdruck vor bzw. hilft, erhöhten Blutdruck zu senken.
- fördert den venösen Rückstrom aus den unteren Extremitäten zum Herzen (siehe auch „Muskelpumpe" in Kap. 1.4.3).
- trainiert und stärkt die Wände der venösen Blutgefäße in den Beinen.
- trainiert die spezifische Koordination zur Gleichgewichtssicherung (u. a. Sturzprophylaxe).
- aktiviert die aerobe Energieumwandlung (Fettverbrennung).
- fördert in seiner Gesamtwirkung die Immunabwehr.
- verbessert die psychische Grundstimmung, beugt Disstress vor und fördert den Gebrauch der Sinne.
- Unter dem Aspekt seiner Gesamtwirkung bremst aktives Gehen Alterungsprozesse ab.

Gehen im Alltag wird in seiner Bedeutung für Gesundheit und Wohlbefinden allgemein ***unterschätzt***. Sein gesundheitlicher Wert erwächst weniger aus der Höhe der Einzelbelastung, sondern mehr aus der ***Gesamtsumme*** der Reizeinwirkungen durch alltägliches Gehen. Dabei wird nicht das Niveau für ***sportliche*** Leistungen angezielt, sondern es geht zunächst um das für Gesundheit und Wohlbefinden erforderliche Niveau des Fließgleichgewichts aller Systeme und Funktionen in der lebenslangen (also auch altersgerechten) Bewältigung des Alltags (Alltagskompetenz). Es geht darum, durch individuelle Verhaltensänderungen dem ***Bewegungsmangel davonzugehen***.

Die Gesamtheit der oben aufgezählten (längst nicht vollständigen) möglichen Wirkungen eines bewusst erhöhten Anteils aktiven Gehens im Alltag ***erleichtert*** gleichzeitig den ***Neu***- oder ***Wiedereinstieg*** in stärker belastende Formen gesundheitlichen Trainings des ***Wanderns, Walkens und Joggens***.

Als Neu- oder Wiedereinsteiger muss berücksichtigt werden, dass unsere ***Organe*** und ***Systeme*** in ihrer Struktur und ihren Funktionen immer nur eine ***aktuelle*** Belastungsverträglichkeit und Leistungsfähigkeit entwickelt haben, die als Antwortreaktion dem quantitativen und qualitativen Niveau ***vorhergehender*** Belastungsreize entspricht. Organe und Systeme sind praktisch so stark, wie sie es gewohnt sind.

Ein Vorhaben, zukünftig intensivere und längere ***Wander-, Walking- und Jogging-Programme*** zu absolvieren, muss durch ***vorbereitende Anpassungen*** der Gelenke, Knochen, Muskeln und Versorgungssysteme unterstützt werden. Dabei kann ein bewusst erhöhter Anteil des Gehens im Alltag wirkungsvolle Hilfe bieten.

Das Programm Gehen im Alltag kann begonnen werden mit dem vertretbaren und alltagstauglichen ***Vermeiden*** von zu lang andauernder körperlicher ***Passivität*** und ***Fortbewegungs***- und ***Aufstiegshilfen***, d. h. (Beispiele als Denkanstöße):

- Personenaufzüge nicht mehr bzw. nur eingeschränkt benutzen, stattdessen ***mehr Treppen benutzen*** (der Kalorienverbrauch beim Treppensteigen aufwärts ist über ***14 x höher*** als beim Sitzen).
- Rolltreppen nicht mehr bzw. eingeschränkt benutzen (eher abwärts), ***mehr Treppen steigen***.
- Personentransportbänder nicht mehr bzw. eingeschränkt benutzen, besser ist es zu ***gehen***.
- Alltägliche Wegstrecken im Umfeld der Wohnung ***bis zu 2 km*** ohne andere Fortbewegungshilfen bewusst ***zu Fuß*** gehen (etwa ***vierfach*** höherer Kalorienverbrauch als im Sitzen).
- Die Benutzung öffentlicher Verkehrsmittel zur und von der Arbeitsstelle kann gesundheitlich optimiert werden, indem zumindest manchmal, besser regelmäßig, ***eine Haltestelle zu Fuß*** zurückgelegt wird (bei angemessener Entfernung und ohne nervlichen Stress durch Hast). In ***einer Minute*** mit 3 km/h ***Gehen*** verbraucht ein etwa 80 kg schwerer Mensch um die vier Kalorien.
- Der Pkw kann auch in 5-10 Minuten Gehzeit von der Arbeitsstelle entfernt geparkt werden.
- Im Haushalts- und Wohnbereich sowie am Arbeitsplatz nach Möglichkeiten ***suchen***, ohne Berücksichtigung einer Mindestdistanz gehend aktiv werden zu können. Ziel ist ein bewusster ***Wechsel*** vom ***Sitzen*** zum

Aufstehen, Aufrichten (bewusst aufrechte Körperhaltung) und ***Gehen***, wenn auch nur wenige Meter zurückzulegen sind. Entscheidend dabei sind das ***Verlassen*** der ***sitzenden*** Haltung, das kurzzeitige, bewusste senkrechte ***Aufrichten*** des Körpers, das ***Gehen*** mit jeweils wechselnder Be- und Entlastung der Beine, der Gebrauch der Sinne aus anderer Situation heraus. Auch in ***Arbeitspausen*** ist nach der Speiseneinnahme stets lockeres ***Gehen*** (auch mit Gesprächen) besser als Gesprächsrunden in Sitzecken.

Außerhalb beruflicher und häuslicher Verpflichtungen sollte es zum Prinzip werden, ähnlich dem selbstverständlichen Zähneputzen, mindestens ***1 x täglich*** an frischer Luft zu ***gehen***, etwas ***zügiger als normal***, etwa im individuell als optimal empfundenen Wandertempo.

Ideal dafür wären Strecken in Parks und auf weniger befahrenen Straßen. Doch das ist in unseren Städten nicht immer möglich. Deshalb wird es notwendig sein, eine den gegebenen Verhältnissen entsprechende Runde auszuloten. Diese wäre dann nur noch unter dem Gesichtspunkt der guten Begehbarkeit und eines möglichst pausenlosen Gehens auszuwählen.

Da man bei dieser Art des Gehens normale Bekleidung (bequemes Schuhwerk!) trägt und nur etwas zügiger als normal geht, ist man in städtischer Umgebung relativ unauffällig unterwegs.

Wir stellen fest:

- Die in Jahrmillionen der Evolution im Erbgut verankerten ***unteren*** Toleranzgrenzen für gesunde Funktionen von Organen und Organsystemen und für gesunde Entfaltung der ganzen Persönlichkeit werden in gesundheitlich bedrohlichem Maße im heutigen Lebensalltag zu ***wenig überschritten***.
- In ***allen*** Altersgruppen herrschen Bewegungsmangel und zu geringer täglicher Kalorienverbrauch im Vergleich zur Kalorienaufnahme vor (Kalorienüberschuss). Die Folgen sind Übergewicht und ein Komplex unübersehbarer, mittlerweile allgemein bekannter gesundheitlicher Risiken.
- Es wird zur biologischen Notwendigkeit: einfach ***gehen***, etwas ***öfter***, etwas ***länger***, nach und nach etwas ***schneller***.

2.2 Zur Dauer

Das oben erwähnte ***Gehen im Austausch*** mit verschiedensten ***Beförderungsmitteln*** sowie durch aktivierende Lösungen in der beruflichen ***Arbeitszeit*** und im ***Haushalt*** wirkt vor allem in der ***Gesamtsumme*** der Einzelbelastungen. Deshalb sind zeitliche Orientierungen für diese relativ kurzen Einzelaktivitäten nicht angebracht. Wichtiger ist, Treppen zu steigen und dass man körperliche Monotonie und Passivität großer Muskelgruppen durch bewusstes Aufrichten in den Stand und aktivierendes Gehen hin und wieder unterbricht.

Gehen im Zusammenhang mit dem ***Hin***- und ***Rückweg*** zu bzw. von der ***Arbeitsstelle*** (oben erwähntes Auslassen einer Haltestelle öffentlicher Verkehrsmittel) wird sich aus praktikablen Gründen selten länger als 10 Minuten ausdehnen lassen, also etwa 5-10 Minuten dauern. Aber damit wäre schon ein ***guter*** Anfang gemacht (bei 10 Minuten mit 3 km/h Gehen verbraucht ein 80 kg schwerer Mensch etwa 40 Kalorien).

In der ***Freizeit*** hat ein ***täglich halbstündiges*** Gehen im ordentlichen Wandertempo schon eine gesundheitsfördernde Wirkung.

Eine Studie zum Gesundheitsverhalten von Frauen (mit 40.000 untersuchten Personen) kommt zu dem Fazit, dass man sein Herzinfarktrisiko nicht mittels extremer Anstrengung senken muss, sondern dass es mehr auf die Einhaltung der ***Mindestdauer*** des Gehens ankommt, die bei etwa ***30 Minuten täglich*** liegt. Diese Orientierung gilt auch für Frauen mit Übergewicht, die rauchen oder erhöhte Blutfettwerte aufweisen[51] (30 Minuten mit 3 km/h Gehen verbrauchen bei 80 kg Körpergewicht etwa 120 Kalorien).

Für den Personenkreis mit täglich ***größerem Freizeitbudget*** ist es empfehlenswert, über weitere Möglichkeiten des Gehens nachzudenken, die ***über*** die ***Mindestanforderungen hinausgehen***.

Individuelle Entscheidungsspielräume liegen zum Beispiel zwischen der ***Verlängerung*** des täglich ***einmaligen*** Gehens von 30 Minuten auf 60 Minuten oder des täglich ***zweimaligen*** Gehens von 30 Minuten (z. B. morgens und abends).

2.3 Zur Häufigkeit

Es steht sicher außer Frage, dass das Gehen als natürlichste Fortbewegung des Menschen eine biologisch begründete, ***tägliche Notwendigkeit*** darstellt.

Die in der technisierten Welt eingeschränkten, ursprünglichen Bewegungszwänge (Fahrzeuge, Aufzüge, horizontale Laufbänder, sitzende Tätigkeiten ...) erhöhen die Gefahr des Bewegungsmangels für größere Bevölkerungsgruppen. Deshalb muss der einzelne Mensch fehlende ***äußere*** Zwänge, gehen zu ***müssen***, ersetzen durch ein ***inneres***, täglich erhöhtes Bedürfnis, gehen zu ***wollen***.

Für die unter 2.1 erwähnten Beispiele ist eine praktische Umsetzung individuell so vorzusehen, dass kein Aktionismus von ***kurzer*** Dauer entsteht, sondern dass zusätzliche Gehwege im Umfeld sitzender beruflicher Arbeit auch wirklich ***alltagsverträglich dauerhaft*** eingebaut werden.

Bild 2: Walking-Technik, Aufsetzen der Ferse mit nachfolgendem Abrollen und Abdruck des hinteren Fußes über Ballen-Zehen

Da dieser Sachverhalt eine Änderung des gewohnten und bequemen Bewegungsverhaltens darstellt, muss mit wechselnden ***Motivationen*** in der Umstellungsphase gerechnet werden, eigenen ***Ausreden*** oder ***Ausflüchten*** ist konsequenter innerer Widerstand entgegenzusetzen. Auch deshalb sind ***praktikable*** Lösungen wichtig.

Für die relativ kurzzeitigen gesundheitsfördernden Geheinlagen gibt es ***keinen Grund zur Begrenzung in der täglichen Häufigkeit***. Das in der Freizeit zu absolvierende, zumindest ***30-minütige*** Gehen sollte ***täglich*** in die Abläufe so eingebaut werden, dass es möglichst wenig terminliche und zeitlich einengende Störgrößen gibt. Unter dem Aspekt der körperlichen Belastung gibt es bis auf prinzipielle ärztliche Bedenken im Krankheitsfall keinen Grund, von täglicher Wiederholung abzusehen.

Wird die ununterbrochene Gehzeit auf ***eine Stunde*** erhöht bzw. auf täglich ***zweimaliges Gehen*** von jeweils ***30 Minuten*** verteilt, ist die eintretende körperliche Belastung im Normalfall ebenfalls ***kein*** beschränkender Faktor. Man brauchte dabei unter dem Aspekt körperlicher Erholung eigentlich ***lebenslang keinen Ruhetag***.

2.4 Zur Intensität

Das ***Gehen im Alltag*** ist kein Konzept im Sinne von sportlichem Training, aber es ist ***mehr als bewegungsarmer Alltag***, es ist eine Form des ***Gesundheitstrainings***.

Gehen im Alltag als Konzept zielt auf Verbesserungen des ***Wohlbefindens*** und der ***gesundheitlichen Disposition***. Es dient als ***Prophylaxe*** gegen Gesundheitsstörungen und vorzeitiges Altern, die sich durch Bewegungsmangel entwickeln können. Es kann aber auch die ***vorbereitende*** Erhöhung der ***Belastungsverträglichkeit*** unterstützen, um den Körper auf ***zukünftige*** Belastungen durch Wandern, Walken oder Joggen einzustellen. Diese Zielstellung wird verfolgt durch eine Intensität der Belastung, die ***etwas höher*** liegt als bei ***normaler alltäglicher Gehgeschwindigkeit***, die aber stets in der Fettsäure verbrennenden, aeroben Energieumwandlung verläuft. Damit wird deutlich, dass hier eine ***individuell*** auszulotende, aber nur mit geringen Risiken behaftete ***Bandbreite*** der Intensitätssteuerung vorliegt.

Dennoch könnte das, was für den einen zu langsam ist, für einen anderen schon zu schnell sein. Wir erinnern an den Umstand, dass die Organe, -systeme und Funktionen nur jenes Belastungs- und Leistungsniveau aufweisen können, das durch ***vorhergegangene*** Belastungen geprägt wurde.

Die Bandbreite der ***Gehgeschwindigkeit*** liegt etwas höher als beim normalen Gehen, in Abhängigkeit vom individuellen Ausgangsniveau etwa ***zwischen 3-5 km/h***. Die ***Atmung*** wird gegenüber der zumeist oberflächlichen Atmung beim langsamen Gehen etwas tiefer oder pro Atemzug „gründlicher", aber nicht schneller. Gespräche mit Gehpartnern bereiten absolut keine Probleme.

Die dazugehörige ***Herzfrequenz*** (HF), gemessen am Handgelenk (10 Sekunden Pulsschläge zählen, Ergebnis x 6 = HF/min), liegt dementsprechend auch etwas höher als beim normalen Gehen. Sie wird, ausgehend vom individuell unterschiedlichen Ruhepuls und der aktuellen körperlichen Verfassung, etwa zwischen 80 und 110 Schlägen pro Minute liegen.

Bild 3: Pulsmessung am Handgelenk

Für ***die Pulsmessung am Handgelenk*** werden die Fingerspitzen von Zeigefinger und Mittelfinger der rechten Hand kurz oberhalb des Handgelenks des linken Unterarms aufgelegt. Die richtige Stelle ist schnell zu finden, wenn man in die linke Hand hineinschauen kann (Daumenkante ist außen) und in Verlängerung des Daumenansatzes mit den Fingerspitzen der messenden Hand über das Handgelenk fährt, bis etwa einen Finger breit oberhalb des Gelenks eine Art weichere Grube ertastet wird. Dort müsste an den Fingerspitzen der Puls zu spüren sein.

Für die ***Pulsmessung an der Halsschlagader*** werden die Fingerspitzen von Zeigefinger und Mittelfinger der rechten Hand an der linken Halsseite kurz hinter der Luftröhre (obere Hälfte des Halses) aufgelegt. Dort kann an der zum Kopf führenden Halsschlagader der Puls ertastet werden (Achtung, nicht den Daumen der messenden Hand auf der anderen Seite des Halses andrücken, sonst könnte der Blutstrom zum Kopf eingeschränkt werden). Nach einigen Proben in Ruhe werden die empfohlenen Messstellen schneller gefunden, sodass dann Messungen während des Trainings zügig erfolgen können. Ein persönlicher Abgleich zur optimalen Wahl der Geschwindigkeit kann vorgenommen werden, wenn bei ***normalem*** Gehen einmal der Puls gemessen wird und dann bei einem etwas ***schnelleren*** Gehen ebenfalls. Im Gegensatz zu intensiveren Fortbewegungsformen ist jedoch bei dieser Art des ***leicht*** intensivierten Gehens auf flacher Strecke ***keine stetige*** Pulskontrolle notwendig.

Wenn es keine grundlegenden ärztlichen Einschränkungen gibt, sind Überforderungen nicht möglich. Dieses leicht intensivierte Gehen verläuft absolut unter aerober Belastung, es werden vorwiegend Fettsäuren zur Energieumwandlung herangezogen und das innere Fließgleichgewicht zwischen Sauerstoffverbrauch und Sauerstoffversorgung, zwischen Verbrauch von Energieträgern und deren Nachschub in die Muskelzellen, wird aktiviert und auf höherem Niveau gehalten.

Der ***Kalorienverbrauch beim Gehen*** ist bei gleichen Geschwindigkeiten individuell unterschiedlich, er ist gewichtsabhängig. Ein 80 kg schwerer Mensch benötigt für die Bewältigung einer bestimmten Gehstrecke bei gleicher Geschwindigkeit mehr Kalorien als eine 68 kg wiegende Person. Die Angaben in den meisten Tabellen müssen als ***Richtwerte*** verstanden

Tätigkeit	Gewicht 55-60 kg	65-70 kg	80 kg	90 kg	110-115 kg
Sitzen	10	12	14	16	20
Treppensteigen abwärts	56	67	78	88	111
Treppensteigen aufwärts	146	175	202	229	288
Gehen (3 km/h)	29	35	40	46	58
Gehen (6 km/h)	52	62	72	81	102

Abb. 20: Kalorienverbrauch – Richtwerte für je 10 Minuten Aktivität (nach: SKINNER, 1989)

werden, da der tatsächliche Energieverbrauch u. a. noch durch den Beherrschungsgrad der Bewegungstechnik und durch sich vollziehende Anpassungsvorgänge individuell variiert. Unter dem Aspekt zielgerichteter Gewichtsregulierungen bieten die Orientierungen, wie in Abbildung 20, wesentliche Hilfen, um planvoll vorgehen zu können. Dabei ist besonders im Zusammenhang mit dem Gehen bedeutungsvoll, den Kalorienverbrauch über ***längere*** Zeiträume zu realisieren und ***Geduld*** zu haben. Sinnvolle Gehprogramme mit dem Hauptaspekt der Gewichtsreduzierung sind grundsätzlich langfristig angelegt und stets kombiniert mit adäquater Ernährung.

Beispiel des Kalorienverbrauchs durch Gehen im Alltag (etwa 68 kg schwere Person)

Ein Tag:

Im Gesamttagesverlauf insgesamt 5 min Treppensteigen aufwärts	87, 5 kcal
Im Gesamttagesverlauf insgesamt 5 min Treppensteigen abwärts	33, 5 kcal
Jeweils 10 min Hin- und Rückweg zur Arbeitsstelle (mit 3 km/h)	70 kcal
Abends 30 min Gehen (3 km/h)	105 kcal

Fazit:
Ein Tag:
Mit diesen Aktivitäten bringt einen ***zusätzlichen*** Verbrauch von ***296*** kcal.

Eine Woche:
Derartiges Gehen ***über die Arbeitswoche*** verteilt, verbraucht ***2.072*** kcal.

Vier Wochen:
Dieses Konzept erbringt einen Verbrauch über vier Wochen von ***8.288*** kcal. Da hier noch keine Wochenendaktivitäten enthalten sind, wird deutlich, wie es möglich ist, die empfohlenen 2.000 Kalorien pro Woche zusätzlich zu verbrauchen, um den gesundheitlichen Folgen des Bewegungsmangels ausreichend entgegenzuwirken.

Wenn die täglichen 10 Minuten Hin- und Rückweg zur Arbeitsstelle nicht möglich sind, ***fehlen*** in der Tagesbilanz ***70 Kalorien***, das sind in einer Woche ***490*** Kalorien. Diese könnten am Wochenende entweder mit ***zweimaligem*** Gehen über ***70*** Minuten oder mit einem ***einmaligen*** Gang über ***zwei*** Stunden und ***20*** Minuten (immer mit 3 km/h Gehgeschwindigkeit) aufgeholt werden. Ist man aber schon in der Lage, im zügigen Gehschritt ***5 km/h*** zu gehen (Puls kontrollieren), werden in 30 Minuten um die 150 Kalorien verbraucht. Wenn die Person im oben genannten Beispiel die erwähnten 490 Kalorien am ***Wochenende*** durch Gehen verbrauchen möchte, müsste sie, auf Sonnabend und Sonntag verteilt, insgesamt nur etwa ***93 Minuten*** im Gehtempo von 5 km/h aktiv sein.

Für Personen, die seit ***längerer*** Zeit ***wenig körperlich aktiv*** waren und relativ wenig zu Fuß gegangen sind, ist, im Sinne der behutsamen Anpassung ihres Körpers, ein ***gemäßigter Einstieg*** vorzunehmen, um dann durch langsam ansteigende Gehgeschwindigkeit und zunehmende Streckenlänge eine zunehmende Belastbarkeit zu erreichen. Ein Beispiel für ein Einstiegsprogramm zeigt Abbildung 21.

Mit dem Beispiel in Abbildung 21 soll das ***Prinzip*** der behutsamen Belastungssteigerung verdeutlicht werden, das dem Körper notwendige Anpassungszeit einräumt. Es sind immer individuelle Modifizierungen des Belastungsmaßes möglich, die sich aus Pulskontrollen und dem persönlichen Belastungsempfinden ergeben. Allerdings ist zu empfehlen, die Trainingshäufigkeit pro Woche vom mindestens dreimaligen Gehen im Interesse einer gesicherten Steigerung der Belastungsverträglichkeit einzuhalten. Nach Woche 11 wäre zu entscheiden, ob zukünftig das Gehtempo von 5 km/h pro Trainingseinheit beibehalten wird (3-4 x pro Woche). Das entspräche etwa einer ***Grundanforderung*** für erhaltendes Gesundheitstraining. Für eine ***nächsthöhere*** Belastungsstufe mit Einhaltung ***gleicher*** Belastungszeiten wie bisher ist zu empfehlen, sich dem etwas schnelleren Walking zuzuwenden (Kap. 4).

Woche	**Tempo**	**Umfang pro Trainingseinheit**		**Häufigkeit***
	km/h	Minuten	km	
1	3,0	20	1,0	3-4 x
2	3,0	20	1,0	3-4 x
3	3,0	30	1,5	3-4 x
4	3,6	30	1,8	3-4 x
5	3,6	30	1,8	3-4 x
6	4,0	30	2,0	3-4 x
7	4,0	30	2,0	3-4 x
8	4,0	35	2,3	3-4 x
9	4,5	35	2,6	3-4 x
10	4,5	35	2,6	3-4 x
11	5,0	35	3,0	3-4 x

* Bei längeren Touren am Wochenende reichen 3 x Training pro Woche aus.

Abb. 21: Gehen für Einsteiger

Wir stellen fest:

- Das Konzept ***Gehen im Alltag*** heißt: einfach ***gehen***, etwas ***öfter***, etwas ***länger***, nach und nach etwas ***schneller***.
- Das Programm ***Gehen im Alltag*** beginnt mit dem vertretbaren und alltagstauglichen ***Vermeiden*** von andauernder körperlicher Passivität sowie der minimierten Nutzung von ***Fortbewegungs***- und ***Aufstiegshilfen***.
- Gehen im Alltag heißt, mindestens 1 x ***täglich*** in ausreichender Dauer an frischer Luft zu gehen, etwas zügiger als normal, etwa im individuell als optimal empfundenen, zügigen Wandertempo.
- Ein ***täglich halbstündiges*** Gehen im Wandertempo zeigt bei ***dauerhafter*** Anwendung schon gute gesundheitsfördernde Wirkung.
- Individuelle Entscheidungsspielräume sinnvoller Erweiterung liegen zum Beispiel zwischen der ***Verlängerung*** des täglich ***einmaligen*** Gehens ***von*** 30 Minuten ***auf*** 60 Minuten oder des täglich ***zweimaligen*** Gehens von 30 Minuten.
- Die Intensität der ***Gehgeschwindigkeit*** liegt etwas höher als beim normalen Gehen, in Abhängigkeit vom ***individuellen*** Ausgangsniveau etwa ***zwischen 3-5 km/h***.
- Das ***Gehen im Alltag*** ist kein Konzept im Sinne von sportlichem Training, aber es ist ***mehr als bewegungsarmer Alltag***, es ist eine nachhaltige Form des ***Gesundheitstrainings***, insbesondere für Menschen in der ***zweiten*** Lebenshälfte.
- Das Konzept ***Gehen im Alltag*** unterstützt Neueinsteiger und Wiedereinsteiger bei der Anpassung ihrer Belastungsverträglichkeit auf ***zukünftig*** höhere Anforderungen durch längere Wanderungen, Walking oder Joggen.

3 Gesund (Fuß-) Wandern

3.1 Wandern in Variationen

Was ist eigentlich der Unterschied zwischen ***Fußwandern*** und ***Gehen***? Vereinfacht gesagt, ist ***Gehen*** die natürlichste ***Art*** der ***Fortbewegung*** zu Fuß in aufrechter Körperhaltung (Schrittfolgen ***ohne*** Flugphase) im Alltag, sie gehört zum erworbenen motorischen Grundbestand des Menschen. ***Gehen*** als Begriff bezeichnet allgemein eine bestimmte menschliche Tätigkeit.

Beim ***Fußwandern*** erhält die allgemeine Tätigkeit des Gehens einen erweiterten Sinn. Mit dem Begriff des ***Wanderns*** bezeichnen wir längeres, ***zielgerichtetes*** und zweckorientiertes zu Fuß gehen in freier Natur als aktive Freizeitgestaltung. Charakteristisch für das Wandern sind z. B. Auseinandersetzung mit der Witterung, körperliche Belastung durch längeres Gehen mit Überwindung von Schwierigkeiten des Geländes, psychisch erholsamer Einfluss und Abbau von Stresszuständen, kommunikations- und kontaktfördernder Wert.

Von besonderem Wert ist beim Wandern, dass die ***Bewegungstechniken*** des Gehens in freier Natur im Prinzip von jedem Menschen ***beherrscht*** werden (Einschränkungen bei stark profiliertem Gelände), sodass der ***Erlebnisgehalt*** hoch ist. Die ganzheitlich ***gesundheitsfördernde Wirkung*** verknüpft sich mit wohltuenden ***Emotionen***, der Blick auf die Natur wird geschärft und der ***Wissenshorizont*** aktiv erweitert. Obwohl die langfristig gewichtssenkende Wirkung durch erhöhten Kalorienverbrauch ein beachtenswerter gesundheitsfördernder Faktor von hoher komplexer Einflussnahme ist, würde eine derartig einseitige Fokussierung des Wanderns der tatsächlich ganzheitlichen Wirkung nicht gerecht werden. Aus vielen Beispielen soll hier nur erwähnt werden, dass Neurologen in den USA auf ihrem Jahreskon-

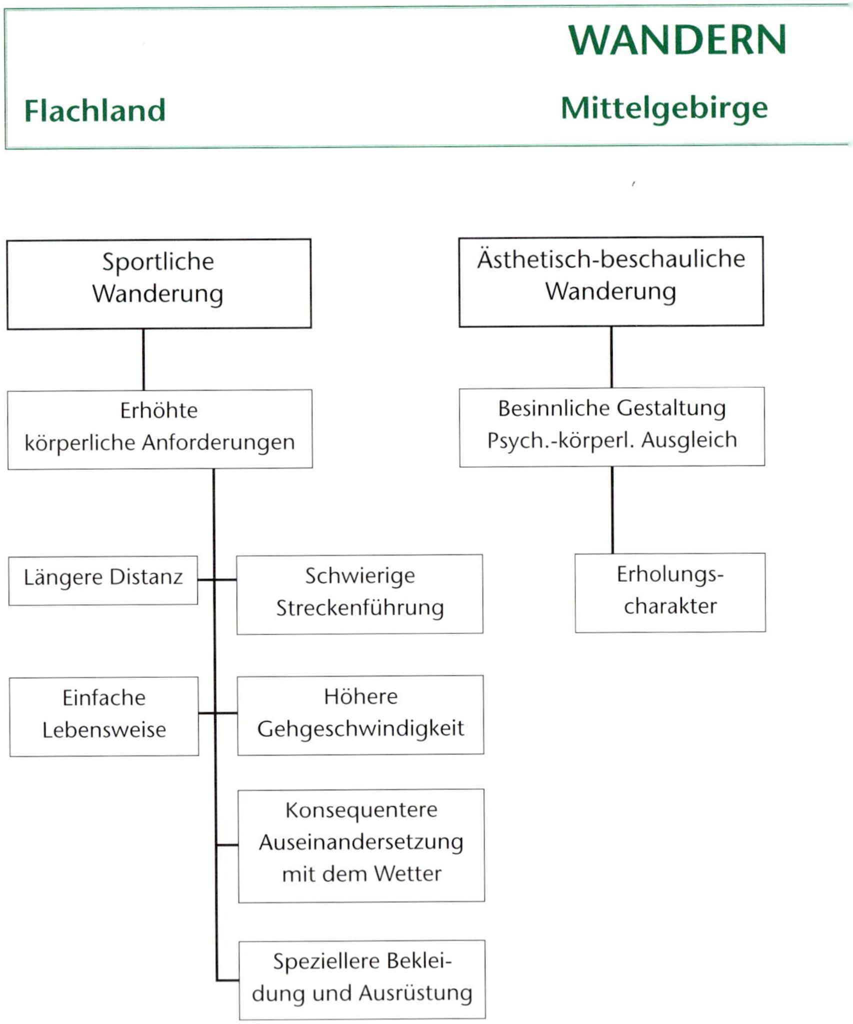

Abb. 22: WANDERN – formale Strukturierungsmerkmale

Hochgebirge

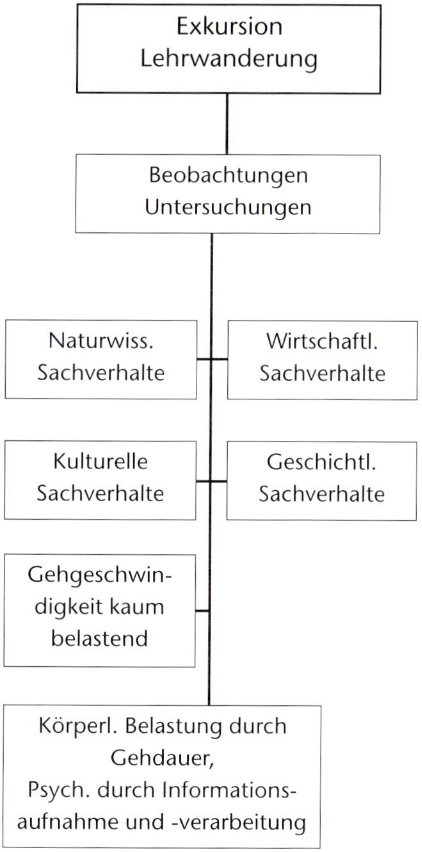

gress 2001 durch Untersuchungen der Hirnleistung von 5.925 Frauen, die älter als 65 Jahre waren, belegen konnten, dass Wandern das Gehirn jung erhält.[52]

Der Mensch wandert heute,

- um in dieser Tätigkeit die natürliche Umgebung mit seinen Sinnen zu erfassen und diese, je nach individueller Intuition und Möglichkeit, für sich zu erschließen.
- um sich in freier Natur zu entspannen und ganzheitlich zu regenerieren.
- um seine körperlich-geistig-soziale Gesundheit zu fördern und seine Fitness auszubauen bzw. bis ins höhere Alter zu erhalten.
- um soziale Kontakte zu pflegen und um Natur gemeinsam mit anderen zu erleben.
- um für ihn Neues zu entdecken.
- um das Abenteuer Natur in der Langsamkeit und Ruhe des Ausschreitens zu erleben.
- um seine Lust und Freude an Bewegung in freier Natur in für ihn angenehmer Art und Weise auszuleben.

Nach der ***Dauer*** der Wanderungen wird unterschieden zwischen

- Halbtageswanderungen
- Tageswanderungen
- Mehrtageswanderungen.

Auf Grund unterschiedlicher Höhenlagen der Wanderrouten und unterschiedlicher äußerer Bedingungen sowie spürbarer Unterschiede in den Belastungsanforderungen an das Herz- Kreislauf-System und den aktiven und passiven Bewegungsapparat, ist es auch notwendig zu unterscheiden zwischen (vgl. Abb. 22)

- Wanderungen im ***Flachland*** (***ohne*** wesentliche Belastungssteigerung durch Auf- und Absteigen) (Kap. 3.2.1).
- Wanderungen im ***Mittelgebirge*** (***steigende*** Kraftausdaueranforderungen, jedoch ohne unmittelbare Auswirkungen geringeren Sauerstoffanteils in der Atemluft) (Kap. 3.2.2).
- Wanderungen im ***Hochgebirge*** (***höhere*** Gesamtanforderungen, spürbar veränderte Zusammensetzung der Atemluft) (Kap. 3.2.3).

Die ***inhaltlichen*** Akzente des Wanderns können nach drei wesentlichen Gesichtspunkten strukturiert werden (vgl. Abb. 22):

- ***Sportlich*** orientiertes Wandern
- ***Ästhetisch-beschauliches*** Wandern
- ***Exkursion***, Lehrwanderung.

Das ***sportlich*** orientierte Wandern ist verbunden mit einem gegenüber den anderen Formen des Wanderns verstärkten Leistungsaspekt. Das kann sowohl in der Länge der ***Distanz*** begründet sein, aber auch durch eine höhere ***Gehgeschwindigkeit*** erforderlich sein, es könnte auch mit einem schwierigeren ***Streckencharakter*** (Streckenprofil, Bodenbeschaffenheit, eventuelle Ausgesetztheit des Weges usw.) zusammenhängen.

Sportlich orientiertes Wandern nimmt, wenn dadurch nicht die objektiven Gefahren erhöht werden, kaum Rücksicht auf das Wetter. Dementsprechend ist die Bekleidung und Ausrüstung beim sportlichen Wandern auf die spezifischen Anforderungen des konkreten Vorhabens ausgerichtet. Sportlich orientiertes Wandern wirkt stärker fordernd und fördernd auf das Herz-Kreislauf-System und auf den aktiven und passiven Bewegungsapparat.

Das ***ästhetisch-beschauliche*** Wandern orientiert sich am Landschafts- und Naturerlebnis, am dementsprechend aktivierten, bewussten Gebrauch der Sinne und in vielen Fällen am geselligen Wandern in der

Gruppe bzw. am bewusst gemeinsamen Erleben mit Partnern. Die Gehgeschwindigkeit wird nicht forciert, mögliche erhöhte Belastungsanforderungen durch Veränderungen im Streckenprofil werden durch eine Verringerung der Gehgeschwindigkeit oder entsprechende Gehpausen neutralisiert.

Die ***Exkursion*** oder ***Lehrwanderung*** verbindet die Tätigkeit des Wanderns mit dem Aspekt der auf Interessengebiete ausgerichteten Erschließung von Bildungsinhalten. Dabei kann es sich um naturwissenschaftliche, kulturelle und geschichtliche Sachverhalte handeln. Die körperliche Belastung kann, je nach Terrain und Streckenlänge, unterschiedlich sein, wobei die Gehgeschwindigkeit keinen Hauptbelastungsfaktor darstellt. Im Normalfall übersteigt die körperliche Gesamtbelastung nicht die Belastungsfähigkeit gesunder Personen mit durchschnittlicher Leistungsfähigkeit. Wesentlich ist, dass sowohl die Interessenlage als auch das Voraussetzungsniveau der Teilnehmer mit dem Anforderungsniveau der Exkursion oder Lehrwanderung weitestgehend übereinstimmt.

Diese formale Strukturierung tritt in der Wanderpraxis ***nicht*** immer so voneinander ***abgegrenzt*** auf. Die charakteristischen Strukturelemente vermischen sich oft. Das macht für viele Menschen aller Altersgruppen das Wandern so interessant und sinnerfüllt. Eines jedoch bleibt unbestritten, es gibt viele Möglichkeiten, mittels Wandern auch Gesundheit und Fitness zu entwickeln und zu erhalten, andererseits verlangen die unterschiedlichen Formen des Wanderns auch eine ihren Anforderungen entsprechende Belastbarkeit und Leistungsfähigkeit des Wanderers.

Unser Schwerpunkt liegt auf dem gesundheitssportlich orientierten Sinn des Wanderns, der, wie oben erwähnt, entweder eine Wanderung definiert oder der als untergeordnetes Element in andere Wanderschwerpunkte eingebaut sein kann. Deshalb geht es in den weiteren Ausführungen gewissermaßen um Leistungsanforderungen und körperliche Belastungen des Wanderns sowie um deren zweckmäßige Vorbereitung. Es geht um die Problemstellung *fit zu Fuß* durch Wandern.

Wir stellen fest:

- Mit dem Begriff des Wanderns bezeichnen wir längeres, ***zielgerichtetes*** und zweckorientiertes zu Fuß gehen in freier Natur als aktive Freizeitgestaltung.
- Charakteristisch für das Wandern sind die Auseinandersetzung mit der Witterung, körperliche Belastung durch längeres Gehen mit Überwindung von Schwierigkeiten des Geländes, psychisch erholsamer Einfluss und Abbau von Stresszuständen, der kommunikations- und kontaktfördernde Wert.
- Die ***inhaltlichen*** Akzente des Wanderns liegen auf ***sportlich*** orientiertem Wandern, ***ästhetisch-beschaulichem*** Wandern und der ***Exkursion***, Lehrwanderung.
- Nach der ***Dauer*** der Wanderungen sind zu unterscheiden die Halbtageswanderungen, Tageswanderungen und Mehrtageswanderungen.

3.2 Zu Dauer, Häufigkeit und Intensität

3.2.1 Wandern im Flachen

Die sehr komplexen, gesundheitsfördernden Effekte des Wanderns auch im flachen Land entstehen durch das relativ lange, ununterbrochene und ***moderat*** intensivierte Gehen ohne zusätzlichen Kraftaufwand durch Anstiege, bei dem die Arbeitsmuskulatur unter aeroben Arbeitsbedingungen die notwendige Energie vor allem durch Verbrennung der Fettsäuren gewinnt (vgl. Abb. 16).

Der rhythmische Schritt in der Ebene führt zur rhythmischen Wirkung der Muskelpumpe (vgl. Abb. 12) und damit zu einem gleichmäßig aktivierten Rückstrom des venösen (verbrauchten) Blutes aus den unteren Extremitäten in Richtung Herz. Diese Systeme werden anhaltend trainiert. Die über Stunden anhaltenden aeroben Arbeitsbedingungen der Muskulatur sichern ein relativ entspanntes Arbeiten des Herz-Kreislauf-Systems im Fließgleichgewicht. Es kommt unter diesen Gesamtbedingungen zu keinem wesentlichen Anstieg des Blutdrucks.

Die ***Dauer*** der Wanderung muss auf die individuelle Belastbarkeit und Leistungsfähigkeit zugeschnitten sein, in Gruppen orientiert man sich am schwächsten Teilnehmer.

Bei ***Halbtageswanderungen*** geht man von einer Dauer zwischen 2-3,5 Stunden aus. Der Kilometerumfang einer Halbtageswanderung liegt im Allgemeinen zwischen 6-10 km. Unter dem Aspekt der ***Häufigkeit*** von ***Halbtageswanderungen*** (Wochenende, Urlaub usw.) gibt es für eine ***tägliche*** Tour keine Bedenken (normal belastbare Personen), wenn die andere Tageshälfte nicht andere anstrengende körperliche Aktivitäten vorsieht.

Tageswanderungen verlaufen zumeist über eine Zeitspanne, die 4-10 Stunden betragen kann. Der Kilometerumfang für das Wandern über den ganzen Tag kann sich von 12 bis hin zu 40 km (z. B. Leistungswanderungen) erstrecken.

Hinsichtlich der ***Häufigkeit*** von ***Tageswanderungen*** (Wochenende, Urlaub usw.) sind gegenüber von Halbtagestouren schon mehr Überlegungen notwendig. Allen voran geht die ehrliche Einschätzung der individuellen Belastbarkeit und Leistungsfähigkeit. Die tägliche Aufeinanderfolge hängt immer von der vorhergehenden Belastung und dem Maß der nachfolgenden Wiederherstellung ab. Möglich ist eine Rhythmisierung, bei der an einem Folgetag die Distanz um ein Drittel verkürzt bzw. die Gehgeschwindigkeit von 5 km/h auf 4 km/h gesenkt wird.

Beispiel:
1. Tag 20 km
2. Tag 13 km
3. Tag 24 km
4. Tag 13 km,
5. Tag aktive Erholung.

Eine andere wirkungsvolle Variante ergibt sich aus dem ***Rhythmus 2:1***. Dabei werden jeweils zwei volle Tagestouren hintereinander gewandert, der dritte Tag dient der aktiven Wiederherstellung, die durch Schwimmen, Sauna, kleinere Spiele, Spaziergänge usw. beschleunigt werden kann.

Mehrtageswanderungen ergeben sich zumeist aus der Notwendigkeit der Erfüllung einer vorgesehenen Zielstellung, eine relativ große Gesamtdistanz in mehreren ***Etappen*** durchwandern zu müssen. Die Länge der Einzeldistanz kann durch interessante bzw. markante Tagesziele bestimmt werden, wobei die anzuvisierende Übernachtungsmöglichkeit eine wichtige Rolle spielt.

In unseren Breitengraden folgen Mehrtageswanderungen in den meisten Fällen einer längeren Tradition, sodass sich die Logistik im Rahmen relativ fixer Strukturen und minimierter Risiken bewegt. Für die ***Vorbereitung*** des Unternehmens liegen zumeist Wegbeschreibungen, Schilderungen der Gesamtbedingungen, Kennzeichnungen der Etappenziele usw. ausreichend vor.

Traditionelle ***Mehrtageswanderungen*** in Deutschland verlaufen auch über die Mittelgebirge. Es gibt eine Reihe organisierter Angebote von Vereinen und privaten Tourenveranstaltern für das Wandern ohne Rucksack, wobei der Veranstalter den Gepäcktransfer von Etappenziel zu Etappenziel übernimmt (Internetsuche nutzen). Die einzelnen Etappen von

Mehrtageswanderungen verlaufen in der Größenordnung von Tageswanderungen und betragen zwischen 13-25 km.

Entscheidend für den ***Erfolg*** ist die ausreichende ***Information*** in der Vorbereitung hinsichtlich ***Bedingungen*** und ***Belastungen*** und die ***entsprechende organisatorische*** (z. B. Quartiere sichern), materiell-technische (Ausrüstung, Bekleidung) und ***körperliche*** Vorbereitung.

Die ***Gehgeschwindigkeit*** bei jeder Form von Wanderungen im flachen Lande kann sich, je nach der antrainierten Belastbarkeit und Leistungsfähigkeit und den jeweils vorherrschenden äußeren Bedingungen (Bodenbeschaffenheit, Wetter), zwischen 3 (50 m/min) und 6 km/h (100 m/min) bewegen.

Die Gehgeschwindigkeit sollte hin und wieder mithilfe des ***Belastungspulses*** gesteuert werden, um sicher zu sein, im aeroben Leistungsbereich (mit Verbrennung der Fettsäuren) zu gehen.

Der über 50-jährige Wanderer kann sich an der ***Faustregel 180*** minus Lebensalter orientieren, den daraus berechneten Wert sollte seine Herzfrequenz pro Minute (HF/min) nicht überschreiten. Gesunde Erwachsene, die ***jünger*** als 50 Lebensjahre sind, können den ***Richtwert 130*** verwenden, den sie mit ihrer aktuellen HF ***nicht*** überschreiten sollten.

Diese allgemeinen Orientierungswerte gelten immer ohne beeinflussende Medikamente! Bei beeinflussenden Medikamenten immer den Rat des Arztes einholen. Die ***Gesamtdauer*** einer Wanderung ergibt sich aus ***Streckenlänge, Gehgeschwindigkeit*** und der Dauer eingelegter Gehunterbrechungen (***Pause, Rast***).

Auch auf einer Halbtageswanderung gehört das zumindest kurze Rasten an geeigneten Stellen der Wanderroute selbstverständlich dazu. Ohne Berücksichtigung individueller Besonderheiten und streckenspezifischer Bedingungen kann man davon ausgehen, dass alle 60-90 Gehminuten eine kurze Rast (Trinkpause, kleine Brotzeit) eingelegt wird. Bei einer Halbtageswanderung sind demnach zumindest eine oder zwei Rastpausen im Zeitplan zu berücksichtigen.

Unterbricht ein Wanderer, der 3 km/h geht, seine Tour mit einer Rast von 15 Minuten, geht er in einer Stunde 750 m weniger. Bei 6 km/h Gehgeschwindigkeit und 15 Minuten Pause reduziert sich die in einer Stunde zurückgelegte Distanz um 1.500 m.

Eine kleine Übersicht zum Kalorienverbrauch in diesen Geschwindigkeitsbereichen vermittelt Abbildung 23.

Kalorienverbrauch über 30 Minuten

Körpergewicht in kg	55	65	75	85	95
Gehen 3 km/h	75	84	93	99	111
Gehen 4 km/h	93	105	114	126	135
Gehen 5 km/h	111	126	135	150	162
Gehen 6 km/h	129	147	159	174	192

Abb. 23 Kalroienverbrauch – Richtwerte für je 30 Minuten Gehen/Wandern

Die in Abbildung 23 genannten Werte beziehen sich auf 30 Minuten Gehdauer. Für die konkreten, zumeist längeren Wanderzeiten lässt sich der Verbrauch annähernd ableiten (z. B. Tabellenwert ***mal*** 2 ergibt den Kalorienverbrauch für eine Stunde, Tabellenwert ***durch*** 2 dividiert ergibt den Kalorienverbrauch für 15 Minuten usw.). Ein Wanderer mit etwa 75 kg Körpergewicht würde bei einem Wandertempo von 4 km/h bei einer Wanderstrecke von 20 km (fünf Stunden x 228 kcal) um die ***1.140 Kalorien*** verbrennen.

Zusatzlasten, z. B. durch den Rucksack, erhöhen sowohl die Belastung des passiven (insbesondere das Knorpelgewebe der Bandscheiben und Knie) und aktiven Bewegungsapparats als auch des Herz-Kreislauf-Systems. Der Kalorienverbrauch steigt spürbar weiter an. Im Interesse von Gesundheit und Wohlbefinden ist es ***selbstverständlich***, dass man sich als grundsätzlicher Neueinsteiger, aber auch als versierter Wanderer nach einer längeren Tätigkeitspause, durch ***vorbereitendes Gehtraining*** auf kommende Unternehmungen vorbereitet.

Dabei können neue ***Kleidungsstücke*** erprobt werden, neue ***Wanderschuhe*** sind einzugehen, auch bei schon eingewanderten Schuhen ist nach einer Wanderpause eine Eingewöhnungszeit für die Füße angebracht. Unbedingte Vorsicht ist beim Gebrauch neuer ***Strümpfe*** angezeigt, unbedingt vor ihrem Wandereinsatz waschen (Blasen)! Das ***vorbereitende*** Gehtraining wird allgemein ***unterschätzt***. Vor allem deshalb, weil die aerobe moderate Belastung durch Wandern nicht zu deutlich spürbaren Reaktionen im kardiopulmonalen System und nicht zu schneller muskulärer Ermüdung führt. Der Atem wird nicht deutlich schneller, das Herz schlägt nicht beeindruckend schneller, unsere Muskeln sind über Stunden in der Lage, unter aeroben Bedingungen zu arbeiten. Zwei Aspekte machen das Anliegen eines vorbereitenden und später auch begleitenden Gehtrainings deutlich:

Erstens müssen aktiver und passiver ***Bewegungsapparat*** tatsächlich an höhere Belastungen, beim Gehen im flachen Land, gekennzeichnet durch ***längere Gehzeiten***, herangeführt werden. Der Mensch in seiner ***Ganzheitlichkeit körperlich-geistiger Komponenten*** muss sich an stundenlanges Wandern, im Tempo gegenüber dem alltäglichen Gehen moderat erhöht, ***anpassen***.

Zweitens bedeutet vorbereitendes Gehtraining ***zusätzliche*** körperliche ***Aktivität*** im Alltag, die wiederum durch ihren aeroben Anforderungscharakter die ***Gesundheit*** fördert und vor vorzeitigem Altern schützt.

Die ***individuelle*** Vorbereitungsstrategie sollte ein ***Eingewöhnen*** und dann ein ***gleitendes*** Anwachsen der Belastung vorsehen. Das Leitmotiv sollte Stetigkeit und Dauerhaftigkeit sein, ein Hauruck mit nachfolgender Unlust erreicht nicht die wünschenswerten Anpassungseffekte. Die Belastung beim vorbereitenden und begleitenden Gehtraining kann über zwei Faktoren gesteigert werden: zum einen durch Verlängerung der Gehstrecke bei gleich bleibendem Gehtempo, zum anderen durch Erhöhung des Gehtempos bei gleich bleibender Gehstrecke. Sind die angezielten Anpassungen erreicht, werden die Belastungsfaktoren im begleitenden Training nicht mehr erhöht, sondern sie wirken im Sinne der Erhaltung der Belastungsverträglichkeit und Leistungsfähigkeit. Die in Abbildung 24 angegebenen Belastungsmaße sind aus langjährigen Erfahrungen verallgemeinerte Beispiele, die anhand der aktuellen ***individuellen*** Belastungsverträglichkeit und Leistungsfähigkeit zu modifizieren sind.

Bei ***Pulskontrollen*** (10 Sekunden zählen, Ergebnis mal 6 = Herzfrequenz/Minute = HF/min) sollte die Herzfrequenz ***etwas*** höher liegen als beim normalen Gehen im Alltag. Für Personen, die älter als 50 Jahre sind, gilt die Faustregel für einen oberen Grenzwert 180 minus Lebensalter. Eine 60-jährige Person hätte dann als Grenzbereich 120 HF/min zu beachten. Personen, die jünger als 50 Jahre sind, wenden die Schwelle 130 HF/min an.

Allgemein sind zu unterscheiden zwischen:

Langsames Gehen:	1,5-3 km/h	(um 45 Schritte/min)
Wandertempo:	3-5 km/h	(45-60 Schritte/min)

Woche	**Tempo**	**Umfang pro Trainingseinheit**		**Häufigkeit***
	km/h	Minuten	km	
1	3,0	20	1,0	3-4 x
2	3,0	20	1,0	3-4 x
3	3,0	30	1,5	3-4 x
4	4,0	30	2,0	3-4 x
5	4,0	30	2,0	3-4 x
6	4,5	30	2,3	3-4 x
7	4,5	30	2,3	3-4 x
8	4,5	35	2,6	3-4 x
9	4,5	40	3,0	3-4 x
10	4,5	40	3,0	3-4 x
11	5,0	40	3,3	3-4 x
12	5,0	45	3,8	3 x
13	5,5	45	4,1	3 x
14	5,5	45	4,1	3 x

* Sobald an Wochenenden Wanderungen einsetzen, kann die Häufigkeit um eine Trainingseinheit zurückgenommen werden.

Abb. 24: Vorbereitungstraining – Wandern

Wenn an Wochenenden längere Wanderungen durchgeführt werden, kann das Gehtraining in der Woche auf 2 x reduziert werden. Die Verteilung des Trainings an den Wochentagen sollte sich am Alltag orientieren, damit es gut in das Lebensregime eingegliedert werden kann und wenigen Störgrößen unterliegt.

Es gibt Rhythmen wie:
- Montag-Mittwoch-Freitag-Sonntag (viermaliges Gehen)
- Dienstag-Donnerstag-Samstag (dreimaliges Gehen)
- Dienstag-Donnerstag (zweimaliges Gehen, am Wochenende Wanderung).

!

Wir stellen fest:

- Die sehr komplexen, gesundheitsfördernden Effekte des Wanderns auch im flachen Land entstehen durch das relativ ***lange, ununterbrochene*** und ***moderat*** intensivierte ***Gehen*** ohne zusätzlichen Kraftaufwand durch Anstiege.
- Die Arbeitsmuskulatur gewinnt unter aeroben Arbeitsbedingungen die notwendige Energie vor allem durch Verbrennung der Fettsäuren.
- Die ***Gehgeschwindigkeit*** bei jeder Form der Wanderungen im flachen Lande kann sich, je nach der antrainierten Belastbarkeit und Leistungsfähigkeit und den jeweils vorherrschenden äußeren Bedingungen (Bodenbeschaffenheit, Wetter), ***zwischen 3*** (50 m/min) ***und 6 km/h*** (100 m/min) bewegen.
- Die Gehgeschwindigkeit wird mithilfe des ***Belastungspulses*** gesteuert, um sicher zu sein, im aeroben Leistungsbereich (mit Verbrennung der Fettsäuren) zu gehen.
- Der ***über*** 50-jährige Wanderer kann sich an der ***Faustregel 180*** minus Lebensalter orientieren, den daraus berechneten Wert sollte seine Herzfrequenz pro Minute (HF/min) ***nicht*** überschreiten.
- Gesunde Erwachsene, die ***jünger*** als 50 Lebensjahre sind, können den ***Richtwert 130*** verwenden, den sie mit ihrer aktuellen HF ***nicht*** überschreiten sollten.
- Im Interesse von Gesundheit und Wohlbefinden ist es ***selbstverständlich***, dass man sich als grundsätzlicher Neueinsteiger, aber auch als versierter Wanderer nach einer längeren Tätigkeitspause, durch ***vorbereitendes Gehtraining*** auf kommende Unternehmungen vorbereitet.

3.2.2 *Wandern im Mittelgebirge*

Das Wandern im Mittelgebirge ist u. a. gekennzeichnet durch wechselnde Landschaften, wechselnde Streckenprofile und interessante Aussichten. Es führt zu komplexen, gesundheitsfördernden Effekten durch das relativ ***lange*** und ***moderat*** intensivierte Gehen mit unterschiedlichem Kraftaufwand durch Auf- und Abstiege sowie das Gehen in der Ebene.

Durch die wechselnden Profile ist es von großer Bedeutung, dass bei der Tempo- und Schrittgestaltung die beteiligte Arbeitsmuskulatur unter aeroben Arbeitsbedingungen die notwendige Energie vor allem durch Verbrennung der Fettsäuren gewinnt, dass die Muskeln nicht durch erhöhte Anteile anaerob-laktazider Arbeit sauer werden (vgl. Abb. 16). Beim Bergan- und Bergabgehen ***verlängert*** sich in der zeitlichen Struktur des ***Einzelschritts*** die ***Arbeitsphase*** der Muskulatur (entweder halten und abdrücken bei Anstiegen oder abfangen und halten des Körpergewichts bei Abstiegen), ***gleichzeitig*** wird von der Muskulatur pro Schritt eine höhere ***Kraftleistung*** verlangt.

Der einzelne Wanderer spürt die Reaktionen seines Körpers an erhöhter ***Atemfrequenz***, an lokaler muskulärer ***Ermüdung*** („fest werden") und an der durch die höhere Arbeitsleistung entstehenden ***Körperwärme***, die nach außen abgeleitet wird. Für Bluthochdruckpatienten ist es wichtig zu wissen, dass dabei die Gefahr erhöhten Blutdrucks besteht (für gesunde Personen bestehen dabei keine Risiken). Um diese Effekte zu minimieren, ist das Gehen in Serpentinen angebracht, die Schrittlänge zu verkürzen und sind ***rechtzeitig*** kurze Gehpausen einzulegen, ehe eine Übersäuerung der Muskulatur eintritt.

Das Gehen in wechselndem Profil führt zur Aktivierung der Regelmechanismen, die an der Einregulierung des Fließgleichgewichts beteiligt sind. Wechselnde Anforderungen verlangen immer eine erneute Aussteuerung der Systeme. Dadurch wird die Dynamik dieser Regelmechanismen ebenso trainiert wie die Ausdauerleistungsfähigkeit der Organe und Systeme. Die ***Dauer*** von Wanderungen im Mittelgebirge muss auf die individuelle Belastbarkeit und Leistungsfähigkeit aller Teilnehmer zugeschnitten sein. Bei Gruppenwanderungen gibt man vorher die voraussichtliche Gehzeit und den Schwierigkeitsgrad der Strecke bekannt, damit jeder Interessent eigenverantwortlich für sich über seine Teilnahme entscheiden kann. Während der Wanderung orientiert man sich am schwächsten Teilnehmer.

Halbtageswanderungen im Mittelgebirge gehen allgemein über 2-3,5 Stunden. Der Kilometerumfang liegt, je nach Profil, zwischen 6 und 10 km. Wenn nicht außergewöhnlich lange und steile Bergan- und Bergabstrecken anfallen, gibt es für normal belastbare Personen keine Bedenken gegen eine tägliche Tour, wenn die andere Tageshälfte nicht andere anstrengende körperliche Aktivitäten vorsieht (besser sind dann Schwimmen, Sauna, Spaziergänge, kleinere Spiele).

Tageswanderungen im Mittelgebirge können 4-10 Stunden betragen. Der Kilometerumfang, über den ganzen Tag verteilt, kann sich von 10 bis hin zu 40 km (z. B. Leistungswanderungen) erstrecken.

Die ***Häufigkeit*** von ***Tageswanderungen*** im Mittelgebirge (Wochenende, Urlaub usw.) verlangt gegenüber den Tagestouren im flachen Lande schon mehr Überlegungen. Allen voran geht die eigene ehrliche Einschätzung hinsichtlich der aktuellen Belastbarkeit und Leistungsfähigkeit. Die ***tägliche Aufeinanderfolge*** hängt immer von der Belastung durch die ***vorhergehenden*** Wanderungen und dem Verlauf der nachfolgenden Wiederherstellung ab. Möglich ist eine Rhythmisierung, bei der an einem Folgetag die Distanz um ein Drittel verkürzt bzw. die Gehgeschwindigkeit im Vergleich zum Vortag etwas gesenkt wird. Es kann aber auch gegenüber der Vortageswanderung eine spürbar leichtere Streckenprofilierung gewählt werden.

Beispiel:

1. Tag 15 km,
2. Tag 20 km,
3. Tag 13 km,
4. Tag 20 km,
5. Tag aktive Erholung.

Eine andere wirkungsvolle Variante ergibt sich aus dem ***Rhythmus 2:1***. Dabei werden jeweils zwei volle Tagestouren hintereinander gewandert, der dritte Tag dient der aktiven Wiederherstellung, die durch Schwimmen, Sauna, kleinere Spiele, Spaziergänge usw. beschleunigt werden kann. Der Vorteil einzelner Tageswanderungen im Mittelgebirge besteht darin, dass man jederzeit einen Erholungstag einlegen kann oder auch die Anstrengungen für den nächsten Tag neu auswählen kann. Das geht bei Mehrtageswanderungen nicht so ohne weiteres. ***Mehrtages-Etappenwanderungen*** in den Mittelgebirgen ergeben sich zumeist aus einer vorgesehenen Zielstellung, eine relativ große Gesamtdistanz in mehreren ***Etappen*** durchwandern zu müssen. Im Prinzip gibt es in allen deutschen

Mittelgebirgen zur Tradition gewordene Mehrtageswanderungen (für Informationen ist das Internet zu empfehlen), z. B.:

- Rennsteigwanderung auf dem Kamm des Thüringer Waldes (ca. 170 km Gesamtlänge).
- Fernwanderwege des Schwarzwaldvereins (z. B. Westweg, Kandel-Höhenweg).
- Schwarzwald quer (sieben Tage von Freiburg bis zum Bodensee).
- Schwäbische Alb-Nordrandweg (339 km).
- Wanderweg der Deutschen Einheit (von der Oberlausitz in die Eifel, 1.000 km).
- Wanderrouten der Rhön.
- Bayerischer Wald (z. B. der Europäische Fernwanderweg E 6 (Ostsee-Wachau-Adria) verläuft über den Arbergipfel.

Großer Beliebtheit erfreuen sich auch die ***11 europäischen Fernwanderwege (E 1-E 11)***. Sie werden zumeist durch Mehrtages-Etappenwanderungen über Teile erwandert. Sie berühren sowohl Flachland als auch die Mittel- und Hochgebirge Europas und führen quer durch Europa, die meisten von Norden nach Süden, einige von Westen nach Osten:

E 1: Von Schweden über den Bodensee und Gotthard nach Italien
E 2: Von der Nordsee über die Alpen nach Nizza
E 3: Vom Atlantik über Ardennen, Erzgebirge und Karpaten ans Schwarze Meer
E 4: Von Gibraltar über Pyrenäen und Plattensee nach Kreta
E 5: Von der Bretagne zum Bodensee und über die Alpen weiter zur italienischen Adria
E 6: Von Stockholm durch Deutschland und Tschechien nach Nordgriechenland
E 7: Von Madrid entlang der Mittelmeerküste und über den Gardasee ins ungarische Tiefland (verläuft als Einziger südlich der Alpen)
E 8: Von Irland entlang von Rhein, Main und Donau in die Karpaten
E 9: Küstenweg von der Bretagne an Atlantik, Nord- und Ostsee entlang nach Danzig
E 10: Von Rügen durch den Böhmerwald, über die Alpen nach Norditalien
E 11: Von Amsterdam durch Harz und Mark Brandenburg nach Masuren.

Mehrtages-Etappenwanderungen über die Mittelgebirge folgen in den meisten Fällen einer längeren Tradition (z. B. Rennsteigwanderung auf dem Kamm des Thüringer Waldes), sodass sich die Logistik im Rahmen relativ fixer Strukturen und minimierter Risiken bewegt. Für die ***Vorbereitung*** des Unternehmens liegen zumeist Wegbeschreibungen, Schilderungen der Gesamtbedingungen, Kennzeichnungen der Etappenziele usw. ausreichend vor.

Eine Reihe organisierter Angebote von Vereinen und privaten Tourenveranstaltern unterstützen sowohl die ***logistische Vorbereitung*** als auch die praktische Durchführung. Mittlerweile wird für das Wandern ohne Rucksack der Gepäcktransfer von Etappenziel zu Etappenziel übernommen (Internetsuche nutzen).

Diese Art zu wandern ist bequemer, senkt den Anstrengungsgrad und die Risiken. Sie nimmt aber viel von der Tradition des ursprünglichen, unabhängigen Wanderns. Beide Varianten, das Wandern mit und ohne Rucksack, sind letztlich Entscheidungen, die vom Alter, von der Belastbarkeit und Leistungsfähigkeit der Teilnehmer sowie vom vorgesehenen Charakter der geplanten Tour abhängen. Beide Varianten sollten Akzeptanz unter den Wanderfreunden finden. Die Freude am Wandern, am Erschließen der Natur und am gemeinsamen Erlebnis sowie positive Wirkungen auf Gesundheit und Vitalität haben beide Wanderformen bei allen Unterschieden gemeinsam. Die einzelnen Etappen von Mehrtageswanderungen in den Mittelgebirgen haben die Streckenlänge von üblichen Tageswanderungen und betragen zwischen 13-25 km. Die Höhenunterschiede sind nicht gravierend, pro Tagesetappe liegen sie um 200 bis höchstens 300 Höhenmeter (im konkreten Fall kann es leichte Schwankungen nach oben oder unten geben).

Aus der Tradition des Hochgebirgsgehens hat sich die ***Anwendung von Stöcken*** (Trekking- oder Walking-Stöcke, ähnlich den Skistöcken) teils auch im Mittelgebirge durchgesetzt. Mit dem verstärkten, aktiven Armeinsatz entwickelt sich dieses Wandern zu einer ***Ganzkörperbewegung***. Bei gleicher Gehgeschwindigkeit steigt der Energieverbrauch, es werden mehr Kalorien verbrannt, die Herzfrequenz steigt etwas an, die Arm- und Rumpfmuskulatur wird höher belastet, dagegen wird die Belastung der Beinmuskulatur und Gelenke (insbesondere der Kniegelenke) reduziert. Letzteres wird besonders beim Bergabgehen als sehr positiv empfunden.

Bild 4: Walken mit Stöcken als Ganzkörpereinsatz

Nach etwas Eingewöhnungszeit in die durch den aktiven Armeinsatz veränderten Bewegungsabläufe kann jeder Wanderer ohne Gelenkbeschwerden in den Ellbogen- und Schultergelenken diese Stöcke verwenden.

Allerdings darf die notwendige ***Anpassungszeit*** an den verstärkten Armeinsatz nicht unterschätzt werden. Die hier beanspruchten Muskeln und Gelenke sind allgemein durch alltägliche Unterforderung nicht an diese lang andauernde Arbeit gewöhnt. Deshalb vorsichtig beginnen und die Einsatzdauer ***behutsam steigern***. Sollte es die Wohnlage zulassen, können die Stöcke zeitweise auch in das wöchentliche Training mit einbezogen werden. Unumstritten dabei ist, dass der Trainingseffekt durch den ganzheitlichen Einsatz von Armen und Beinen höher ist.

Mittelgebirgswanderungen verlangen in der ***Vorbereitungsphase*** ausreichende ***Information*** über zu erwartenden ***Bedingungen*** und ***Belastungen***, sowie die daraus zu folgernde ***organisatorische*** (z. B. Quartiere sichern), ***materiell-technische*** (Ausrüstung, Bekleidung) und komplexe ***körperliche*** Vorbereitung. Die ***Gehgeschwindigkeit*** in den Mittelgebirgen kann sich, je nach der antrainierten Belastbarkeit und Leistungsfähigkeit und den jewei-

Bild 5: Der richtige Griff bei der Benutzung von Stöcken

ligen äußeren Bedingungen (Bodenbeschaffenheit, Streckenprofil, Wetter), zwischen 3 (50 m/min, 15 min = 0,75 km) und 6 km/h (100 m/min, 15 min = 1,5 km) bewegen.

Wird eine zu erwartende Wanderzeit in den Mittelgebirgen vorausberechnet, werden die aus den Wanderkarten zu entnehmenden ***Höhenunterschiede*** (anhand der Höhenlinien) ermittelt. ***Trainierte*** Wanderer überwinden im Mittelgebirge 100 m Höhenunterschied im ***Aufstieg*** in etwa 9-12 Minuten, ansonsten geht man von 15 Minuten aus. Für den ***Abstieg*** kalkuliert man bei gleicher Zeit die doppelte Meterzahl ein.

Aus diesen Orientierungswerten ließe sich für eine Berechnung der reinen Wanderzeit z. B. folgender Ansatz verwenden:

1 km Entfernung auf der Karte (Horizontalentfernung) bei 4 km/h	=	15 min
100 m Höhenunterschied bergauf gehen (weniger trainiert)	=	15 min
200 m Höhenunterschied bergab gehen	=	15 min

Diese Orientierung dient hier insbesondere der Darstellung des ***Prinzips***. Selbstverständlich können unter Berücksichtigung der eigenen Leistungsfähigkeit entsprechende Änderungen im Ansatz eingesetzt werden.

Besonders unter dem Gesichtspunkt der ***Belastungssteuerung*** auf Etappenwanderungen (mehrere Tage voll belastbar bleiben) sollte die Gehgeschwindigkeit hin und wieder mithilfe des ***Belastungspulses*** gesteuert werden, um zumindest auch bei Aufstiegen sicher zu sein, im ***aeroben Leistungsbereich*** (mit Verbrennung der Fettsäuren) zu gehen bzw. diesen schnellstens wieder zu erreichen.

Sicherheit gibt dem gesunden, ***über 50-jährigen*** Wanderer die ***Faustregel 180*** minus Lebensalter = oberer Grenzwert. Den daraus berechneten Wert sollte seine Herzfrequenz pro Minute (HF/min) ***nicht*** überschreiten. Tritt der Fall z. B. beim Bergaufgehen einmal auf, dann kann durch Verringerung der Gehgeschwindigkeit der aerobe Leistungsbereich wieder eingepegelt werden. Die gesunden Wanderer, die ***jünger*** als 50 Lebensjahre sind, verwenden den ***Richtwert 130***, den sie mit ihrer aktuellen HF ***nicht*** überschreiten sollten.

Diese allgemeinen Richtwerte haben nur Gültigkeit, wenn keine beeinflussenden Medikamente einzunehmen sind! Andernfalls sollte vorher immer der Rat des Arztes eingeholt werden.

Auch für eine Mittelgebirgswanderung lässt sich die ***Gesamtdauer*** aus ***Streckenlänge***, ***Gehgeschwindigkeit*** und der Dauer eingelegter Gehunterbrechungen (***Pause***, ***Rast***) berechnen. Kurze Gehpausen entstehen an Aussichtspunkten und an Entdeckungen am Wegesrand. Sie gehören ebenso wie das kurze Rasten und die etwas längere Brotzeit zum Wandern in den Mittelgebirgen.

Die ***zeitliche Einordnung*** von kurzer ***Rast*** und ***Brotzeitpausen*** muss nach den individuellen, streckenspezifischen und meteorologischen Bedingungen erfolgen.

Geübte Wanderer rasten auch bei etwas sportlich orientierten Wanderungen von über 40 km nicht mehr als 1-2 x. Stark verallgemeinert kann man davon ausgehen, dass nach etwa ***60 Gehminuten*** eine kurze ***Rast*** (Trinkpause) eingelegt wird.

Die ***Brotzeit*** wird als größere Rast vorgenommen, es sind durchaus Zeitspannen von 30-60 Minuten üblich. Die Zeitstrategie ihrer Einordnung in die Wanderung ist unterschiedlich. Wird, wie allgemein empfohlen, in den frühen ***Morgenstunden*** gestartet, dann kann man die große Rast so einordnen, dass fast zwei Drittel des Weges zurückgelegt sind. Aber auch hier sind individuelle und gruppenspezifische Bedingungen und Bedürfnisse, die Lage von traditionellen Rastplätzen und das Wetter bei der zeitlichen Einordnung der großen Rast zu berücksichtigen.

Unterbricht ein Wanderer, der im Mittelgebirge ***3 km/h*** geht, seine Tour mit einer ***Rast*** von 15 Minuten, geht er in einer Stunde ***750 m*** weniger. Bei ***6 km/h*** Gehgeschwindigkeit und 15 Minuten Pause reduziert sich die in einer Stunde zurückgelegte Distanz um ***1.500 m***.

Eine kleine Übersicht zum Kalorienverbrauch beim Wandern über 60 Minuten in diesen Geschwindigkeitsbereichen vermittelt Abbildung 25.

Kalorienverbrauch in einer Gehzeit von 60 Minuten

Körpergewicht in kg	55	65	75	85	95
Gehen 3 km/h	150	164	186	198	222
Gehen 4 km/h	186	210	228	225	270
Gehen 5 km/h	222	252	270	300	324
Gehen 6 km/h	258	294	318	348	384

Abb. 25 Kalorienverbrauch – Richtwerte für je 60 Minuten Wandern

Für die konkreten, zumeist längeren Wanderzeiten, lässt sich der Verbrauch anhand der reinen Gehzeit annähernd ableiten.

Ein Wanderer mit etwa 75 kg Körpergewicht würde bei einem Wandertempo von 4 km/h bei einer Wanderstrecke von 24 km (6 Stunden x 228 kcal) um die 1.368 Kalorien verbrennen.

Durch den Wanderrucksack erhöht sich sowohl die Belastung des passiven (insbesondere das Knorpelgewebe der Bandscheiben und Knie) und aktiven Bewegungsapparats als auch des Herz-Kreislauf-Systems. Der Kalorienverbrauch steigt spürbar weiter an. 50 kg Zusatzlast steigern den Kalorienverbrauch auf 8,1 Kalorien pro Kilogramm Körpergewicht.

Als grundsätzlicher Neueinsteiger, aber auch als versierter Wanderer ist es selbstverständlich, dass man sich nach einer längeren Tätigkeitspause durch ***vorbereitendes Gehtraining*** auf kommende Unternehmungen vorbereitet. Dabei bedeutet die aktive Vorbereitungszeit schon durch Ausdauer förderndes Training wirksames Gesundheitstraining. Im vorbereitenden Training können neue ***Kleidungsstücke*** erprobt werden, ***neue Wanderschuhe*** werden eingewandert. Werden in der neuen Saison eingewanderte Schuhe getragen, ist nach einer längeren Wanderpause ebenso eine Eingewöhnungszeit für die Füße angebracht. Neue ***Strümpfe*** sind vor ihrem Wandereinsatz unbedingt zu waschen und auch anzutragen (Blasen vorbeugen)!

Auch für Wandervorhaben in den Mittelgebirgen wird das ***vorbereitende*** Gehtraining allgemein ***unterschätzt***. Die moderate aerobe Belastung beim Wandern über die Hügel und Berge der Mittelgebirge führt selten zu deutlich spürbaren Reaktionen im kardiopulmonalen System, die muskuläre Ermüdung wird vor allem von der Dauer der Belastung geprägt. Der Atem wird nicht deutlich schneller, das Herz schlägt etwas intensiver, unsere Muskeln sind über Stunden in der Lage, unter aeroben Bedingungen zu arbeiten.

Das vorbereitende und später auch begleitende Gehtraining ist vor allem unter zwei Gesichtspunkten notwendig:

1. Der aktive und passive ***Bewegungsapparat*** muss an die höheren Belastungen beim Wandern in den Mittelgebirgen, gekennzeichnet durch ***längere Gehzeiten*** in Verbindung mit Bergan- und Bergabgehen, herangeführt werden. Der Wanderer muss sich in der ***Ganzheitlichkeit*** seiner körperlich-geistigen Komponenten an stundenlanges Wandern in leicht erhöhtem Tempo gegenüber dem alltäglichen Gehen ***anpassen***.

2. Durch die erhöhten Anforderungen bei mehrmals wöchentlich durchgeführtem, vorbereitendem Gehtraining im Alltag werden die aerobe Leistungsfähigkeit und die adäquate Belastbarkeit entwickelt und, damit verbunden, wird vorzeitiges Altern vermieden und die ***Gesundheit*** gefördert.

Die Gestaltung des vorbereitenden Trainings sollte eine ***individuelle*** Vorbereitungsstrategie verfolgen, die ein ***Eingewöhnen*** und dann ein ***gleitendes*** Anwachsen der Belastung ermöglicht. Die Gesamtanlage des vorbereitenden Trainings sollte alltagstauglich sein, um Ausfälle möglichst auszuschließen. Die Belastung beim vorbereitenden und begleitenden Gehtraining für das Wandern in den Mittelgebirgen kann über drei Faktoren gesteigert werden. Zum einen durch eine ***Verlängerung*** der Gehstrecke bei gleich bleibendem Gehtempo, zum anderen durch eine ***Erhöhung*** des Gehtempos bei gleich bleibender Gehstrecke und letztens durch ein ***ansteigendes*** Streckenprofil (Erhöhung der Kraftausdauerkomponente).

Da nicht immer Trainingsstrecken mit ansteigenden Streckenprofilen am Wohnsitz zur Verfügung stehen, kann das Treppensteigen als effektive Trainingsform zur Erhöhung der Kraftausdauer genutzt werden. Auch hier ist es ratsam, vorsichtig zu beginnen, lieber anfangs nur zwei Stockwerke hintereinander aufsteigen, das aber mehrmals täglich. Nach einer Anpassungszeit kann man weiter steigern. Dabei ist unbedingt darauf zu achten, dass die Muskeln nicht sauer werden. Das wäre ein sicheres Anzeichen dafür, dass der erwünschte aerobe Belastungsbereich verlassen und unerwünschte anaerobe Arbeit (ohne Sauerstoff) von der Muskulatur geleistet wird.

Da das Wandern im Mittelgebirge in den allermeisten Fällen nicht als Sportwettkampf stattfindet, wird nicht auf eine ständige Erhöhung der Belastungsanforderungen hingearbeitet. Sind erwünschte Anpassungen auf einem angemessenen Niveau erreicht, wird im begleitenden Training im Sinne der ***Erhaltung*** der Belastungsverträglichkeit und Leistungsfähigkeit belastet. Leistungssteigerndes Training zu individueller Höchstleistung findet nicht im Gesundheitssport, sondern im wettkampforientierten Sport statt. Die in Abbildung 26 angegebenen Belastungsmaße sind aus langjährigen Erfahrungen verallgemeinerte Beispiele, die anhand der aktuellen ***individuellen*** Belastungsverträglichkeit und Leistungsfähigkeit zu modifizieren sind.

Bei ***Pulskontrollen*** im Training (10 Sekunden zählen, Ergebnis mal 6 = Herzfrequenz/Minute = HF/min) sollte die Herzfrequenz ***etwas*** höher liegen als beim normalen Gehen im Alltag. Für Personen, die ***älter*** als 50 Jahre sind, gilt die Faustregel für einen oberen Grenzwert 180 minus Lebensalter. Eine 60-jährige Person hätte dann 120 HF/min als Grenzbereich zu beachten. Personen, die ***jünger*** als 50 Jahre sind, wenden die Schwelle 130 HF/min an.

Woche	Tempo km/h	Umfang pro Trainingseinheit Minuten	 km	Häufigkeit*
1	3,0	20	1,0	3-4 x
2	3,0	20	1,0	3-4 x
3	4,0	30	2,0	3-4 x
4	4,0	30	2,0	3-4 x**
5	4,5	30	2,3	3-4 x
6	4,5	35	2,6	3-4 x
7	5,0	30	2,5	3-4 x
8	5,0	35	2,9	3-4 x
9	5,5	40	3,7	3-4 x
10	5,5	40	3,7	3-4 x
11	5,5	45	4,1	3-4 x
12	5,5	45	4,1	3 x
13	5,5	45	4,1	3 x
14	5,5	45	4,1	3 x

* Sobald an Wochenenden Wanderungen einsetzen, kann die Häufigkeit um eine Trainingseinheit zurückgenommen werden.

** Ab der vierten Woche Treppen steigen (z. B. zwei Minuten 3 x täglich) oder leicht ansteigendes Gehen (von der Trainingsdistanz etwa 10 %), ohne die Geschwindigkeit zu senken. Sollte die Herzfrequenz zu hoch ansteigen, etwas langsamer gehen.

Abb. 26: Vorbereitungstraining – Wandern im Mittelgebirge

Zur Strukturierung des Trainings kann allgemein unterschieden werden:

Langsames Gehen:	1,5-3 km/h	(um 45 Schritte/min)
Wandertempo:	3-5 km/h	(45-60 Schritte/min)

Ab dem Zeitpunkt, ab dem an den Wochenenden ***längere*** Wanderungen durchgeführt werden, kann das Gehtraining in der Woche auf 2 x reduziert werden. Das Gehtraining an den Wochentagen sollte gut in das Lebensregime des Alltags eingegliedert werden.

Bezogen auf die Wochentage, gibt es Rhythmen wie:

- Montag-Mittwoch-Freitag-Sonntag (viermaliges Gehen).
- Dienstag-Donnerstag-Samstag (dreimaliges Gehen).
- Dienstag-Donnerstag (zweimaliges Gehen, am Wochenende Wanderung).

Dabei ist es durchaus möglich, dass hin und wieder mit der Durchführung des Gehtrainings die Erledigung anderer Aufgaben verbunden wird. Notwendig ist nur die Akzeptanz der Selbstverständlichkeit, ausgiebig zu Fuß zu gehen und der individuelle Ideenreichtum für die Eingliederung dieses Anliegens in die Alltagsabläufe.

Wir stellen fest:

- Das Wandern im Mittelgebirge führt zu komplexen gesundheitsfördernden Effekten durch das relativ ***lange*** und ***moderat*** intensivierte Gehen mit unterschiedlichem Kraftaufwand beim Bergauf- und Bergabgehen.
- Die ***Gehgeschwindigkeit*** in den ***Mittelgebirgen*** kann sich, je nach der antrainierten Belastbarkeit und Leistungsfähigkeit und den jeweiligen äußeren Bedingungen (Bodenbeschaffenheit, Streckenprofil, Wetter), zwischen 3 (50 m/min, 15 min = 0,75 km) und 6 km/h (100 m/min, 15 min = 1,5 km) bewegen.
- ***Trainierte*** Wanderer überwinden im Mittelgebirge 100 m Höhenunterschied im ***Aufstieg*** in etwa 9-12 Minuten, ansonsten geht man von 15 Minuten aus. Für den ***Abstieg*** kalkuliert man bei gleicher Zeit die doppelte Meterzahl ein.
- Auch für Wandervorhaben in den Mittelgebirgen wird das vorbereitende Gehtraining allgemein ***unterschätzt***. Es sollte aber für jeden Wanderer zur Selbstverständlichkeit werden.
- Der aktive und passive ***Bewegungsapparat*** muss an die höheren Belastungen beim Wandern in den Mittelgebirgen, gekennzeichnet durch ***längere Gehzeiten*** in Verbindung mit Bergan- und Bergabgehen, herangeführt werden.
- Durch mehrmals wöchentlich durchgeführtes Gehtraining wird die aerobe Leistungsfähigkeit und die adäquate Belastbarkeit entwickelt, vorzeitiges Altern wird vermieden und die ***Gesundheit*** wird gefördert.
- Insgesamt ist der Wanderer durch ganzjähriges Gehtraining stets fit zu Fuß.

3.2.3 *Wandern im Hochgebirge*

Das Bergwandern im Hochgebirge ist für viele Menschen die abwechslungs- und erlebnisreichste Form des Wanderns. Die Gesamtbedingungen des Hochgebirges stellen höhere Ansprüche an den Wanderer als alle anderen Wanderformen.

Meteorologische Bedingungen, das gebirgsspezifische Umfeld mit seinen objektiven Gefahren, die zu bewältigenden Höhenunterschiede und Streckenbedingungen ergeben eine Summe von Faktoren, die das Bergwandern so interessant, erlebnisreich und schön machen, die aber andererseits eine gründliche Vorinformation sowie gute organisatorische, materielltechnische und körperliche Vorbereitung erforderlich erscheinen lassen.

Wandern im Hochgebirge besitzt, wenn man gut ***informiert*** und ***vorbereitet*** ist, durch die spezifischen Einflüsse von Licht, Luft und Sonne, von Ruhe und tiefen emotionalen Eindrücken, von ausdauernder Bewegung unter Höhenbedingungen in ständiger Auseinandersetzung mit dem Wetter, einen hohen gesundheitlichen Wert. Die wertvollen ***Wirkungen*** des gesundheitsorientierten ***Ausdauersports*** werden durch die sinnvolle Ausnutzung der speziellen Bedingungen beim Wandern ***im Hochgebirge*** weiter ***verstärkt***.

Dem Anliegen des Konzepts *Fit zu Fuß* entsprechend, müssen wir uns auf die Bereiche des Bergwanderns konzentrieren, die über frei begehbare Wege, Pfade und Wandersteige führen und keine zusätzlichen Sicherungshilfen und Bewegungsabläufe des Kletterns verlangen.

Ab dem Punkt, an dem die Arme und Hände, bedingt durch die Steilheit und Struktur des Weges, beständig bei der Auf- oder Abwärtsbewegung haltend, ziehend, stützend mit eingesetzt werden, beginnt die Spezifik der recht häufigen Klettersteige. Diese sind zum Teil mit fixen Seilen, Stahltritten und -leitern angelegt, sind ausgesetzt und verlangen ergänzende persönliche Sicherungsausrüstung einschließlich veränderter Bewegungstechniken. Das Anforderungsprofil der Klettersteige ist gegenüber dem zweibeinigen, freien Bergwandern über Wege und Pfade in Richtung Klettern verändert.

Die Begeher von gebirgsüberquerenden Fernwanderwegen sind unbedingt angehalten zu überprüfen, ob Teiletappen ihres Weges solche

Klettersteige oder ihnen ähnliche Wegführungen einschließen. Es geht nicht darum, diese unbedingt zu meiden. Im Gegenteil, es geht vielmehr darum, sich gut auf diese Anforderungen vorzubereiten, um mit angemessener Belastbarkeit, Leistungsfähigkeit und entsprechender Ausrüstung, das Abenteuer Fernwanderweg in Sicherheit, Freude und Genuss durchleben zu können.

Die individuelle Einordnung des Bergwanderns im Hochgebirge in das Gesamtregime des gesundheitsorientierten Geh- und Wandertrainings im Jahresverlauf ist verständlicherweise sehr unterschiedlich. Das hängt u. a. vom Wohnort, vom Bezug zum Wandern und zu weiteren Sportarten, vom Zeitbudget, von der gesundheitlichen Situation und auch zum Teil vom Alter ab.

Für manche Wanderfreunde haben ***mehrtägige*** oder gar ***mehrwöchige*** Hochgebirgswandertouren absolute ***Priorität***. Sie sind ihrer Einstellung nach nur bzw. vor allem Hochgebirgswanderer. Diese Ziele verlangen eine langfristige, spezielle Vorbereitung, sie sind gewissermaßen Leistungshöhepunkte des Jahrestrainings. Die spezielle Vorbereitung, in die zumeist schon kleinere, vorbereitende Hochgebirgstouren eingeordnet sind, ermöglicht es, schon nach einer kurzen Anpassungszeit in der Höhe, mit der großen Tour zu beginnen.

Andere Wanderfreunde wiederum unternehmen im Gesamtjahresverlauf Flachlandtouren und auch Wanderungen in den Mittelgebirgen, die Hochgebirgstouren werden in die geeigneten Monate, z. B. in den Jahresurlaub, ohne spezielle Vorbereitung, einfach eingeordnet, sie besitzen keine Priorität. Diese Strategie verlangt allerdings eine längere Anpassungszeit im Hochgebirge, einen Einstieg mit kürzeren und leichteren Touren, nachfolgend ist dann eine der erreichten Anpassung entsprechende Steigerung der Gesamtbelastungen möglich. Durch die Wanderziele im Hochgebirge der Alpen, die bis etwa 3.500 m über NN reichen, stellen die Höhenbedingungen einen spezifischen Belastungsfaktor dar.

Es werden, ***unabhängig*** von welchem Gebirge der Erde, auch aus sportwissenschaftlicher Sicht drei Höhenstufen unterschieden:

Mittlere Höhen: 1.500-2.500 m.
Große Höhen: 2.500-5.300 m.
Extreme Höhen: 5.300-8.848 m.

Bekannt ist, dass mit zunehmender Höhe der ***Barometerdruck*** fällt und der ***Sauerstoffpartialdruck*** absinkt. Sowohl in Ruhe als auch unter Belastung erhöht sich der ***Puls***, der ***Blutdruck*** steigt an, die Atmung wird intensiver und der pulmonalarterielle Druck erhöht sich.

Oberhalb von 1.500 m wird für die meisten Wanderer als medizinische Laien spürbar, dass die im Flachland gewöhnte, leicht erhöhte Wandergeschwindigkeit zu höheren ***Herz- und Atemfrequenzen*** führt. Bei Selbstkontrolle ist auch zu erkennen, dass der ***Blutdruck*** steigt. Nach 3-4 Tagen ***aktiver*** Anpassungszeit schwächen sich diese Symptome ab. Für gesunde Personen bestehen dabei keine prinzipiellen gesundheitlichen Risiken. Bei Personen mit gesundheitlichen Problemen, insbesondere im kardiopulmonalen Bereich, ist zu empfehlen, sich vorher mit ihrem Hausarzt zu beraten.

Besonders in der Anpassungsphase sollte jeder Wanderer im Hochgebirge sein Belastungsmaß durch ***Pulskontrollen*** überprüfen. Überschreitet sein Belastungspuls den empfohlenen ***Schwellenwert***, reicht der Sauerstoffnachschub in der Muskelzelle für die aerobe Fettverbrennung nicht mehr aus. Das Gehtempo sollte dann entsprechend verringert und die Schrittlänge verkürzt werden.

Personen, die ***älter als 50 Jahre*** sind, halten sich an die Faustregel eines oberen Grenzwertes von ***180 minus Lebensalter***. Eine 55-jährige Person hätte dann 125 HF/min als Grenzbereich zu beachten.

Personen, die ***jünger als 50 Jahre*** sind, orientieren sich an der Schwelle ***130*** HF/min.

Der Bergwanderer kann seine Belastung ***weniger*** durch ein Gleichmaß der ***Wandergeschwindigkeit*** (krasse Wechsel von Geländeprofilen), sondern ***besser*** durch ein Gleichmaß der ***Herzfrequenz*** optimieren.

Die Bewegungstechnik beim Wandern im Hochgebirge wird hauptsächlich als Gehen und Steigen (auf- und abwärts) vollzogen, zumeist durch die Leistung der Beinmuskulatur, jedoch zunehmend auch über das Gehen mit Skistöcken bzw. spezifizierten ***Teleskopstöcken*** durch die Muskulatur der ***Arme*** und des ***Rumpfs***. Unter Verwendung von Stöcken entwickelt sich ein ***aktiver*** Armeinsatz und damit eine ***Ganzkörperbewegung*** mit besserer Verteilung der Beanspruchung. Die Arm- und Rumpfmuskulatur wird ***höher*** belastet, dagegen wird die Belastung der Beinmuskulatur und

Gelenke (insbesondere der Kniegelenke) ***reduziert***. Letzteres wird besonders beim Bergabgehen in steilerem Gelände als sehr positiv empfunden.

Die ***Stoßbelastung*** der ***Wirbelsäule*** beim Bergabgehen, die auch die Bandscheiben stark belastet, wird durch die veränderte Körperhaltung und den Einsatz der Arme mit Stöcken reduziert. Ein Teil des sonst nur auf dem Standbein aufprallenden Körpergewichts wird vom System *Stöcke-Arme-Schulter* übernommen.

Neben diesen gesundheitlichen Aspekten kann das richtige Gehen mit Stöcken auch die Sicherheit des Bergwanderers erhöhen. Sie können bei schwierigeren Streckenverhältnissen der Erhaltung des Gleichgewichts dienen, in steilerem Gelände, insbesondere beim Gehen über Grashänge und Geröllfelder, bieten sie verstärkten Halt. Außerdem erleichtern sie das Überqueren von Schneefeldern (sie verringern die Einsinktiefe).

Während Muskulatur und Gelenke der unteren Extremitäten unser Körpergewicht im Alltag ständig tragen und mittels Gehtraining auf höhere Belastungen vorbereitet sind, wird die ***ungewohnte*** Belastung der Arm- und Rumpfmuskulatur und der einbezogenen Gelenke beim Steigen mit Stöcken im alpinen Gelände oft unterschätzt und das notwendige Vorbereitungstraining vernachlässigt. Die Folge sind nach wenigen Tagen ***muskuläre Probleme*** und Gelenkbeschwerden im Arm-Schulter-Bereich, die den Genuss der Hochgebirgstouren beeinträchtigen.

Konditionell wird in hohem Maße ***Grundlagenausdauer*** (aerobe Langzeitleistung) verlangt und entwickelt, aber in den ***speziell*** geforderten muskulären Bereichen ist die ***Kraftausdauer*** (untere Extremitäten, Gesäß, bei Stockbenutzung auch die der Arme und des Schultergürtels) gefordert und dementsprechend wird sie über Anpassungsprozesse ***gefördert***. Höher als beim Wandern im Flachland und im Mittelgebirge sind im Hochgebirge die Anforderungen an den ***Gleichgewichtssinn***, an die ***Trittsicherheit*** auf verschiedensten Untergründen und die ***Koordination*** zwischen Auge und Fuß sowie, je nach Terrain, auch an die ***Schwindelfreiheit***.

Bedingt durch die höheren Dimensionen der im Auf- und Abstieg zu bewältigenden Höhenunterschiede und die langen Gehzeiten ist es von großer Bedeutung, dass bei der Tempo- und Schrittgestaltung die beteiligte Muskulatur unter ***aeroben*** Arbeitsbedingungen die notwendige Energie vor allem durch Verbrennung der Fettsäuren gewinnt. Die Muskeln sollen nicht durch erhöhte Anteile anaerob-laktazider Arbeit sauer werden, sondern ihre Energie über die aerobe (mit Sauerstoff) Umwandlung der Energieträger (vgl. Abb. 16) gewinnen. Das ist für das Bergwandern mit seinen stundenlangen Touren eine wesentliche Leistungsbedingung.

Beim ***Bergan***- und ***Bergabgehen verlängert*** sich, im Vergleich zum Gehen in der Ebene, die Struktur des ***Einzelschritts, die Arbeitsphase*** der Muskulatur (bergan das Körpergewicht halten und abdrücken, bergab das Abfangen und Halten des Körpergewichts), ***gleichzeitig*** wird pro Schritt eine höhere ***Kraftleistung*** verlangt.

Deshalb sollte sich die Schrittlänge und die Schritthöhe bzw. Schritttiefe nach der Geländebeschaffenheit und dem Neigungswinkel des Terrains richten.

Im ***Aufwärtsgehen*** sollten kleinere Schritte ausgeführt werden (günstigerer Wechsel von Be- und Entlastung sowie Kraftersparnis gegenüber zu langen Schritten). Dabei ist es aus Sicherheits- und kraftökonomischen Gründen empfehlenswert, sich nicht dynamisch abzudrücken oder abzustoßen, sondern die Belastung auf die ganze Sohle zu verteilen.

Auch im ***Abwärtsgehen*** schonen kleinere Schritte sowohl die Muskulatur (Verkleinerung des Stoßes beim Aufsetzen = Verringerung des dynamisch-negativen Kraftaufwandes) als auch die Bandscheiben und Gelenke.

Der erfahrene Bergwanderer spürt den ***Übergang*** von aerober zu anaerober Muskelarbeit. Die ***Atemfrequenz*** steigt höher an, die lokale muskuläre ***Ermüdung*** (die Waden-, Oberschenkel- oder Gesäßmuskulatur wird fest) verstärkt sich deutlich, die höhere Arbeitsleistung erhöht die ***Körperwärme***, die nach außen abgeleitet werden muss. ***Bluthochdruckpatienten*** müssen die Risiken des dabei entstehenden erhöhten Blutdrucks bedenken (für gesunde Personen bestehen dabei keine Risiken).

Um diese Reaktionen zu mindern, kann man den ***Schritt verkürzen, in Serpentinen gehen*** und ***rechtzeitig*** kurze Gehpausen einlegen, ***ehe*** eine Übersäuerung der Muskulatur eintritt.

Gebirgswege und -steige im Hochgebirge stellen gegenüber den Wegen und Pfaden im Mittelgebirge oder im Flachland spezifische Anforderungen an den Wanderer. Ihre ***Spezifik*** liegt darin begründet,

dass sie

- weniger befestigt sind und größere Steigungen bzw. Neigungen aufweisen.
- vielfache Unregelmäßigkeiten im Untergrund und wechselnde Untergründe aufweisen, etwa unregelmäßige Stufen (erdige, steinige, hölzerne, metallene), steiniger, lehmiger Untergrund, Gras mit Steinen, z. T. auch mit Baumwurzeln durchsetzt usw.
- teils über Geröll in unterschiedlichster Struktur (Kugellagereffekt beim Bergabgehen) führen.
- als schmale Pfade (in Trittbreite einer Person) und über Bergflanken verlaufen und dadurch talseitig oft größere Ausgesetztheit erreichen.

Aus diesen spezifischen Bedingungen der Wanderwege und -pfade im Hochgebirge ergeben sich spezifische Erfordernisse zur Anpassung der Vorwärtsbewegung des Wanderers. Charakteristika sind z. B.:

- Der Bergwanderer muss seine Schritte mit großer Aufmerksamkeit setzen, er muss die Trittstellen gedankenschnell auswählen und in guter Koordination zwischen Auge und Fuß sicher treffen.
- Es gibt nicht immer gleiches Schrittmaß und gleiche Bewegungsabläufe, oft erfordern natürliche Bodenveränderungen und Hindernisse (Steine, Wurzeln, Stufen) Anpassungen der Schrittlänge und der gesamten Schrittausführung bei unbedingtem Erhalt des Gleichgewichts.
- Kraftschonend für die Unterschenkel ist es, bei flachen Trittstellen den Schuh möglichst mit der ganzen Sohle aufzusetzen.
- Die Einstufung eines Bergwanderweges in Wanderführern und -karten als *leicht* gibt nicht immer genügend Auskunft über die Ausgesetztheit des Weges. Deshalb ist es immer vorteilhaft, Kenner der ausgewählten Route vorher zu befragen. Ansonsten zeugt bei unerwarteter Ausgesetztheit, auf die entweder ein Mitglied einer

Wandergruppe oder der Einzelwanderer nicht vorbereitet ist, der Mut zur Umkehr von größerer Bergerfahrung und Cleverness als das risikogeladene Weitergehen.

- Der Bergwanderer muss mit insgesamt geschärften Sinnen seinen Weg gehen: einmal, um aus dem alpinen Umfeld sich andeutende Gefahrenherde zu beobachten und gegebenenfalls darauf reagieren zu können, zum anderen, um in geeigneten Momenten die Gestalten der Berge, die alpine Flora und Fauna für sich zu erschließen und auch emotional aufnehmen zu können.

Hin und wieder kommt es zu Teilstrecken, insbesondere in Höhenlagen oberhalb der Krummholzzone, die durch ***wegloses Gelände*** führen. Damit sind keinesfalls die naturvernichtenden Abschneider bei Serpentinen im Auf- oder Abstieg gemeint, auch nicht die permanenten Pfadflüchter, die, neben vorhandenen Pfaden gehend, die Bergwiesen und Almen zertrampeln. Vielmehr geht es um ***offizielle*** Wegführungen, die nicht über Trittspuren, sondern zum Teil nur an Richtungsmarkierungen, an der Farbmarkierung des Weges an Steinen oder nur an Steindauben zu erkennen sind, wenn diese überhaupt vorhanden sind. ***Wegloses Gelände*** erfordert auf alle Fälle ein höheres Maß alpiner Erfahrung und Orientierungsfähigkeit als das Gehen auf Wegen und gespurten Pfaden. Ausgehend von der zu wandernden Grundrichtung, muss durch Abwägung der eigenen Leistungsfähigkeit und der gegebenen äußeren Bedingungen eine optimierte Wegstrecke antizipiert (gedanklich vorweggenommen) und dann gegangen werden. Zu überschreiten sind z. B.:

- Alpines Gras- und Mattengelände (beweidet, aber auch ungemäht, als Polstergras usw.).
- Blockwerk und Geröllfelder (von groben Blöcken über kleines Blockwerk bis zu Geröll).
- Schrofengelände (grasdurchsetzte Felshänge) und
- Schneefelder (Altschneefelder = Firn).

Das Begehen steiler ***Grashänge*** erfolgt im Interesse geländeschonenden Begehens und kräfteschonender Gangart am besten in Schrägspur. Äußerste Vorsicht ist geboten bei ***einsetzendem*** Regen. Bei schon ***vorhandener*** Nässe, durch Morgentau und Regen, ist aus Gründen der Sicherheit ein Begehen dieser Strecken zu vermeiden.

Grobes Blockwerk verlangt gut entwickeltes Gleichgewichtsgefühl und Trittsicherheit. Die Trittstellen müssen sicher ausgewählt werden, dabei ist die individuell mögliche Schritt- oder sogar Sprungweite stets mit einzukalkulieren. Das Überschreiten großen Blockwerks lässt keinerlei Gehrhythmus zu, außerdem sind die Blöcke nicht immer völlig lagestabil und wackeln, bei längerer Gehzeit kann das Begehen von grobem Blockwerk physisch und psychisch sehr anstrengend sein. Bei Feuchtigkeit sind bestimmte Gesteinsarten mit glatter Oberfläche (z. B. Kalkgestein) außerordentlich gefährlich (Sturzgefahr).

Bei ***kleinem Blockwerk*** werden die größeren Steine im ***Aufstieg*** als Trittfläche ausgenutzt. Dagegen kann in der ***Abwärtsbewegung*** das lose Kleingeröll (nur bei entsprechender Tiefe, sonst besteht Gefahr, unkontrolliert wegzurutschen) mit jedem Aufsetzen des Fußes zum Fließen gebracht werden, es entsteht im günstigen Fall eine Laufbewegung.

Schrofengelände verlangt Erfahrung und Vorsicht. Es ist ***ab*** mittelsteilem Profil beim Bergwandern zu meiden. Die vorhandenen Graspolster sind oft unsicher, der Fels ist teilweise brüchig, lose und durchnässt. Deshalb sind Tritte mit Überlegung auszuwählen und beim Betreten und beim Abdruck möglichst mit senkrechtem Druck zu belasten. Die Hände unterstützen jeweils die Stabilisierung des Gleichgewichts in der Vorwärtsbewegung.

Schneefelder treten in alpiner Höhenlage als Firn (Altschneefeld) und nach Kälteeinbrüchen als Neuschneeauflage in Erscheinung. Für den ***nicht*** speziell vorbereiteten Bergwanderer (Ausrüstung, Bewegungstechnik, Sicherungstechniken, Physis) ist hier entweder höchste Vorsicht (schon bei flacher Neigung) oder konsequente Umgehung oder Umkehr geboten. Auf Altschnee aus dem vergangenen Winter mit gefrorener Oberfläche ist ohne spezielle Ausrüstung nur noch geringe Neigung zu überwinden. Ansonsten besteht höchste Gefahr.

Damit sind die Grenzen des nicht speziell auf diese Art Hochgebirgstouren vorbereiteten und entsprechend ausgerüsteten Bergwanderers umrissen.

Die Begehung der anspruchsvolleren Klettersteige, die Beherrschung der alpintechnischen Ausrüstung und der Sicherungstechniken verlangen spezielles Training und spezifischere Vorbereitung.

Es ist das Schöne am Bergwandern im alpinen Raum, dass jeder sein ihm angemessenes Anforderungsniveau finden kann, dass er die Welt der Berge entsprechend seiner individuellen Leistungsfähigkeit für sich freudvoll erschließen kann. Der Bergwanderer steht nicht im Leistungsvergleich mit anderen. Er achtet den spezialisierten und gezielter auf hochalpine Unternehmungen trainierten Bergfreund genauso wie den Entspannung und Erholung suchenden Wanderer aus dem Flachland, der nur kurzzeitig das Hochgebirge aufsucht.

Die ***Dauer*** von Bergwanderungen in alpinen Höhenlagen muss der aktuellen individuellen Belastbarkeit und Leistungsfähigkeit angemessen sein. Dabei spielt die Anpassung an die Höhenlage eine bedeutende Rolle. Die Belastungen können sowohl negativ als eigentlich sinnlose Schinderei als auch positiv als beabsichtigte freudvolle Belastung empfunden werden.

Halbtageswanderungen im Hochgebirge gehen allgemein über 2-3,5 Stunden. Der Kilometerumfang liegt, je nach Profil der Strecke, zwischen 4 und 8 km. Sie dienen entweder der aktiven Höhenanpassung, der aktiven Erholung von schwereren Touren oder der grundsätzlich weniger anstrengenden Urlaubsgestaltung. Wenn nicht außergewöhnlich lange und steile Bergan- und Bergabpassagen anfallen, gibt es für normal belastbare Personen keine Bedenken gegen eine tägliche Halbtagestour, wenn die andere Tageshälfte nicht andere anstrengende körperliche Aktivitäten vorsieht (besser sind dann Schwimmen, Sauna, Spaziergänge in der Umgebung, kleinere Spiele).

Tageswanderungen im Hochgebirge können, in Abhängigkeit von der Tageslichtdauer, zwischen vier bis zu 10 Stunden dauern.

Der ***Kilometerumfang***, über den ganzen Tag verteilt, kann sich von 10 bis hin zu 15 km erstrecken, hängt aber unmittelbar vom zu bewältigenden Höhenunterschied ab.

Der ***Anstrengungsgrad*** muss der individuell aktuellen Leistungsfähigkeit entsprechen. Tagestouren werden in die Anpassungsstrategie für nachfolgende schwerere Unternehmungen eingebaut.

Die ***tägliche Aufeinanderfolge*** von Tagestouren hängt immer von der Belastung durch die ***vorhergehenden*** Wanderungen und dem Verlauf der nachfolgenden Wiederherstellung ab. Nach ausreichender Anpassung ist eine Rhythmisierung 1:1 möglich; d. h. am ersten Tag eine Tour mit hoher Belastung, am darauf folgenden Tag nur halbe Kraft, den darauf folgenden Tag wieder volle Kraft.

Dieser Rhythmus wird am fünften Tag durch ***Belastungswechsel*** und aktive Wiederherstellung (Schwimmen, Spiele, Sauna usw.) unterbrochen. Am sechsten Tag kann der Rhythmmus 1:1 fortgesetzt werden.

Der ***Rhythmus 2:1*** ist eine andere wirkungsvolle Variante. Dabei werden jeweils zwei volle Tagestouren hintereinander gewandert, der dritte Tag dient der aktiven Wiederherstellung, die durch Schwimmen, Sauna, kleinere Spiele, Spaziergänge usw. gestaltet werden kann. Bergwanderungen als einzelne Tageswanderungen im Hochgebirge haben den Vorteil, dass man jederzeit einen Erholungstag einlegen kann oder auch die Anstrengungen für den nächsten Tag erhöhen kann. Diese Freiheit der Entscheidung ist bei Mehrtages-Etappenwanderungen mehr eingeschränkt.

Mehrtages-Etappenwanderungen in den Hochgebirgen ergeben sich zumeist aus der Zielstellung, das Gebirge zu überqueren bzw. seinen Kamm abzuwandern. Es sind zum einen ***Höhenwege***, die das Gebirge durchqueren, auf denen der Bergwanderer über den Wanderzeitraum kaum auf größere Ortschaften trifft und in bewirtschafteten oder unbewirtschafteten Berghütten übernachtet (Tauernhöhenweg, Dolomitenhöhenwege usw.). ***Weitwanderwege*** beginnen zumeist vor dem Gebirge und enden nach der Überquerung nach dem Gebirge (z. B. ***München-Venedig***), sie sind länger als die Höhenwege.

Zunehmender Beliebtheit unter Bergwanderern erfreuen sich auch die ***europäischen Fernwanderwege, die zum Teil das Gebiet der Alpen überschreiten***. Sie werden zumeist durch Mehrtages-Etappenwanderungen über Teilstücke erwandert. Sie führen quer durch Europa und berühren Flachland, Mittel- und Hochgebirge. Die meisten verlaufen von Norden nach Süden, einige von Westen nach Osten. Für den Bergwanderer sind Alpenteiletappen interessant:

E 1:	Von Schweden über den Bodensee und Gotthard nach Italien
E 2:	Von der Nordsee über die Alpen nach Nizza
E 4:	Von Gibraltar über die Pyrenäen und Plattensee nach Kreta
E 5:	Von der Bretagne zum Bodensee und über die Alpen weiter zur italienischen Adria
E 10:	Von Rügen durch den Böhmerwald und über die Alpen nach Norditalien

Für die Vorbebreitung liegen zumeist Wegbeschreibungen, Schilderungen der Gesamtbedingungen und Besonderheiten, Kennzeichnung der Etappenziele usw. ausreichend vor. Eine Reihe organisierter Angebote von Vereinen und anderen Tourenveranstaltern unterstützen bzw. übernehmen sowohl die ***logistische Vorbereitung*** als auch die praktische Durchführung. Sie bieten Interessenten an, sich an vorbereiteten Touren zu beteiligen.

Die Vorteile liegen dann insbesondere darin, dass die Logistik (Zeitplan, Übernachtungen usw.) stimmig ist, dass professionelles Führen mögliche Risiken minimiert und dass durch die Kenntnislage der Führer zusätzliche Informationen vermittelt werden. Die ***Vorbereitung von Bergwanderungen*** im Hochgebirge ist mitentscheidend für das Gelingen der Touren.

In der ***Planungsphase*** sind umfassende ***Informationen*** über das zu besuchende Gebiet und dort zu erwartende ***Bedingungen*** und ***Anforderungen*** wichtig. Außerdem ist eine ehrliche persönliche Bilanz notwendig, die solche Fragen beantwortet wie:

- ***Wie viel Zeit*** steht mir für die Unternehmung zur Verfügung?
- ***In welcher Höhe*** setze ich ***finanzielle*** Mittel zur Absicherung der Tour ein?
- ***Wie ist*** meine körperliche und psychische ***Belastbarkeit*** und ***Leistungsfähigkeit***? Wo bestehen Defizite, die zielgerichtet zu beseitigen sind?
- ***Welches Niveau*** habe ich hinsichtlich der alpinen ***Gehtechniken*** (z. B. beim Begehen von Geröll, steilen Grashängen, Schneefeldern, Schrofen)?
- Wie gehe ich mit ausgesetzten Wegstellen um? Bin ich ***schwindelfrei***?
- Wie sind die ***topografischen Kenntnisse*** (Karten lesen, aus den Höhenlinien die Höhendifferenzen berechnen, Tourenbeschreibungen richtig ausdeuten, Richtungen bestimmen)?
- Wie sind meine Kenntnisse bezüglich ***alpiner Gefahren*** und mögliche Risiken im Sinne der möglichen Minimierung? Kann ich ausreichend erste Hilfe leisten?
- Entspricht meine ***Ausrüstung*** den Anforderungen im Wandergebiet? Sind die Ausrüstungsgegenstände in einwandfreiem Zustand? Was ist nachzurüsten?
- Unternehme ich die Tour ***alleine***? Oder ***mit wem*** begebe ich mich auf Tour?

Ist es gelungen, diese Fragestellungen für sich und eventuell gemeinsam mit dem möglichen Partner zu beantworten, beginnt die genauere Vorbereitung des Unternehmens. Dabei geht es darum, Tourenbeschreibungen und Wanderkarten zu studieren, entweder das Hauptquartier im Wandergebiet festzulegen oder mehrere Hütten für Übernachtungen aus den Infomaterialien auszusuchen.

Informationen zu den ***Übernachtungsmöglichkeiten*** in den Alpen entnimmt man den Tourenbeschreibungen sowie den aktuellen Materialien des Deutschen Alpenvereins (***DAV***), des Österreichischen Alpenvereins (***ÖAV***), des Alpenvereins Südtirol (***AVS***) und des Schweizer Alpenclubs (***SAC***). Zunehmend gewinnt bei der Informationssammlung auch das ***Internet*** an Bedeutung. Homepages der alpinen Organisationen und Vereine, der Zielorte, der meteorologischen Dienste usw. sichern dabei aktuelles Datenmaterial.

Auf der Grundlage der umfassend gesammelten Informationen und des immer präziser sich abzeichnenden Bildes der vorgesehenen Tour wird die ***organisatorische*** (z. B. Quartiere festmachen) und komplexe ***körperliche*** Vorbereitung fortgesetzt. Zur ***direkten Vorbereitung*** der Bergwanderung ist die genaue ***Route*** zu bestimmen und es sind die konkreten Anforderungen einzuschätzen (Höhenmeter bergauf, Höhenmeter bergab, bei Flachstücken Horizontalentfernung, Gelände- und Wegbeschaffenheit, eventuelle Schneefelder usw.).

Die voraussichtliche ***Gehzeit*** ist vorher zu kalkulieren unter Berücksichtigung

- der eigenen Fitness,
- des Schwierigkeitsgrades der Strecke,
- der aktuellen Gebietsverhältnisse,
- der voraussichtlichen Wetterentwicklung.

Für eventuell auftretende Witterungsunbilden usw. sind Zwischenlösungen bzw. Notvarianten vorzusehen. Diese Faktoren nehmen auch Einfluss auf die konkret auf das Unternehmen ausgerichtete Ausrüstung. Geht man in der Gruppe, spricht man diese Dinge gemeinsam durch. Während der Bergwanderung orientiert man sich dann am schwächsten Teilnehmer.

Trainierte Bergwanderer und Kleingruppen legen im Hochgebirge in ***einer Stunde*** zurück:

400 m Höhenunterschied im ***Aufstieg***
800 m Höhenunterschied im ***Abstieg***
5.000 m Horizontalentfernung

Aus diesen Orientierungswerten ließe sich für eine Berechnung der reinen Wanderzeit trainierter Personen z. B. folgender Ansatz verwenden:

1.200 m Höhenunterschied	=	3,00 Std.
10 km Horizontalentfernung (auf der Karte messen) bei 5 km/h	=	2,00 Std.
Wert der kürzeren Zeitangabe wird halbiert (2 Std. : 2)	=	1,00 Std.
Gesamtgehzeit (längere Zeit plus Hälfte der kürzeren Zeit)	=	***4,00 Std.***

Weniger trainierte Bergwanderer und ***größere Gruppen*** legen im Hochgebirge in einer Stunde zurück:

300 m Höhenunterschied im ***Aufstieg***
500 m Höhenunterschied im ***Abstieg***
4.000 m Horizontalentfernung

Aus diesen Orientierungswerten ließe sich für eine Berechnung der reinen Wanderzeit für weniger trainierte Personen z. B. folgender Ansatz verwenden:

1.200 m Höhenunterschied	=	4,00 Std.
10 km Horizontalentfernung (auf der Karte messen) bei 5 km/h	=	2,50 Std.
Wert der kürzeren Zeitangabe wird halbiert (2,5 Std. : 2)	=	1,25 Std.
Gesamtgehzeit (längere Zeit plus Hälfte der kürzeren Zeit)	=	***5,25 Std.***

Diese Orientierung dient hier insbesondere der Darstellung des ***Prinzips***: Gehzeit = längere Zeit (vier Stunden) plus Hälfte der kürzeren Zeit (2,5 Std. : 2) = 5,25 Std.

Selbstverständlich werden unter Berücksichtigung der eigenen Erfahrung und Leistungsfähigkeit entsprechende Änderungen eingesetzt.

In der Praxis können überraschend auftretende Geländeschwierigkeiten oder unerwartete Ermüdungen die vorausberechneten Zeiten deutlich verlängern. Deshalb empfiehlt es sich, sowohl in der Planung als auch während des Gehens an markanten Punkten Zwischenkontrollen (Teilzeiten) einzubauen. Gegebenenfalls sind dann entsprechende Änderungen der Route oder der Gehgeschwindigkeit angezeigt.

Besonders unter dem Gesichtspunkt der ***Belastungssteuerung*** beim Wandern im Hochgebirge sollte die Gehgeschwindigkeit hin und wieder mithilfe des ***Belastungspulses*** gesteuert werden, um sicher zu sein, im ***aeroben Leistungsbereich*** (mit Verbrennung der Fettsäuren) zu gehen bzw. diesen schnellstens wieder zu erreichen.

Beim Bergwandern im Hochgebirge gilt die Regel, dass die Ökonomie des Gehens nicht durch ein Gleichmaß der Gehgeschwindigkeit, sondern durch das Einhalten der Bandbreite aerober Belastung bestimmt wird. Sicherheit dafür gibt dem gesunden, ***über 50-jährigen*** Bergwanderer die ***Faustregel*** 180 minus Lebensalter = ***oberer*** Grenzwert (untere Grenze etwa 95).

Den daraus berechneten Wert sollte seine Herzfrequenz pro Minute (HF/min) nicht überschreiten. Tritt der Fall beim Bergaufgehen auf, dann kann durch Verringerung der Gehgeschwindigkeit oder durch Serpentinengehen der aerobe Leistungsbereich wieder eingepegelt werden. Die gesunden Bergwanderer, die ***jünger*** als 50 Lebensjahre sind, verwenden den ***Richtwert 130***, den sie mit ihrer aktuellen HF ***nicht*** überschreiten sollten (untere Grenze etwa 100).

Diese Orientierungen haben nur Gültigkeit, wenn ***keine*** beeinflussenden Medikamente einzunehmen sind! Andernfalls sollte vorher immer der Rat des Arztes eingeholt werden. Tagestouren, insbesondere mit mehr als acht Stunden kalkulierter Dauer, immer in den ***frühen Morgenstunden beginnen!***

Gründe sind z. B.:

- Reservezeit für unvorhergesehene Verzögerungen.
- In der warmen Jahreszeit Ausnutzung der Morgenkühle.
- Angekündigte Gewitter in den Nachmittagsstunden.

Der morgendliche Aufbruch zur Bergwanderung ist optimal, wenn er ohne Hektik und mit angemessener Ruhe vollzogen wird. Dadurch wird sichergestellt, dass nichts vergessen wird und dass man sich mit allen Sinnen froh eingestimmt auf die Tour begibt.

Da der gesamte Körper auch erst vollends wach werden muss, die leistungssichernden Systeme Betriebstemperatur erreichen müssen, ist das Anfangstempo noch geruhsam, man geht sich warm. Diese Erwärmungsphase kann nach 15 Minuten abgeschlossen sein, bei kühler Außentemperatur und sehr anspruchsvoller Tour kann sie aber auch bis zu 30 Minuten dauern. Gegen Ende dieser Zeit optimiert man seine Kleidung.

Die ***zeitliche Einordnung*** von Unterbrechungen, einer kurzen ***Rast*** und ***Brotzeitpausen*** muss nach den individuellen, streckenspezifischen und meteorologischen Bedingungen erfolgen.

Bei ausdauernder Arbeit des Körpers wie beim Bergwandern sind Unterbrechungen in kurzer, aber auch in unregelmäßiger Folge unökonomisch. Andererseits sind Pausen notwendig, um den Flüssigkeitshaushalt des Körpers unter Ausdauerbelastung ständig wieder aufzufüllen (je nach Anstrengungsgrad und Außentemperatur 3-5 l über den Tag verteilt trinken), um die Energieressourcen durch Essen wieder aufzufüllen, um sich zu erholen und die Natur der Berge genießen zu können.

Geübte Bergwanderer legen ***nach*** der Erwärmungsphase etwa nach einer Gehzeit von ***60-90 Gehminuten*** eine erste ***Rast*** (Trinkpause, Kurzimbiss) ein. Danach wird jeweils nach gewanderten zwei Stunden eine etwa 30-minütige Rast eingelegt.

Weniger trainierte Bergwanderer ***halbieren*** etwa die oben genannten Gehzeiten zwischen den Pausen.

Jeder Bergwanderer im Hochgebirge sollte für Situationen von Bergnot unbedingt das ***internationale alpine Notsignal*** kennen. Es wird angewendet, wenn man sich in Bergnot befindet und auf fremde Hilfe angewiesen ist und keine andere Möglichkeit der Notrufabgabe hat (Mobiltelefone). Es kann lebensrettend für ihn persönlich sein, aber es gibt jedem Bergwanderer auch die Möglichkeit, die Notsignale anderer Bergfreunde richtig zu deuten, die er dann entsprechend weiterleiten kann.

Das internationale alpine Notsignal

Notsignal:

- 6 x innerhalb einer Minute (alle 10 Sekunden) ein sicht- oder hörbares Zeichen geben.
- Danach eine Minute Pause.
- Wiederholung der Signalgebung alle 10 Sekunden über eine Minute.
- Danach eine Minute Pause.

Dieser Rhythmus von einer Minute Signalgebung und einer Minute Pause wird solange wiederholt, bis eine Antwort eintrifft.

Antwort:

- Innerhalb einer Minute 3 x in regelmäßigen Abständen (alle 20 Sekunden) ein Zeichen geben.

Die ***Zeichen*** sowohl als ***Notruf*** als auch als ***Antwort*** können ***hörbare*** sein (z. B. lautes Rufen, Pfeifen mit Fingern oder Trillerpfeifen, Schießen bzw. alles, was gehört werden könnte).

Es können aber auch ***sichtbare*** Zeichen abgegeben werden. Wichtig dabei ist, dass sich die optischen Signale von der Umgebung abheben und möglichst weit gesehen werden (z. B. große, farbige Kleidungsstücke, Biwaksack, Decke, Spiegelung, Licht usw.).

Eine Person, die einen ***Bergunfall melden*** muss, der Rettung notwendig macht, kann sich an alle Unfallmeldestellen wenden (Liftstationen, Hütten, Gasthäuser), aber auch an alle Polizei-, Gendarmerie- und Zollwachen und direkt an die Bergrettungsstellen.

Dabei sollten grundsätzlich ***vier Angaben*** gemacht werden:

- ***Was ist passiert*** (kurze Beschreibung, Anzahl der Verletzten, Art und Schwere der Verletzung)?
- Wo (Ortsangabe so genau wie möglich, Höhenangabe, Geländeverhältnisse, kann der Hubschrauber dort landen)?
- Wann (Uhrzeit des Unfalls)?
- Wer meldet von wo (Personalien, Telefonnummer für Rückfragen)?

Der Kalorienverbrauch beim Bergwandern im Hochgebirge ist auf Grund der ständig wechselnden Anforderungen kaum standardisiert anzugeben. Da aber genauere Werte zum Treppensteigen vorliegen, kann man diese als Orientierungswerte heranziehen. Man ermittelt nach der Charakteristik der einzelnen Gehstrecken (eben, bergauf, bergab) die ***Gehdauer*** über ebene, ansteigende, absteigende Teilstrecken. Entsprechend der Orientierungen in Abbildung 27 (Werte für 30 Minuten Gehdauer) lässt sich dann der etwaige Kalorienverbrauch für das Gehen in der Horizontalen, für das Bergauf- und Bergabgehen annähernd ableiten. Addiert man dann die Werte, überblickt man den Gesamtkalorienverbrauch (ohne Rucksack).

Kalorienverbrauch in einer Gehzeit von 30 Minuten (ohne Rucksack*)

Körpergewicht in kg	55-60	65-70	80	90	110-115
Gehen (eben) 3 km/h	87	105	120	138	174
Gehen (eben) 4 km/h	93	111	120	132	150
Gehen (eben) 5 km/h	117	129	143	156	180
Treppen ** aufwärts	438	525	606	687	864
Treppen abwärts	168	201	234	264	333

* Die Zusatzlast kann zum eigentlichen Körpergewicht addiert werden, dadurch erhöht sich die „Gewichtsklasse".

** Das Treppensteigen für das Gehen bergan bzw. bergab verwenden. Entsprechend der angenommenen Zeit für die jeweiligen Teilstrecken kann der Kalorienverbrauch (hier für 30 Minuten) berechnet werden.

Abb. 27 Kalorienverbrauch beim Bergwandern je 30 Minuten

Zusätzliches Gewicht, zumeist durch den Rucksack, erhöht sowohl die Belastung des passiven (insbesondere das Knorpelgewebe der Bandscheiben und Knie) und aktiven Bewegungsapparats als auch des Herz-

Kreislauf-Systems. Es muss mehr Energie aufgewendet werden und der Kalorienverbrauch steigt spürbar an. Auch für das Bergwandern im Hochgebirge gilt, dass man sich als grundsätzlicher Neueinsteiger, aber auch als versierter Wanderer nach einer längeren Tätigkeitspause, durch ***vorbereitendes Gehtraining*** auf kommende Touren vorbereitet. Das insbesondere auf die Ausdauer und Kraftausdauer orientierte Vorbereitungstraining ist wirksames Gesundheitstraining.

In diesen Abschnitten des Trainings werden neue ***Kleidungsstücke*** erprobt, die Ausrüstung überprüft und gegebenenfalls ergänzt. ***Neue Bergschuhe*** werden eingewandert. Auch bei schon eingewanderten Schuhen ist nach einer längeren Wanderpause eine Eingewöhnungszeit für die Füße angebracht. Neue ***Strümpfe*** sind vor ihrer Benutzung auf Bergwanderungen unbedingt zu waschen und auch anzutragen (Blasen vorbeugen)!

Für das Bergwandern im Hochgebirge wird das ***vorbereitende*** Gehtraining allgemein ***unterschätzt***. Oft besteht eine Auffassung im Sinne von Wandern kann ein jeder. Leider spüren die in der Vorbereitungszeit Bewegungsfaulen die negativen Auswirkungen erst direkt vor Ort, nämlich in ihrer eigentlich schönsten Zeit, beim Bergwandern selbst. Man spürt, dass die persönlichen Erwartungen an die Leistungsfähigkeit zu hoch sind. Um sich die Freude am Bergwandern zu erhalten, muss geduldig eine längere Anpassungszeit an das Gehen im Hochgebirge durchgestanden werden. Deshalb ist es besser, sich längerfristig durch vorbereitendes Gehtraining auf eine erlebnisreiche Zeit im Hochgebirge vorzubereiten.

Das ***vorbereitende Gehtraining*** ist vor allem unter drei Gesichtspunkten notwendig:

1. Der ***aktive*** und ***passive Bewegungsapparat*** muss an die höheren Belastungen beim Bergwandern in den Hochgebirgen herangeführt werden, die besonders gekennzeichnet sind durch ***längere Gehzeiten*** in Verbindung mit stark belastendem Bergan- und Bergabgehen. Der Bewegungsapparat muss hinsichtlich seiner Belastungsverträglichkeit und seiner Leistungsfähigkeit vorbereitend angepasst werden.
2. Die aerobe Leistungsfähigkeit muss insgesamt auf höhere Anforderungen unter Langzeitbelastung vorbereitet werden. Die beteiligten Organe und Systeme reagieren bis ins höhere Alter auf entsprechende Trainingsreize, deshalb lohnt sich Gehtraining in jedem Alter.

3. Durch mehrmals wöchentlich durchgeführtes, vorbereitendes Gehtraining erhöhen sich die Bewegungsanforderungen. Trainierende Personen wirken den zahlreichen gesundheitlichen Risiken des Bewegungsmangels aktiv entgegen. Die geforderten Systeme erhalten ihre Leistungsfähigkeit und bleiben jung. Vorzeitiges Altern wird vermieden und die ***Gesundheit*** wird gefördert.

Es wird vorausgesetzt, dass der Bergwanderer in seinem Alltag das in Kapitel 2 erläuterte Konzept ***Gehen im Alltag*** (nach dem Prinzip *mehr gehen und steigen, weniger fahren*) fest einbindet. Die Gestaltung des vorbereitenden Trainings folgt einer ***individuellen*** Vorbereitungsstrategie, die ein ***Eingewöhnen*** und dann ein ***gleitendes*** Anwachsen der Belastung ermöglicht. Das vorbereitende Training sollte so in den Alltag eingebaut werden, dass Ausfälle möglichst auszuschließen sind.

Die Belastung beim vorbereitenden und begleitenden Gehtraining für das Bergwandern kann über fünf Faktoren gesteigert werden:

1. Durch ***Verlängerung*** der Gehstrecke bei gleich bleibendem Gehtempo.
2. Durch ***Erhöhung*** des Gehtempos bei gleich bleibender Gehstrecke.
3. Durch ein ***ansteigendes*** Streckenprofil (Erhöhung der Kraftausdauerkomponente).
4. Durch das Gehen mit ***Zusatzlasten*** (Rucksack, Gewichtsmanschetten).
5. Durch verstärkten Armeinsatz beim Gehen mit den im Gebirge verwendeten ***Stöcken***.

Da in der Nähe des Wohnortes nicht immer ansteigende Streckenprofile zur Verfügung stehen, kann das ***Treppensteigen*** als effektive Trainingsform zur Erhöhung der Kraftausdauer genutzt werden. Der Ungeübte sollte beim Treppensteigen vorsichtig zu beginnen, anfangs nur zwei Stockwerke hintereinander überwinden, das aber mehrmals täglich. Nach einer Anpassungszeit kann man weiter steigern. Dabei ist unbedingt darauf zu achten, dass die Muskeln nicht sauer werden. Das wäre ein sicheres Anzeichen dafür, dass der angezielte aerobe Belastungsbereich verlassen wird und die Muskelarbeit unter anaeroben Bedingungen abläuft (ohne Sauerstoff).

Auch im Zusammenhang mit dem Gehtraining in Vorbereitung auf alpines Bergwandern wird ***nicht*** auf eine ständige Erhöhung der Belastungsanforderungen hingearbeitet.

Sind erwünschte Anpassungen auf einem angemessenen Niveau erreicht, wird im begleitenden Training im Sinne der ***Erhaltung*** der Belastungsverträglichkeit und Leistungsfähigkeit belastet.

Leistungssteigerndes Training zu ***individueller*** Höchstleistung findet nicht im Gesundheitssport, sondern im ***wettkampforientierten Sport*** statt. Die in Abbildung 28 angegebenen Belastungsmaße sind aus langjährigen Erfahrungen verallgemeinerte Beispiele, die anhand der aktuellen individuellen Belastungsverträglichkeit und Leistungsfähigkeit zu modifizieren sind.

Bei ***Pulskontrollen*** im Training
(10 Sekunden zählen, Ergebnis mal 6 = Herzfrequenz/Minute = HF/min) sollte die Herzfrequenz ***etwas*** höher liegen als beim normalen Gehen im Alltag.

Für Personen, die ***älter*** als 50 Jahre sind, gilt die Faustregel für einen oberen Grenzwert 180 minus Lebensalter. Eine 55-jährige Person hätte dann 125 HF/min als Grenzbereich zu beachten.

Personen, die ***jünger*** als 50 Jahre sind, wenden die Schwelle 130 HF/min an.

Ab dem Zeitpunkt, ab dem an den Wochenenden ***längere*** Wanderungen durchgeführt werden, kann das Gehtraining in der Woche auf 2 x reduziert werden.

Bezogen auf die Wochentage gibt es Rhythmen wie:

- Montag-Mittwoch-Freitag-Sonntag (viermaliges Gehen).
- Dienstag-Donnerstag-Samstag (dreimaliges Gehen).
- Dienstag-Donnerstag (zweimaliges Gehen, am Wochenende eine Wanderung von mindestens 10 km).

Dem Flachländer ist anzuraten, öfter für Wochenendtouren mit Trainingscharakter näher liegende Mittelgebirge zu nutzen. Dabei ist es durchaus angemessen, ab der zehnten Woche während der Wochenendtouren den Rucksack bewusst schwerer zu packen und bergauf und bergab mit Stöcken zu gehen.

Woche	Tempo	Umfang pro Trainingseinheit		Häufigkeit*
	km/h	Minuten	km	
1	3,0	20	1,0	3-4 x
2	3,0	20	1,0	3-4 x
3	4,0	30	2,0	3-4 x
4	4,0	30	2,0	3-4 x**
5	4,5	30	2,3	3-4 x
6***	4,5	35	2,6	3 x***
7	5,0	30	2,5	3 x
8****	5,0	35	2,9	3 x
9	5,5	40	3,7	3 x
10	5,5	40	3,7	3 x
11	5,5	45	4,1	3 x
12	6,0	45	4,5	3 x
13	6,0	45	4,5	3 x
14	6,0	45	4,5	3 x

* Sobald an Wochenenden gewandert wird, kann die Häufigkeit um eine Trainingseinheit zurückgenommen werden.

** Ab der vierten Woche Treppen steigen (z. B. zwei Minuten 3 x täglich) oder leicht ansteigendes Gehen (etwa 10 % der Trainingsdistanz), ohne die Geschwindigkeit zu senken. Sollte die Herzfrequenz zu hoch ansteigen, etwas langsamer gehen.

*** Ab Woche 6 am Wochenende mindestens 10 km wandern (mit Rucksack).

**** Ab Woche 8, wenn möglich, 1 x wöchentlich mit Stöcken gehen.

Abb. 28: Einsteiger – Vorbereitungstraining Bergwandern

Wir stellen fest:

- Das Bergwandern im Hochgebirge ist für viele Menschen die abwechslungs- und erlebnisreichste Form des Wanderns. Die Gesamtbedingungen des Hochgebirges stellen ***höhere Ansprüche*** an den Wanderer als alle anderen Wanderformen.
- ***Die Vorbereitung von Bergwanderungen*** im Hochgebirge ist mitentscheidend für das Gelingen der Touren. In der ***Planungsphase*** sind umfassende ***Informationen*** über das zu besuchende Gebiet und dort zu erwartende ***Bedingungen*** und ***Anforderungen*** wichtig, ebenso die individuelle körperliche Vorbereitung des Bergwanderers.
- Jeder Bergwanderer, der aus einer niedrigeren Höhenlage kommt, sollte sich ab etwa 1.500 m über NN einige Tage aktive Anpassungszeit vorbehalten, ehe die richtige Tour beginnt.
- ***Trainierte Bergwanderer und Kleingruppen*** legen im Hochgebirge in ***einer Stunde*** zurück: 400 m Höhenunterschied im ***Aufstieg***, 800 m Höhenunterschied im ***Abstieg*** und 5.000 m Horizontalentfernung.
- ***Weniger trainierte Bergwanderer und größere Gruppen*** legen im Hochgebirge in einer Stunde zurück: 300 m Höhenunterschied im ***Aufstieg***, 500 m Höhenunterschied im ***Abstieg*** und 4.000 m Horizontalentfernung.
- ***Jeder Bergwanderer*** im Hochgebirge sollte für Situationen von Bergnot unbedingt das ***internationale alpine Notsignal*** kennen. Es wird angewendet, wenn man sich in Bergnot befindet und auf fremde Hilfe angewiesen ist sowie keine andere Möglichkeit der Notrufabgabe besteht (Mobiltelefone).
- Auch für das Bergwandern im Hochgebirge gilt, dass man sich als Neueinsteiger, aber auch als versierter Wanderer nach einer längeren Tätigkeitspause, durch ***vorbereitendes Gehtraining*** auf kommende Touren vorbereitet. Das insbesondere auf die ***Ausdauer*** und ***Kraftausdauer*** orientierte Vorbereitungstraining ist wirksames Gesundheitstraining.
- Als Trainingsmittel werden u. a. angewendet: Gehen in der Ebene, Gehen in profiliertem Gelände, Treppensteigen, Gehen mit Gepäck, Gehen mit Stöcken, Wandern im Mittelgebirge und im Alpenvorland, Vorbereitungswanderungen im Hochgebirge.

4 Walking

4.1 Was ist und was bringt Walking?

Aus einem Konzept *Fit zu Fuß – ein Leben lang* ist das moderne Walking nicht mehr wegzudenken. Millionen Menschen in allen Erdteilen haben mittlerweile den aus den USA stammenden Gedanken des Walkens aufgegriffen und, gestützt auf wissenschaftliche Untersuchungen, zu einem festen Bestandteil des gesundheitsorientierten Trainings gemacht.

Die Bewegung beim Walking kann man beschreiben als ***beschleunigtes Gehen/Wandern mit aktivem Armeinsatz***. Es ist im Grunde eine Bewegung, die aus dem normalen Gehen oder Wandern heraus entsteht. Die Gehgeschwindigkeit wird aus dem normalen Schritt heraus ***leicht*** erhöht, die Arme sind dabei etwas angewinkelt. Sie unterstützen durch ***aktives Mitschwingen***, wechselseitig zum jeweiligen Bein, aber im gleichen Rhythmus, den ***Vortriebsimpuls*** des Schritts. Der Bewegungsablauf beim Walking entspricht im Grunde in vielen Elementen dem des Wanderns in zügigem Tempo, das in Deutschland eine lange Tradition hat. Walking ist von jeder gesunden, gehfähigen Person leicht zu erlernen und nach etwas Anpassungszeit auch in der entsprechenden Dauer durchzuführen.

Walking als beschleunigtes Gehen fordert nicht nur den aktiven und ***passiven Bewegungsapparat*** (untere Extremitäten) wie einfaches Gehen oder Wandern, sondern es bezieht die Muskulatur der Arme und des Rumpfs aktiv in die Bewegungsabläufe mit ein. Walking zwingt einen ***größeren Anteil*** unserer Muskulatur (> 50 % der Muskelmasse) ***zu dynamischer Arbeit***, es entwickelt Gehen/Wandern in Richtung Ganzkörperbewegung. Bei einem 75 kg schweren Mann sind beim Walking etwa 12-15 kg Muskelmasse aktiv, das sind über 50 % der Gesamtmuskelmasse.[53] Walking erfordert einen höheren energetischen Aufwand, das führt zu höherem Kalorienverbrauch.

Die ***dynamische Muskelarbeit*** beim Walking bedeutet eine ***rhythmische Folge*** von ***Muskelanspannung*** (mit gleichzeitiger Verkürzung) und ***Erschlaffung***. In ihrer groben Erscheinungsform gilt sie als eines der Kriterien für gesundheitsorientiertes Training, weil sie durch das rhythmische

Nacheinander muskelverkürzender Kontraktion und Erschlaffung die Arbeits- und Erholungsphase des Muskels effektiv trennt, die ausreichende Versorgung der arbeitenden Muskulatur mit Sauerstoff und Energieträgern sowie den Abtransport von Stoffwechselrückständen gewährleistet. Dabei wird der bei Muskelanspannung mögliche Blutdruckanstieg vermieden, das Herz wird mehr auf Volumenarbeit orientiert.

Walking wird nicht nur über wenige Schritte, sondern nach einiger Anpassungszeit zwischen 20 Minuten bis zu einer Stunde durchgeführt, mancherorts auch über mehrere Stunden. Es ist als ***Ausdauerbelastung*** zu charakterisieren.

Walking ist ***keine Sportart des Wettkampfsports***, man walkt ***nicht im Wettstreit*** mit anderen um die schnellste Zeit über eine bestimmte Distanz (die olympische Sportart heißt GEHEN, deren sportliche Technik und Sinngebung sich deutlich von der des Walkings unterscheidet).

Walking ist vielmehr ein auf der Grundlage der aktuellen ***individuellen*** Belastbarkeit und Leistungsfähigkeit aufbauendes, herzfrequenzgesteuertes, beschleunigtes Gehen, bei dem die Herzfrequenz in einem Bereich von 50 % bis höchstens 80 % (je nach Trainingsziel) des im jeweiligen Lebensalter erreichbaren Maximalwerts gehalten wird. Dabei vollziehen sich die Prozesse der ***Energieumwandlung*** in der Arbeitsmuskulatur vorwiegend aus den Fettsäuren mithilfe von Sauerstoff, also ***aerob***. Walking dient der Entwicklung körperlicher Fitness im Freizeit- und Gesundheitssport und wird unter besonderen Zielstellungen in der Prävention und Rehabilitation eingesetzt.

Die etwas schnellere Gangart und der aktive Armeinsatz erfordern einen ***höheren energetischen Aufwand*** pro Schritt und führen letztlich zu einem höheren Kalorienverbrauch als bei normalem Gehen oder Joggen über die gleiche Distanz. Der Walker verbrennt bei 8 km/h 530 Kalorien pro Stunde, der Jogger im gleichen Tempo 480 Kalorien pro Stunde[54]. Die Hauptgründe dafür liegen in der kleineren Schrittlänge und der daraus resultierenden höheren Schrittzahl und dem kraftvollen Armeinsatz bei jedem Schritt des Walkers.

Im Vergleich zum langsamen Jogging weist Walking eine bis zu 3 x ***niedrigere*** vertikale ***Stoßbelastung*** auf. Die Ursache dieser gelenkschonenden Wirkung des Walkings liegt darin begründet, dass es in der Schrittausführung keine Flugphase gibt, dadurch ist der Bremsimpuls beim Fußaufsatz viel geringer.[55]

!

Wir stellen fest:

- ***Walking ist beschleunigtes Gehen/Wandern*** mit verstärktem Armeinsatz. Die Bewegungstechnik ist von jedem gesunden und gehfähigen Menschen gleich welchen Alters schnell zu erlernen.
- ***Walking erfordert dynamische Arbeit*** großer Muskelgruppen (untere Extremitäten, Arme und Schultergürtel) unter ***aeroben*** Arbeitsbedingungen über eine Zeit von 20 Minuten bis zu über einer Stunde und länger.
- ***Walking*** erfordert einen höheren energetischen Aufwand als Gehen/Wandern und führt zu höherem Kalorienverbrauch.
- ***Walking wird*** als Training ***mehrmals wöchentlich*** wiederholt.
- ***Walking ist kein Wettkampfsport.*** Jeder Walker orientiert sein Training an seiner aktuellen Belastbarkeit und Leistungsfähigkeit.
- ***Walking ist Gesundheitssport.*** Es entwickelt und erhält die allgemeine aerobe Ausdauer und damit die kardiopulmonale Leistungsfähigkeit bis ins höhere Alter.
- ***Walking ist eine gelenkschonende Form*** des allgemeinen aeroben Ausdauertrainings im Gesundheitssport und deshalb u. a. besonders für ältere Menschen vorteilhaft.

Diese Aussagen wurden vielfach durch wissenschaftliche Studien belegt. Die ÄRZTE ZEITUNG-online z. B. verweist auf eine Studie, die anhand ***täglichen Walkings*** über mindestens 3,2 km für nichtrauchende Männer in ***Seniorenwohnheimen*** belegt, dass die Gesamtmortalität um die ***Hälfte*** reduziert wird. Gleichzeitig werden Ergebnisse der Nurses' Health Study mit mehr als 70.000 Krankenschwestern herangezogen, die besagen, „dass Walking (4-6 km/h) ... eine Senkung der kardiovaskulären Ereignisrate um 36 Prozent bewirkt, unabhängig davon, ob mit 40 oder 65 Jahren begonnen wurde.“ [56]

Eigene Untersuchungen und Feldtests im Ergebnis langjähriger trainingswissenschaftlicher Zusammenarbeit mit der Walking-Gruppe des VfL Wolfsburg bestätigen ebenfalls, dass ***regelmäßiges Walking***, insbesondere im Zusammenhang mit Freude und sozialem Kontakt in der Gemeinschaft Gleichgesinnter, ein ***angemessenes Niveau der allgemeinen aeroben Ausdauer bei älteren Menschen aufbaut und über Jahre erhält***.

Bild 6: Erwärmungsübungen vor einem Test

Auch hier, in der großen Walking-Familie eines Sportvereins bestätigt sich der von HOLLMANN schon Anfang der 60er Jahre des vorigen Jahrhunderts formulierte Slogan, dass man durch ein geeignetes und trainingsmethodisch gut betreutes Ausdauertraining 20 Jahre lang 40 Jahre alt bleiben kann.[57] Wobei auch die über 70-jährigen Teilnehmer in gleichen Proportionen profitieren.

Auf alle Fälle sind die ***über 60-jährigen und älteren Walker im Bereich der allgemeinen aeroben Ausdauer und ihrer äußerst komplexen positiven Auswirkungen auf die Physis und Psyche um Jahrzehnte jünger als nichttrainierende Gleichaltrige.***

Dazu einige Beispiele aus Bilanzen der Walking-Gruppe, die dem Leser, gleich welchen Alters, Mut machen sollten: Mut zum Gesundheitstraining mittels Walking. Fit zu Fuß ins höhere Alter: Mit regelmäßigem Walking ist es möglich, wie nachfolgende Trends ausweisen werden. Zur Kontrolle der Wirksamkeit des Walking-Trainings wird jährlich mehrmals ein standardisierter Walking-Test über 2.000 m auf der 400-m-Stadionrunde durchgeführt. Dieser einfach durchführbare Walking-Test dient der Überprüfung der allgemeinen aeroben Ausdauerleistungsfähigkeit. Er wird weltweit im Gesundheitssport genutzt. Entwickelt wurde der Test vom **Urho Kekkonen Institute for Health Promotion Research** in Tampere/Finnland. Im deutschsprachigen Raum evaluierten praxisorientierte Wissenschaftler der Universität Frankfurt am Main den Walking-Test und entwickelten ihn als aussagekräftigen und gleichzeitig praktikablen Feldtest so weiter, wie er heute allgemein anerkannt genutzt und wird. Der Walking-Test wird in ***Kapitel 6*** des Buches beschrieben, hier kann nur auf Ergebnisse Bezug genommen werden.

Zum Verständnis der nachfolgend aufgezeigten Ergebnisse sei hier nur darauf hingewiesen, dass sich aus der Berechnung der im Test aufgenommenen Daten ein Walking-Index ergibt. Anhand dieses Wertes kann das Niveau der zum Zeitpunkt des Tests vorhandenen allgemeinen aeroben Ausdauer zugeordnet werden.

Die Bewertungsskala weist folgende Stufen aus:

> 130	sehr gut
111-130	gut
90-110	mittel
70-89	schwach
< 70	sehr schwach

Ein erster 2.000-m-Walking-Test bestimmt die ***Ausgangsposition*** des Walkers zu Beginn des Frühjahrs, ein erster ***Wiederholungstest*** folgt dann etwa sechs Wochen später. Er soll den Anfangstrend des Frühjahrstrainings aufzeigen.

Weitere Wiederholungstests im Jahresverlauf und in nachfolgenden Jahren sind aussagekräftige Indikatoren der Wirksamkeit des Walking-Trainings. Die hier ausgewertete Männergruppe hatte zu Beginn der Tests einen Altersdurchschnitt von 60, 92 Jahren (***ältester Teilnehmer 71***), die der Frauen von 54, 44 Jahren (***älteste Teilnehmerin 73***).

Die Gruppe der ***Frauen*** (vgl. Abb. 29) erreicht zum Basistest einen Mittelwert im Walking-Index von 105. Das entspricht der Stufe *mittel.*

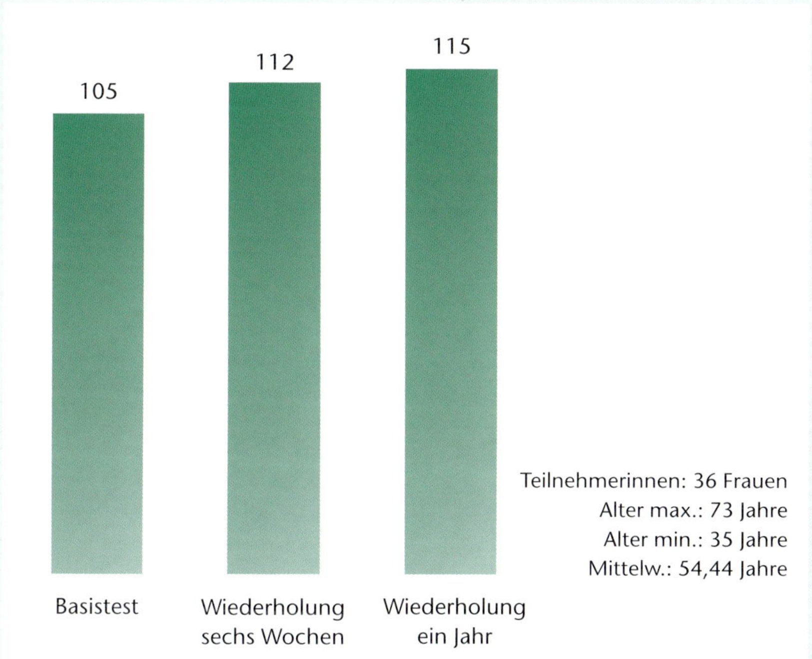

Abb. 29: Mittelwerte – Walking-Test (Frauengruppe) zu Trainingsaufnahme, nach sechs Trainingswochen, nach einem Jahr

Nach ***sechs Wochen*** regelmäßigen Walkings (2 x wöchentlich etwa eine Stunde) ergibt der Wiederholungstest schon einen Index von ***112***. Innerhalb von sechs Wochen Training wurde bezüglich der allgemeinen aeroben Ausdauer die Schwelle zu *gut* überschritten.

Ein ganzes ***Trainingsjahr später***, praktisch zum Zeitpunkt des Basistests des vorhergehenden Jahres, ergab der Walking-Test einen Wert von ***115***. Die Frauen hatten durch ihr Walking selbst über den Winter nicht nur ihr gutes Ausdauerniveau erhalten, sondern weiter leicht angehoben. Sie waren kalendarisch ein Jahr älter geworden, aber hinsichtlich ihrer getesteten Physis jünger geworden.

Die ***Männergruppe*** weist im Basistest mit einem Index von 92 ein etwas niedrigeres Ausgangsniveau aus (vgl. Abb. 30).

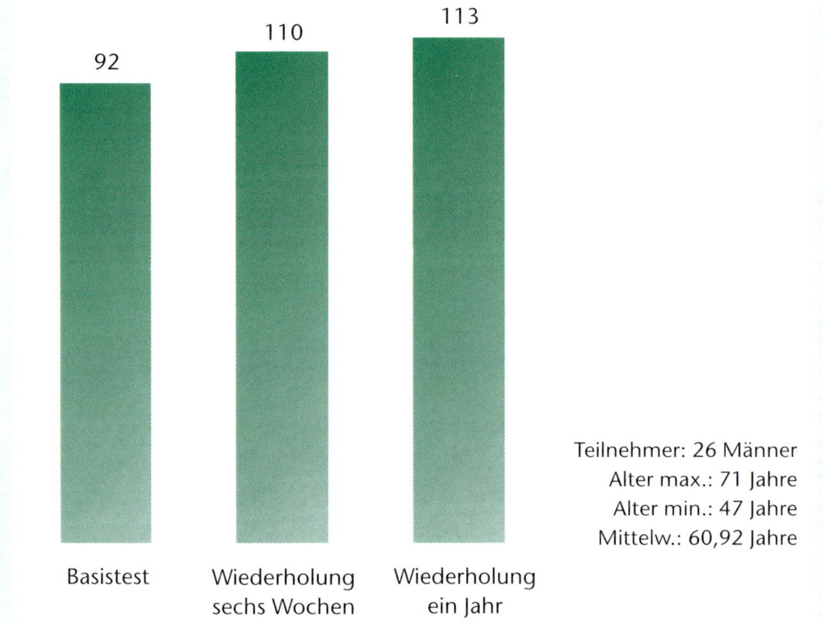

Abb. 30: Mittelwerte – Walking-Test (Männergruppe) zu Trainingsaufnahme, nach sechs Trainingswochen, nach einem Jahr

Nach ***sechs Wochen*** regelmäßigen Trainings wird mit dem Wert von ***110*** die Schwelle zum Niveau *gut* erreicht, die dann im Wiederholungstest ***ein Jahr nach dem Basistest*** nachweislich überschritten wurde (***113***). Die Männer konnten den ursprünglichen Rückstand im Niveau der allgemeinen aeroben Ausdauer gegenüber der Frauengruppe fast aufholen. Regelmäßiges Walking bringt also auch für Männer gute Entwicklungen.

Mit Abbildung 31 wird verdeutlicht, wie bei regelmäßigem Walking der Walking-Index im Verlauf eines ganzen Kalenderjahres eine Kontrolle der Wirksamkeit des Trainings darstellt und wie auch im Winter durchgeführtes, regelmäßiges Walking gute Effekte bringt (hier am Beispiel der Frauengruppe). Walking ist als ganzjähriges Gesundheitstraining geeignet.

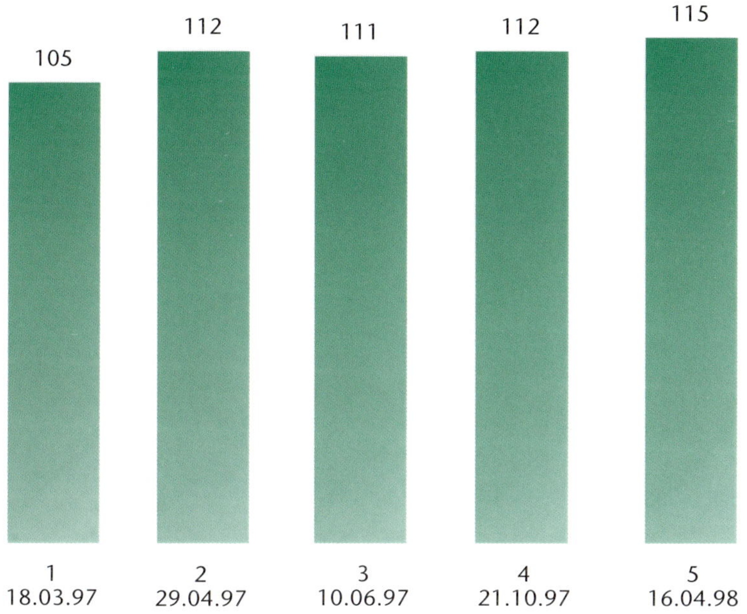

Abb. 31: Walking-Test zur Wirksamkeitskontrolle im Jahresverlauf (Mittelwerte der Frauengruppe)

Am nachfolgenden Beispiel einer ***Einzelperson*** (männlich) soll deutlich gemacht werden, dass Walking erst recht bei einer relativ schwachen Ausgangsposition sinnvolles Gesundheitstraining darstellt (vgl. Abb. 32).

Die männliche Person war zum Zeitpunkt des Basistests 62 Jahre alt. Mit einem Index von 90 hatte sie eine allgemeine aerobe Ausdauerleistungsfähigkeit an der Schwelle zwischen *mittel* und *schwach*. Sie befand sich unter dem Aspekt des weiteren Lebensgangs im siebten Lebensjahrzehnt gesundheitlich und hinsichtlich ihrer Leistungsfähigkeit in keinem optimalen Zustand.

Der Wunsch, diese ungünstige Basis zu verbessern, verband sich für diese Einzelperson mit dem Spaß und Wohlbefinden in der Gemeinschaft etwa Gleichaltriger beim Training. Walking wurde zu einer freudvollen, regelmäßigen Selbstverständlichkeit im Wochenverlauf über die Jahre. Es bestätigte sich, Walking macht erst gemeinsam richtig Spaß.

Abb. 32: Walking-Test – zu Trainingsaufnahme und nach vier Jahren Training. Männl. Person, zum Wiederholungszeitpunkt 66 Jahre alt

Vier Jahre nach dem Basistest, der Walker war inzwischen 66 Jahre alt geworden, belegte ein Wiederholungstest den Sinn des über Jahre durchgeführten, regelmäßigen Walkings. Der vier Jahre vorher im Basistest nachgewiesene Index von 90 wurde vier Jahre später wesentlich überboten.

Die allgemeine aerobe Ausdauer hatte inzwischen mit dem Wert von ***115*** ein Niveau von *gut* erreicht. Der damit verbundene physische und psychische ***Gewinn an Gesundheit*** und an Überzeugung von der eigenen Wirksamkeit zur Gestaltung des weiteren Wegs ins Alter ist nicht hoch genug einzuschätzen.

Am Beispiel eines anderen Walkers soll anhand der Folge von Wiederholungstests aufgezeigt werden, dass auch ein relativ hohes Niveau der allge-

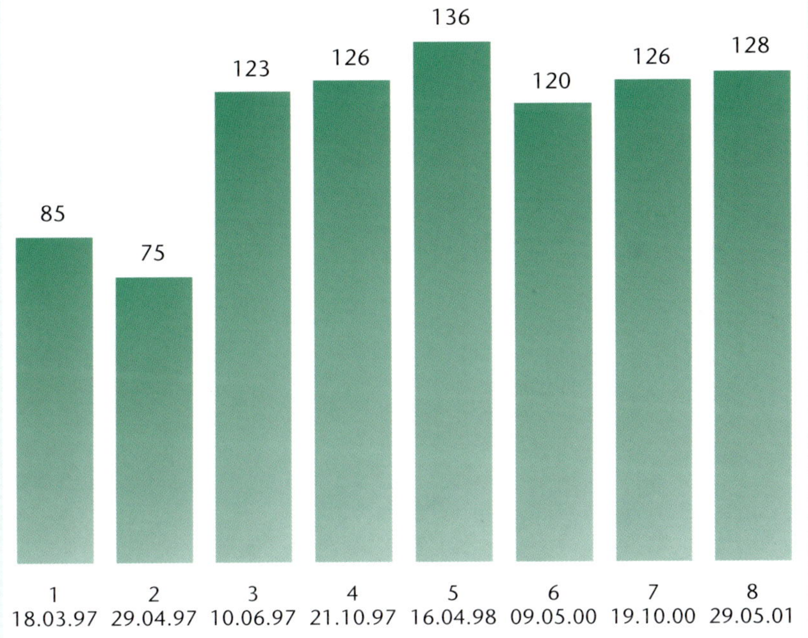

Abb. 33: Walking-Test als Nachweis der Trainingswirksamkeit (männliche Person, zum Zeitpunkt T8 2001 62 Jahre alt)

meinen aeroben Ausdauer über Jahre mittels Walking erhalten werden kann (vgl. Abb. 33). Der Walker ist zum Zeitpunkt des Basistests 58 Jahre alt und erreicht einen Index von 85. Nach drei Monaten Walking erreicht er im Wiederholungstest den oberen Bereich von *gut*, der praktisch über die nachfolgenden vier Jahre, der Walker ist dann 62 Jahre alt, stabilisiert erhalten werden kann.

Zum Teil parallel zugeordnete Kontrolluntersuchungen auf dem Fahrradergometer zeigten Übereinstimmung mit den Aussagen des Walking-Tests. Sie brachten noch Ergänzungen hinsichtlich der Veränderungen des Blutdrucks. Bei den Wiederholungstests konnte bei durch Bluthochdruck vorbelasteten Personen z. T. eine deutliche Absenkung der systolischen Werte in den normotonen Bereich beobachtet werden.

Wir stellen fest:

- Regelmäßiges Walking verbessert die allgemeine aerobe Ausdauer auch bei Personen, die 50 Jahre und älter sind, (unabhängig vom Geschlecht) deutlich spürbar nach einer Trainingszeit von fünf Wochen. Der ältere Mensch besitzt ein angemessenes Anpassungspotenzial bezüglich gesundheitsorientierter Ausdauerleistungsfähigkeit.
- Das Ausdauerniveau kann auch bei älteren Menschen im Verlaufe eines ganzen Trainingsjahres weiter angehoben und stabilisiert werden.
- Ein erreichtes, gutes allgemeines aerobes Ausdauervermögen kann auch in älteren Jahren über mehrere Jahre erhalten werden.
- Diese Wirkungen treten bei guter trainingsmethodischer Begleitung unabhängig von der sportlichen Biografie und dem Anfangsniveau bezüglich der allgemeinen aeroben Ausdauerleistungsfähigkeit der älteren Menschen ein.
- Für gesundheitsorientiertes Walking auch der älteren Menschen gibt es keine nach Kalenderjahren zu beschreibende obere Altersgrenze. Es gilt: Es ist noch nicht zu spät, aber es wird höchste Zeit!

Unter dem Aspekt besonderer äußerer Bedingungen, ungünstiger Freizeiträume und individueller Besonderheiten könnte es sein, dass es Zeiträume im Jahresverlauf gibt, in denen Walking im Freien nicht regelmäßig ausgeübt werden kann. Deshalb wurde die Möglichkeit von Walking-Laufbandtraining für ältere Menschen in Fitnessstudios überprüft.

Hier soll anhand eines Beispiels die Nutzung von ***Walking-Laufbandtraining*** aufgezeigt werden.

Zur Testperson: männlich, 61 Jahre, untrainiert. Body-Mass-Index (BMI) 26, mit 77 kg Körpergewicht schon leichtes Übergewicht. Blutdruckwerte im Tagsverlauf zwischen 150/90 und 172/105 RR. Wegen vorgeschädigter Kniegelenke war Joggen überhaupt nicht möglich. Das Laufband-Walking im Fitnessstudio wurde ausgewählt, weil Walking eine gelenkschonende Belastung ermöglicht, weil im Studio insgesamt standardisierte Bedingungen und Wetterunabhängigkeit bestanden und eine sichere Belastungssteuerung über den Untersuchungszeitraum möglich war.

Life Fitness
9100
FLEXDECK

Folgendes Trainingsprogramm wurde 3 x wöchentlich über 17 Wochen (54 Trainingseinheiten) absolviert:

Belastungsdauer:	Erste und zweite Woche: 15 Minuten; dritte Woche: 20 Minuten. Vierte Woche: 30 Minuten; 6.-8. Woche: 50 Minuten; 9.-17. Woche: 60 Minuten.
Geschwindigkeit:	Beginnend mit 6,4 km/h ansteigend bis zur dritten Woche bis auf 7 km/h; 3.-17. Woche durchgängig 7 km/h.
Laufbandsteigung:	Durchgängig 5 %.

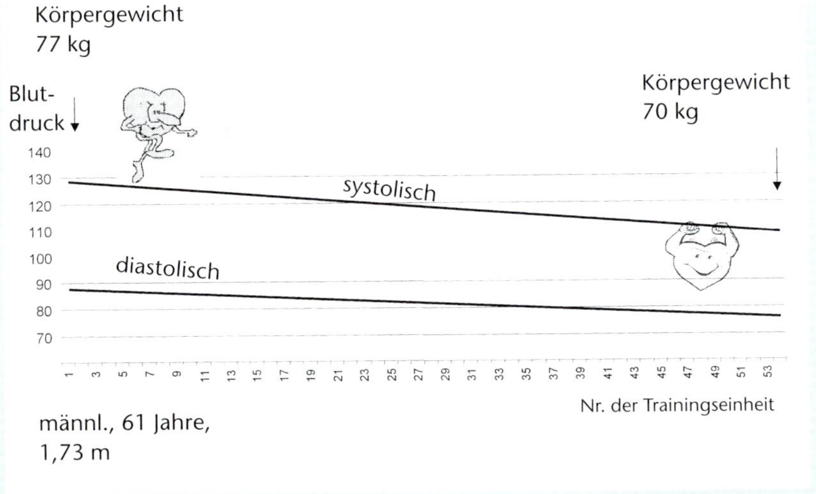

Abb. 34: Veränderung nach Laufband-Walking – (Blutdruck – jeweils 3 min nach Belastungsende genessen)

Im Ergebnis des Walkings über die 17 Wochen konnte der BMI auf 23 gesenkt werden. Der Blutdruck, standardisiert drei Minuten nach Belastungsende gemessen, regelte sich auf 120/78 RR ein (vgl. Abb. 34). Der Beruhigungspuls, vier Minuten nach Abschluss der Belastung gemessen, sank bis zur 17. Woche auf 80 HF/min ab.

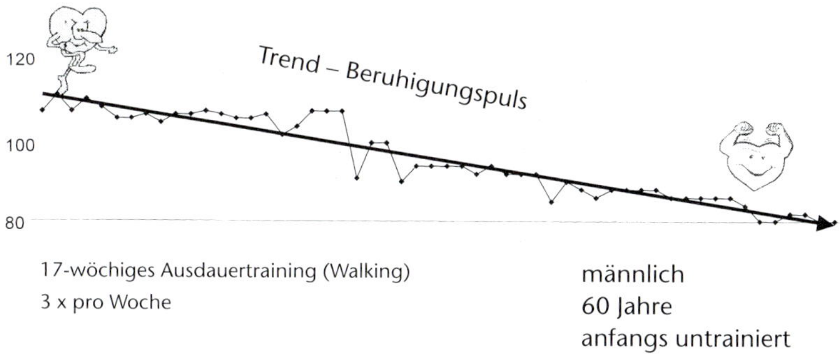

Abb. 35: Beruhigungspuls (4 min nach Belastungsende) Trend der Veränderung über 17 Wochen

Abschließend lässt sich feststellen, dass auch für Personen, die älter als 60 Jahre sind, das regelmäßige Walking auf dem Laufband hinsichtlich der kardiopulmonalen Wirkung eine mögliche Alternative zum Walking im Freien bietet. Insbesondere vorgeschädigte ältere Menschen können auf stabilem und völlig ebenem Bodenbelag unter standardisierten Bedingungen walken. Die personenbezogene Betreuung bereitet überhaupt keine Probleme. Ergänzend kann gesundheitlich vorteilhaftes Krafttraining vernachlässigter Muskulatur (z. B. Bauch-Rücken) an bereitstehenden Geräten vorgenommen werden.

Bei all diesen Vorteilen ist zu berücksichtigen, dass das Gesamtereignis Walking im Freien durch Laufband-Walking nicht einfach auszutauschen ist. Frische Luft, die Auseinandersetzung mit der Witterung, der ständige feinmotorische Ausgleich von Bodenunebenheiten, die entspannende Wirkung von umgebender Natur usw. sind unaustauschbare Faktoren des Freiluft-Walkings. Grundsätzlich ist das Walking auf dem Laufband ebenso zu akzeptieren wie das Walking im Freien, wenn man sich der Vor- und Nachteile beider Varianten bewusst ist und entsprechende Kompensationsmöglichkeiten im weiteren Alltag schafft.

4.2 Zur Bewegungsausführung

Die Bewegungausführung beim Walking entwickelt sich am besten aus dem gewohnten ***Gehen/Wandern*** heraus. Wichtig für das Aneignen und Üben der Walking-Technik ist, dass man erst einmal locker in ***gewohnter Schrittlänge*** und ***Bewegungsausführung*** wie beim Gehen oder Wandern ausschreitet. Auf einer kürzeren Wegstrecke übt man als Veränderungen in der Bewegungsausführung erst einige Schritte, versucht dabei, das neue Detail zu erfühlen und zu begreifen. Dann geht man aufmerksam ein etwas längeres Stück, um das Neue in den Bewegungsfluss gut einzubinden und locker zu bleiben.

Grundsätzlich verändert man nicht die komplexe Gehbewegung auf einmal. Man konzentriert sich auf ein Detail, übt es ein und so folgt Detail auf Detail, bis die Gesamtbewegung verinnerlicht ablaufen kann. In der Phase des Einübens kann man auch den neuen Bewegungsablauf leise vor sich hinsprechen.

Es hat sich bewährt, sich zuerst mit den Schritt- und Fußbewegungen vertraut zu machen und dann nach und nach andere neue Elemente einzuüben:

- Bei jedem Schritt den Fuß ***mit der Ferse*** (etwas auf der Fersenaußenkante) aufsetzen, dabei sind die Fußspitzen angezogen (man kann auch zur Probe einige Schritte bewusst im Fersengang gehen, um das entsprechende Bewegungsgefühl zu bekommen). Dann rollt man von der Fersenaußenkante über die ***Fußsohlenaußenseite über die Ballen bis zu den Zehen ab*** (der andere Fuß setzt jetzt mit der Ferse auf), um sich im Anschluss abzudrücken (ohne abzuspringen wie beim Joggen). Während dieses Ablaufs sollten die Fußspitzen in Gehrichtung weisen.
- Erst den Bewegungsablauf vor Augen führen, dann über einige Schritte bei normalem Gehtempo ausprobieren und erfühlen, dabei nicht angespannt gehen. Das richtige Abrollen ist wichtig.
- Als Nächstes darauf achten, dass sowohl in der Aufsetzphase als auch in der nachfolgenden Abrollphase die ***Knie*** nicht durchgedrückt sind, sondern etwas gebeugt leicht federn können (gedämpftes Aufsetzen). Wieder mehrmals bewusst üben.

- Im Gegensatz zur Wettkampfsportart Gehen darf es in der Schrittausführung beim Walking keine Beckenkippung und Drehbewegung in der Wirbelsäule geben.
- Der ***Oberkörper*** ist aufgerichtet, die ***Schultern*** sind locker und etwas zurückgenommen, um den Brustkorb zu erweitern.
- Der ***Blick*** beim Walken ist etwa 10 m voraus und nicht auf die Füße oder den Boden gerichtet (sichert den aufrechten Oberkörper).
- Die Arme schwingen im Gegentakt (wie beim normalen Gehen) zum gleichseitigen Bein (linkes Bein vor, linker Arm zurück; rechtes Bein vor, rechter Arm zurück). Die Unterarme werden etwa 90° angewinkelt, jetzt werden die Armschwünge unter Beibehaltung des gemeinsamen Taktes mit den Beinen aktiver. Dabei erreicht die vorschwingende Hand mit locker gehaltener Faust etwa Schulterhöhe.

Bild 7/8: Fußarbeit beim Gehen: Auf der Ferse aufsetzen, dann den hinteren Fuß im Ballen-Zehen-Bereich abrollen und abdrücken.

Damit ist im Prinzip die Bewegungsausführung der Walking-Schritte schon beschrieben. Wichtig für die Aneignung des richtigen Bewegungsablaufs bleibt, sich bei normalem Gehtempo nacheinander auf einzelne Elemente zu konzentrieren, diese genau zu beobachten, zu erfühlen und gegebenenfalls zu korrigieren. Stets auf lockere Bewegungsausführung achten. Wenn Verspannung gefühlt wird, entweder in der Bewegung bewusst entspannen, gelingt dies nicht, bis zum Erreichen der Lockerheit etwas langsamer gehen.

Wird die Gesamtbewegung grob beherrscht, kann man beginnen, die Übungsdistanz zu verlängern. Das Walking beginnt. Jetzt sollte man nicht ständig auf die perfekte Walking-Technik achten. Hin und wieder einmal kontrollieren, ansonsten vor allem entspannt walken! Dabei die Gehgeschwindigkeiten variieren, zum einen bewusst entspannend-ruhig walken, zum anderen das Tempo verschärfen und dabei das rhythmische Wechselspiel der muskulären Anspannung und Entspannung erfühlen. Immer so gehen, dass man sich wohl fühlt und die Umgebung wohltuend genießen kann.

Als Neueinsteiger sollte man nicht erschrecken, wenn nach den ersten Trainingstagen einmal Muskelschmerzen an der Vorderseite der Unterschenkel auftreten sollten. Das ist Muskelkater. Durch das bewusste Aufsetzen der Fersen werden die Fußspitzen aktiv angehoben, die im bisherigen Leben vernachlässigten Muskeln links und rechts des Schienbeins müssen ungewohnte Arbeit verrichten, sie erleiden Mikrotraumen. Warme Bäder und Sauna wirken lindernd. Mit abgeminderter Intensität kann die Eingewöhnungsphase aber fortgeführt werden. Nach etwa sechs Trainingstagen sind die muskulären Anpassungen an die neue Bewegung vollzogen. Man kann beginnen, die im individuellen Walking-Programm vorgesehenen Distanzen zu gehen.

Deshalb wird deutlich unterschieden zwischen dem ***Einsteigerprogramm*** und dem ***Fortgeschrittenenprogramm***!

4.3 Wie schnell sollte ich walken?

Walking ist etwas beschleunigtes (forciertes) Gehen/Wandern mit aktivem Armeinsatz. Diese Beschreibung deutet an, dass aus dem Gehen heraus durch einen verstärkten ***Abdruck*** des Fußes, durch eine erhöhte ***Schrittfrequenz*** und den aktiven ***Armeinsatz*** die Geschwindigkeit etwas erhöht und dann über die gesamte Trainingszeit durchgehalten wird. Ziel des regelmäßigen Walkings ist ***nicht*** die ständige Steigerung der Geschwindigkeit bis zur individuellen Höchstleistung. Das bleibt Wettkampfsportarten vorbehalten.

Walking ist eindeutig nicht wettkampforientiertes, sondern ***gesundheitsorientiertes Training***, das trainingsmethodisch auf die Verbesserung und Stabilisierung der allgemeinen aeroben Ausdauerleistungsfähigkeit abzielt.

Das ***Erlernen*** und die *Gewöhnung* an die richtige und entspannte ***Bewegungsausführung*** in Verbindung mit der ausdauergerechten Belastungsdauer ist ***wichtiger*** als Geschwindigkeit.

Es ist sinnvoller, aus dem Wandertempo heraus die Walking-Gehtechnik anzuwenden und längere Zeit bei gleicher Geschwindigkeit durchzuhalten (das bedeutet schon höheren energetischen Aufwand und führt zu gesundheitsrelevanten Anpassungen), als ein höheres Tempo einzuschlagen und nur kurze Zeit zu walken.

Beispielsweise kann der untrainierte Einsteiger bei einem angenommenen Wandertempo von 3 km/h (45-60 Schritte pro Minute) aus dem normalen Wandern heraus die Walking-Technik ausführen. Sind dabei die Muskeln locker, wird das Tempo auf etwa 4 km/h erhöht. Wird dieses Tempo als angenehm empfunden, walkt man fünf Minuten 4 km/h, dann nimmt man zwei Minuten das Tempo auf 3 km/h zurück und entspannt. Danach erhöht man wieder fünf Minuten auf 4 km/h. Diese Wechsel führt man solange aus, bis eine Gesamtgehzeit von 30 Minuten erreicht ist.

Dieses Einstiegsvariante sollte 3 x wöchentlich über zwei Wochen durchgeführt werden. Danach verlängert man je Woche die Zeitspanne des schnelleren Gehens um jeweils drei Minuten (zwei Wochen lang). Ab der fünften Trainingswoche kann man dann 30 Minuten in 4 km/h durchweg gehen.

Entscheidend für eine Antwort auf die Frage: „Wie schnell sollte ich walken?" sind jedoch folgende Aspekte:

1. Bis zu welcher Geschwindigkeit kann man in der zweckmäßigen Walking-Technik längere Zeit locker und entspannt gehen?
2. Sind die Anpassungen an Bewegungsausführung und höhere Belastung im aktiven und passiven Bewegungsapparat sowie im kardiopulmonalen System für schnelleres Walking ausreichend fortgeschritten?
3. Welches Walking-Tempo sichert ab, dass eine optimale aerobe Ausdauerbelastung über die gesamte Belastungsdauer gewährleistet ist?

Das ***gesundheitsorientierte Grundprinzip von Walking*** liegt eindeutig in der Tatsache begründet, dass der angestrebte höhere energetische Aufwand über die gesamte Belastungsdauer unter vorwiegend ***aeroben Arbeitsbedingungen*** abgedeckt werden kann. Im vorhergehenden Teil des Buches wurde das im Zusammenhang mit Abbildung 16 erläutert. Es darf im gesundheitsorientierten Walking kein Tempo angeschlagen werden, das das Fließgleichgewicht zwischen ***Verbrauch*** und ***Nachschub*** von Sauerstoff- und Energieträgern (Fettsäuren) in den Muskelzellen ins Wanken bringt. Die Energiegewinnung im Muskel über die Fettverbrennung unter Zufuhr von Sauerstoff kann nur unter moderaten Belastungsbedingungen ablaufen, dafür ist sie im Grunde aber über Stunden uneingeschränkt möglich.

Alle gesundheitlich bedeutsamen positiven Wirkungen des Walkings sind nur zu erzielen, wenn die ***Leistungsanforderungen in vorwiegend aerober Stoffwechsellage*** erfüllt werden können. Für untrainierte Personen kann man als Einstiegsorientierung den Hinweis anwenden: Die Gehgeschwindigkeit sollte ***etwas höher*** als beim normalen Gehen sein.

Dennoch ist es einleuchtend, dass man die inneren Vorgänge aerober Arbeit nicht direkt durch Geschwindigkeitsmessungen kontrollieren kann. Man muss vielmehr Parameter verwenden, die unter Trainingsbedingungen unkompliziert an der Körperoberfläche zu registrieren sind. Als besonders geeignet hat sich die Messung der Herzfrequenz herausgestellt. Der für erwünschte Adaptationen wirksame Belastungsbereich beim Walking beginnt etwa beim Einsatz von ***50 % der maximalen Leistungsfähigkeit***. Für die Belastungssteuerung unter Trainingsbedingungen hat sich die Herzfrequenzmessung (HF/min) über die Pulsmessung per Hand sowie über elektronische Systeme (permanente Kontrolle über Brustgurt plus Empfänger am Handgelenk) als praktikabel etabliert.

Die ***Handmessung*** erfolgt am Handgelenk, an der Halsschlagader oder auf der Brust direkt über dem Herzen (zu Hause öfter in Ruhe probieren, damit es unter Trainingsbedingungen schnell funktioniert). In der Regel werden die Pulsschläge über 10 Sekunden gezählt (Zählung mit 0 beginnen); um den Minutenwert zu berechnen, wird der 10-Sekunden-Wert mit 6 multipliziert.

Ein Walking-Einsteiger findet den für ihn erst einmal vorteilhaften Bereich, indem er von dem Wert 220 sein Lebensalter abzieht. Das ergibt für eine 60-jährige Person den Wert 160. Dieser Wert wird anschließend mit 0,60 multipliziert (160 x 0,60 = 96). Walkt die 60-jährige Person jetzt mit einem Belastungspuls von 96 HF/min, dann bewegt sie sich damit auf einem gesundheitlich unbedenklichen, aber schon wirksamen Belastungsniveau.

Die in diesen Herzfrequenzbereichen gelaufenen Geschwindigkeiten bleiben nicht gleich. Nach entsprechenden Anpassungszeiträumen wird es dem Walker auffallen, dass man bei gleichen Pulswerten höhere Geschwindigkeiten geht. Das ist ein untrügliches Zeichen dafür, dass sich die Bewegungsabläufe optimiert sowie Organe und ihre Funktionen besser auf die höheren Anforderungen angepasst haben. Will und kann man dann etwas höhere Belastungsstufen einbauen, geht man wiederum von 220 minus Lebensalter aus. Der 60-Jährige ermittelt für sich wiederum den Wert 160. Wenn er diese 160 mit 0,70 multipliziert, erhält er mit 112 HF/min eine nächsthöhere Belastungsstufe, die er durch eine höhere Walking-Geschwindigkeit realisieren kann.

Sichern nach etwa sechs Monaten regelmäßigen Walkings die Anpassungen an die Trainingsbelastungen eine gute Belastbarkeit, kann aerobes Walking optimal ausgestaltet werden.

Die Walking-Geschwindigkeit kann man jetzt nach der HF/min-Faustregel steuern:

- ***Über 50-jährige*** Personen berechnen einen Wert, der sich aus der Formel ergibt: ***180 minus Lebensalter*** = optimaler Belastungspuls bzw.
- Personen, die ***jünger als 50 Jahre*** sind, sollten einen Belastungspuls von 130 HF/min nicht wesentlich übersteigen.

Diese beiden Werte orientieren auf optimale Gestaltung aeroben Trainings, die für gesunde Personen der jeweiligen Altersgruppe keine gesundheitlichen Risiken entstehen lässt. Die Frage, wie schnell ich walken sollte, ist also nicht nur mit Geschwindigkeitsvorgaben zu beantworten, sondern immer in Verbindung mit Herzfrequenzbereichen zu sehen.

Die Praxis zeigt, dass die Bewegungsausführung beim Walking nicht auf maximale Geschwindigkeitsentfaltung, sondern auf optimales, gesundheitsorientiertes Tempo angelegt ist. Eigene Erfahrungen und Untersuchungen an der Universität des Saarlandes, Saarbrücken, belegen, dass etwa zwischen einem Tempo von 8-9 km/h Probleme bei der richtigen Bewegungsausführung beginnen und auch lokale muskuläre Beschwerden zunehmen.[58] Bei höheren Geschwindigkeiten nimmt das Beschwerde- und Verletzungsrisiko zu, die grundlegende Sinngebung des Walkings geht verloren. Selbstverständlich gibt es umfassende Erfahrungswerte, die es zulassen, in Trainingsplänen anzustrebende Geschwindigkeiten als ***Orientierungswerte*** einzubauen. Wichtig ist nur der richtige Umgang mit diesen Plänen, die eine begleitende Herzfrequenzkontrolle mit eventuell notwendigen individuellen Korrekturen als selbstverständlich voraussetzen und einschließen!

Wir stellen fest:

- Das ***gesundheitsorientierte Grundprinzip von Walking*** liegt eindeutig in der Tatsache begründet, dass der angestrebte höhere energetische Aufwand über die gesamte Belastungsdauer unter ***aeroben Arbeitsbedingungen*** gedeckt werden kann.
- Für untrainierte Personen kann man als Einstiegsorientierung den Hinweis anwenden: Die Gehgeschwindigkeit sollte ***etwas höher*** als beim normalen Gehen sein.
- Für die Belastungssteuerung unter Trainingsbedingungen hat sich die Herzfrequenzmessung (HF/min) über die Pulsmessung per Hand sowie über elektronische Systeme (permanente Kontrolle über Brustgurt plus Empfänger am Handgelenk) als praktikabel etabliert.
- Der für erwünschte Adaptationen wirksame Belastungsbereich beim Walking beginnt etwa beim Einsatz von ***50 % der maximalen Leistungsfähigkeit*** und reicht ***bis zu etwa 80 %***.
- Erfahrungswerte lassen es zu, in Trainingsplänen Geschwindigkeiten als ***Orientierungswerte*** anzugeben. Wichtig ist der richtige Umgang mit diesen Plänen, die eine begleitende Herzfrequenzkontrolle mit eventuell notwendigen individuellen Korrekturen als selbstverständlich voraussetzen und einschließen! Dass bedeutet, dass die angegebenen Geschwindigkeiten unter aeroben Bedingungen entstehen.

4.4 Wie lange sollte ich walken?

Die Dauer der Trainingsbelastung beim Walking ist wiederum in hohem Maße eine individuelle Größe. Sie hängt ab von der jeweiligen Belastbarkeit und Leistungsfähigkeit des Trainierenden.

Da Walking als Gesundheitssport die allgemeine aerobe Ausdauer fordern und entsprechend fördern soll, muss die einzelne Trainingsdauer angemessen lang sein. Dementsprechend sollte als grundlegende Belastungsdauer von Anfang an von etwa 30 Minuten ausgegangen werden. Selbstverständlich dabei ist, dass der Einsteiger in dieser Zeit weniger Kilometer geht als der versierte Walker.

Bild 9: Stretching – vor und nach dem Training!

Bei mehrmaligem Training in der Woche liegen ***optimale*** Belastungszeiten in einer Trainingseinheit für Fortgeschrittene ***zwischen 30 Minuten und einer Stunde***.

Auszuschließen ist nicht, dass hin und wieder auch über längere Zeiträume gewalkt wird. Werden dem Körper danach ausreichend Möglichkeiten zur Regeneration gegeben, ist dagegen prinzipiell nichts einzuwenden. Unser Hauptanliegen ist jedoch, durch möglichst alltagstaugliche und oft wiederholbare Belastungsgestaltung ein regelmäßiges und zur Gewohnheit werdendes Walking auszuüben. Dazu gehört es in der Regel, dass das Training zeitlich gut in die Alltagsabläufe passt und dass man nach der Belastung und kurzer Erholungszeit den weiteren Anforderungen des Alltags gewachsen ist. Damit kommen wir zu der Empfehlung, lieber mehrmals in der Woche 30 Minuten zu walken als weniger häufig über längere Zeiträume. Es wird bezüglich der Dauer von Trainingseinheiten oft vergessen, dass nach einer kurzen Erwärmung eine Stretchgymnastik einzubauen ist (Dehnung der vor allem belasteten Muskulatur, um deren Verkürzung zu vermeiden), die am Ende des Walkings zu wiederholen ist. Bei einem Stretching von je fünf Minuten dauert eine Trainingseinheit mit 30 Minuten Walking dann schon 40 Minuten.

4.5 Wie oft sollte ich walken?

Die Frage nach der Häufigkeit des Walkens pro Woche wird oft gestellt. Hier kann man nach dem Motto verfahren: je öfter, desto besser, je weniger oft, desto länger. Um mit Sicherheit ausreichende Anpassungen zu erreichen, scheint die Trainingshäufigkeit bei mindestens 2 x pro Woche eine untere Grenze darzustellen. Die in Kapitel 4.1 erwähnten Beispiele der Wirksamkeit langjährigen, regelmäßigen Walkings beruhen auf 2 x wöchentlich je einer Stunde Walking im Bereich 75-80 % der maximalen Leistungsfähigkeit.

Bei den gängigen Walking-Zeiten von 30-40 Minuten wäre Folgendes vorteilhaft:
Einsteiger sollten 3 x pro Woche trainieren, um eine optimale Gesamtanpassung an das Training überhaupt zu erreichen.

Sollte es um ***aufbauendes*** Walking gehen, bei dem man ein deutlich höheres Maß an Fitnesszuwachs erreichen will, wäre man mit einem viermaligen Walking pro Woche auf der sicheren Seite.

Sollte es um leicht aufbauendes und erhaltendes Training gehen, bei dem es um gesundheitsorientierte Zuwächse und Stabilisierungen geht, ist man mit 3 x Walking pro Woche schon sicher.

Ohne vorhergehende Aussagen zu widerrufen, wäre es natürlich ideal für die Gesundheit und Fitness bis ins höhere Alter, ein individuelles Trainingsprogramm mit täglichem Walking von 30 Minuten (oder auch etwas länger) zu absolvieren.

Verallgemeinert bleibt hinsichtlich der Häufigkeit von Trainingsbelastungen im Walking festzustellen, dass es bezüglich der gesundheitsdienlichen Wirksamkeit Minimalvarianten, optimale Varianten und auch maximale Variante gibt. Der Alltag mit seinen Versuchungen und Störungen wird, längerfristig gesehen, bei jedem Idealmodell abschleifen und alltagstaugliche Walking-Zeiten entstehen lassen. Wichtig scheint jedoch zu sein, dass man sich generell in der Gesamtamplitude gesundheitlich vorteilhafter Trainingshäufigkeiten bewegt.

4. 6 Programme zur Anregung

4.6.1 Für untrainierte Einsteiger

Der Einsteiger hat seine ersten Übungen zur Aneignung der neuen Bewegungstechnik schon hinter sich. Er kann Walking in seinen grundlegenden Elementen richtig ausüben.

Belastungspuls im Walking-Tempo um die 60 % einhalten.

1. Woche:	3 x wöchentlich je eine Trainingseinheit von 30 Minuten		
	Wandertempo	3 km/h	4 Minuten
	Walking-Tempo	4 km/h	5 Minuten
	Wandertempo	3 km/h	2 Minuten
	Walking-Tempo	4 km/h	5 Minuten
	Wandertempo	3 km/h	2 Minuten
	Walking-Tempo	4 km/h	5 Minuten
	Wandertempo	3 km/h	2 Minuten
	Walking-Tempo	4 km/h	5 Minuten
2. Woche:	3 x wöchentlich je eine Trainingseinheit von 30 Minuten		
	Wandertempo	3 km/h	4 Minuten
	Walking-Tempo	4 km/h	5 Minuten
	Wandertempo	3 km/h	2 Minuten
	Walking-Tempo	4 km/h	5 Minuten
	Wandertempo	3 km/h	2 Minuten
	Walking-Tempo	4 km/h	5 Minuten
	Wandertempo	3 km/h	2 Minuten
	Walking-Tempo	4 km/h	5 Minuten

3. Woche: 3 x wöchentlich je eine Trainingseinheit von 30 Minuten

Wandertempo	3 km/h	2 Minuten
Walking-Tempo	4 km/h	8 Minuten
Wandertempo	3 km/h	2 Minuten
Walking-Tempo	4 km/h	8 Minuten
Wandertempo	3 km/h	2 Minuten
Walking-Tempo	4 km/h	8 Minuten

4. Woche: 3 x wöchentlich je eine Trainingseinheit von 30 Minuten

Wandertempo	3 km/h	2 Minuten,
Walking-Tempo	4 km/h	11 Minuten
Wandertempo	3 km/h	1 Minute
Walking-Tempo	4 km/h	11 Minuten
Wandertempo	3 km/h	1 Minute
Walking-Tempo	4 km/h	5 Minuten

5. Woche: 3 x wöchentlich je eine Trainingseinheit von 30 Minuten

Walking-Tempo	4 km/h	30 Minuten

Durch Pulskontrollen während des Walkings das Tempo eventuell korrigieren.

4.6.2 Für ausdauertrainierte Einsteiger

Der Einsteiger in das Walking hat durch andere Bewegungsformen im Ausdauerbereich (Wandern, Bergwandern, Joggen, Rad fahren usw.) eine entsprechende Ausdauergrundlage und besitzt eine dementsprechende Belastungsverträglichkeit. Der etwas ausdauertrainierte Einsteiger hat seine ersten Übungen zur Aneignung der neuen Bewegungstechnik schon hinter sich. Er kann Walking in seinen grundlegenden Elementen richtig ausüben.

Belastungspuls im Walking-Tempo um die 60 % einhalten.

1. Woche: 3 x wöchentlich je eine Trainingseinheit von 30 Minuten

Wandertempo	4 km/h	4 Minuten
Walking-Tempo	5 km/h	5 Minuten
Wandertempo	4 km/h	2 Minuten

	Walking-Tempo	5 km/h	5 Minuten
	Wandertempo	4 km/h	2 Minuten
	Walking-Tempo	5 km/h	5 Minuten
	Wandertempo	4 km/h	2 Minuten
	Walking-Tempo	5 km/h	5 Minuten
2. Woche:	3 x wöchentlich je eine Trainingseinheit von 30 Minuten		
	Wandertempo	4 km/h	4 Minuten,
	Walking-Tempo	5 km/h	8 Minuten
	Wandertempo	4 km/h	2 Minuten
	Walking-Tempo	5 km/h	8 Minuten
	Wandertempo	4 km/h	2 Minuten
	Walking-Tempo	5 km/h	8 Minuten
	Wandertempo	4 km/h	2 Minuten
	Walking-Tempo	5 km/h	8 Minuten
3. Woche:	3 x wöchentlich je eine Trainingseinheit von 30 Minuten		
	Wandertempo	4 km/h	4 Minuten,
	Walking-Tempo	5 km/h	11 Minuten
	Wandertempo	4 km/h	2 Minuten
	Walking-Tempo	5 km/h	13 Minuten
4. Woche:	3 x wöchentlich je eine Trainingseinheit von 30 Minuten		
	Walking-Tempo	5 km/h	10 Minuten
	Wandertempo	6 km/h	5 Minuten
	Walking-Tempo	5 km/h	10 Minuten
	Wandertempo	6 km/h	5 Minuten
5. Woche:	3 x wöchentlich je eine Trainingseinheit von 30 Minuten		
	Walking-Tempo	5 km/h	15 Minuten
	Wandertempo	6 km/h	15 Minuten
6. Woche:	3 x wöchentlich je eine Trainingseinheit von 30 Minuten		
	Walking-Tempo	6 km/h	30 Minuten

Weitere Tempo- und Belastungsänderungen nach persönlichem Empfinden und Belastungspulswerten vornehmen. Ab der zehnten Woche kann die Belastungsdauer pro Trainingseinheit auf 40-60 Minuten erhöht werden.

4.6.3 Für ausdauertrainierte Walker

1. Woche: 3 x wöchentlich je eine Trainingseinheit von 30 Minuten

Walking-Tempo	5 km/h	5 Minuten
Walking-Tempo	6 km/h	5 Minuten
Walking-Tempo	5 km/h	5 Minuten
Walking-Tempo	6 km/h	5 Minuten
Walking-Tempo	5 km/h	5 Minuten
Walking-Tempo	6 km/h	5 Minuten

2. Woche: 3 x wöchentlich je eine Trainingseinheit von 30 Minuten

Walking-Tempo	5 km/h	10 Minuten
Walking-Tempo	6 km/h	10 Minuten
Walking-Tempo	5 km/h	10 Minuten
Walking-Tempo	6 km/h	10 Minuten

3. Woche: 3 x wöchentlich je eine Trainingseinheit von 30 Minuten

Walking-Tempo	5 km/h	15 Minuten
Walking-Tempo	6 km/h	15 Minuten

4. Woche: 3 x wöchentlich je eine Trainingseinheit von 30 Minuten

Walking-Tempo	5 km/h	15 Minuten
Walking-Tempo	6 km/h	15 Minuten

5.- 8. Woche: 3 x wöchentlich je eine Trainingseinheit von 30 Minuten

Walking-Tempo	6 km/h	30 Minuten

Ab 9. Woche: 3 x wöchentlich je eine Trainingseinheit von 30 Minuten

Walking-Tempo	6 km/h	40 Minuten

Weitere Tempo- und Belastungsänderungen nach persönlichem Empfinden und Belastungspulswerten vornehmen.

5 Jogging

5.1 Was ist und was bringt Jogging?

Jogging kommt aus dem englischen Sprachraum und bedeutet so viel wie *Trotten, Zuckeln, Traben.* Gebräuchlich ist der Begriff vor allem im Freizeit- und Gesundheitssport.

VAN AAKEN[59] selbst weist darauf hin, dass er Jogging mit der Zielrichtung, die allgemeine aerobe Ausdauer im Dienste der Gesundheit zu verbessern, in den Jahren 1947-1953 in Deutschland einführte (Waldnieler Methode). Über verschiedene trainingsmethodische Zwischenstufen führte er untrainierte, zum Teil auch gesundheitlich vorbelastete Menschen (von Jung bis Alt) so, dass sie nach etwa einem halben Jahr ununterbrochen 5 km in 30 Minuten und nach einem Jahr 10 km in 60 Minuten laufen konnten.

Durch Dr. COOPER vor allem und auch mit Unterstützung von Dr. VAN AAKEN, hat sich dann Jogging als gesundheitsorientierter aerober Dauerlauf in den USA weit verbreitet. In der Zeit von 1974-1979 stieg dort die Zahl der Jogger von zwei Millionen auf 35 Millionen an, gleichzeitig sank die Zahl der Herzinfarkte um 24 %.[60]

Auch in Deutschland ist das gesundheitlich orientierte Jogging seit Jahren weit verbreitet, es ist selbst aus der Rehabilitation nach Herzinfarkt und in der Sekundärprävention in Herzgruppen nicht mehr wegzudenken. Die Lauftreffs unter guter fachlicher Betreuung des Deutschen Leichtathletik-Verbandes (DLV) sowie viele andere ähnliche Angebote belegen, dass Jogging für viele Menschen (aber immer noch zu wenige) dazugehört, um fit zu Fuß zu bleiben. Wie bei den bisher behandelten anderen Bewegungsformen Gehen, Wandern, Walken auch, wird die Belastung beim Jogging an Herzfrequenzwerten orientiert, die eine vorwiegend aerobe Stoffwechsellage gewährleisten (z. B. am Pulswert 130). Man muss sich, ohne in Atemnot zu kommen, noch mit einem Laufpartner unterhalten können. *Laufen ohne zu schnaufen* ist zum orientierenden Slogan geworden. Keinesfalls darf man Jogging nur in seinen physiologischen Wirkungen betrachten. Es ist wie Gehen, Wandern, Walken auch, besonders in seinen positiven Einflüssen auf Gesundheit und Wohlbefinden im ganzheitlichen Sinne in der bewegungsarmen modernen Welt so wertvoll geworden. Jogging baut negativen Stress (Disstress) ab, entspannt und stärkt das Selbstbewusstsein und das Immunsystem. Es hält gegenüber den nichttrainierenden Gleichaltrigen um Jahrzehnte jünger.

Die Frage, was Jogging bringt, soll zusammenfassend in Abbildung 36 dargestellt werden.

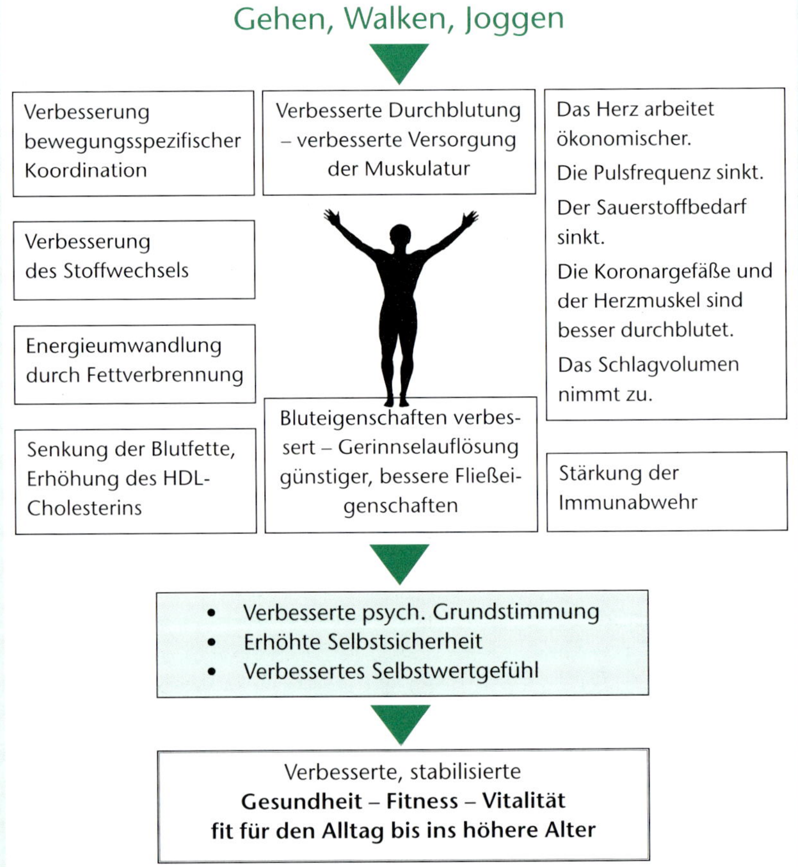

Abb. 36: Anpassungserscheinungen durch Gehen, Walken, Joggen

5.2 Zur Bewegungsausführung

Jogging läuft in der Bewegungsausführung entsprechend einer Laufbewegung im ruhigen Dauerlauf ab. Das bedeutet, die Bewegungen werden rund und flüssig, locker und entspannt ausgeführt.

Aus der kurzen Flugphase berührt das Schwungbein mit dem Fuß (Mittelfuß) den Boden. In diesem Moment fangen das gebeugte Hüft-, Knie- und obere Sprunggelenk mithilfe der vorgespannten Beinmuskulatur den Landestoß ab (je nach Tempo das Zwei- bis Dreifache des Körpergewichts). Ein hartes Aufsetzen mit verzögerter Abrollbewegung und plumpes Fallenlassen des Körpergewichts nur auf die Ferse bringen für die Gelenke und die Wirbelsäule unnötige gesundheitliche Risiken.

Im weiteren Bewegungsfluss beginnt die Abstoßbewegung über den Mittelfuß und über den Großzehenballen, bis die Fußspitze den Boden verlässt. Dann landet, wie eben beschrieben, das andere Bein. Um den Abstoßimpuls wirksam in Vortrieb umzusetzen (nicht nach oben), bleibt der Körperschwerpunkt leicht vor der Hüfte (Raum nach vorn gewinnen, nicht mit größerer vertikaler Amplitude des Körperschwerpunkts laufen). Zu große, bewusst gesprungene Schritte sind im Jogging nicht vorteilhaft.

Der Kopf des Joggers ist aufrecht, die Augen schauen voraus. Der Oberkörper sollte leicht nach vorn geneigt sein.

Der Schultergürtel ist entspannt, die Arme sind im Ellbogengelenk etwa 90° gebeugt und schwingen frei im gegenseitigen Rhythmus mit den Beinen mit (rechtes Bein-linker Arm vorwärts, linkes Bein-rechter Arm vorwärts). Die Hände dürfen keinesfalls zur Faust geballt werden, sie sind während der gesamten Bewegung entspannt und leicht geöffnet.

Zur Erarbeitung eines guten Laufempfindens ist es durchaus auch angebracht, einmal auf geeignetem Untergrund barfuß zu traben und zu joggen. Insbesondere das federnde Aufsetzen auf dem Mittelfuß wird dadurch spürbar.

Jogging ist in erster Linie entspanntes Laufen, das Wohlbefinden in der Bewegung im rhythmischen Wechsel von Anspannung und Entspannung der arbeitenden Muskulatur unbedingt einschließt.

5.3 Wie schnell sollte ich joggen?

Ziel regelmäßigen ***Joggings*** ist ***nicht*** die ständige Steigerung der Geschwindigkeit bis zur individuellen Höchstleistung über eine bestimmte Distanz. Das bleibt dem Lauftraining in den Wettkampfsportarten vorbehalten. Jogging ist nicht wettkampforientiert, sondern ***gesundheitsorientiert***. Trainingsmethodisch zielt es auf die Verbesserung und Stabilisierung der allgemeinen aeroben Ausdauerleistungsfähigkeit mit ihren komplexen positiven Wirkungen auf Gesundheit und Wohlbefinden bis ins höhere Alter.

Wichtiger als Geschwindigkeit ist ***Erlernen*** und ***Gewöhnung*** an die richtige und ***entspannte*** Bewegungsausführung in Verbindung mit der ausdauergerechten Belastungsdauer. Der Jogger sollte sich völlig klar darüber sein, dass sich jeder Fehler in einem einzelnen Schritt über die Distanz vervielfacht.

Das gesundheitswirksame Grundprinzip von ***Jogging*** wird nur umgesetzt, wenn der angestrebte höhere energetische Aufwand über die gesamte Belastungsdauer unter vorwiegend ***aeroben Arbeitsbedingungen*** abgedeckt werden kann. Im vorhergehenden Teil des Buches wurde das im Zusammenhang mit Abbildung 16 erläutert. Jogging darf nicht in einem Tempo ausgeführt werden, dass das Fließgleichgewicht zwischen ***Verbrauch*** und ***Nachschub*** von Sauerstoff- und Energieträgern (Fettsäuren) in den Muskelzellen nicht mehr gewährleistet werden kann.

Beim Jogging kann die angezielte Energiegewinnung im Muskel über die Fettverbrennung unter Zufuhr von Sauerstoff nur unter moderaten Belastungsbedingungen ablaufen, dafür wäre sie aber durch die im Körper ausreichend vorhandenen Fette über Stunden uneingeschränkt möglich.

Auch beim Jogging lassen sich die inneren Vorgänge aerober Arbeit nicht direkt durch Geschwindigkeitsmessungen kontrollieren. Deshalb verwendet man Parameter, die innere Vorgänge für den Jogger fassbar widerspiegeln und die unter Trainingsbedingungen unkompliziert zu registrieren sind. Uneingeschränkter Favorit dafür ist die Ermittlung und Interpretation der Herzfrequenz. Sie erfolgt entweder über die Pulsmessung per Hand oder über elektronische Systeme, z. B. über den Brustgurt plus Empfänger am Handgelenk.

Die Pulsmessung per Hand erfolgt am Handgelenk, an der Halsschlagader oder auf der Brust direkt über dem Herzen. Es ist zu empfehlen, das

Pulsmessen in Ruhe zu probieren, damit es unter Trainingsbedingungen optimal funktioniert. In der Regel werden die Pulsschläge über 10 Sekunden gezählt (Zählung mit 0 beginnen). Um den Minutenwert zu berechnen, wird der 10-Sekunden-Wert mit 6 multipliziert.

Der für erwünschte Adaptationen wirksame Belastungsbereich beim Jogging beginnt, wie in allen ausdauerorientierten Sportarten des Gesundheitssports, beim Einsatz von über ***50 % der maximalen Leistungsfähigkeit***. Als grobe, aber zulässige Orientierung kann man dem ***über 50-Jährigen*** empfehlen, seinen Trainingsbereich nach der Formel ***180 minus Lebensalter*** zu ermitteln.

Der Jogger im Alter ***unter 50 Jahren*** orientiert sich einfach am ***Gesundheitspuls 130***.

In Ergänzung zu den konkreten Werten muss der Jogger jedoch auch darauf achten, dass er sich während des Joggings wohl fühlt. Daraus ergibt sich sowohl, dass ein Neueinsteiger erst einmal spürbar unterhalb seiner Pulsorientierung bleibt als auch, dass er sich nach und nach diesem Bereich annähert. Jedoch ist die Befindenslage eines Menschen nicht immer gleich. Einen Tag fühlt man sich eigentlich 20 Jahre jünger, einen anderen um einiges älter. Deshalb geht es im regelmäßigen Jogging immer darum, die Herzfrequenz zu kontrollieren, um vor allem nicht die Grenze des aeroben Bereichs nach oben zu überschreiten, aber auch das aktuelle Wohlbefinden vor allem in dem Sinne mit einzubeziehen, dass bei schlechterem Befinden eine niedrigere Geschwindigkeit immer den Vorrang vor einem höheren Richtwert der Herzfrequenz hat.

Wohlfühlen und Lächeln (zumindest gefühlsmäßig in sich hineinlächeln), die Bewegung, die frische Luft und die Umgebung entspannend genießen, dass ist, trotz erhöhter Intensität des Joggings gegenüber dem Gehen, der anzustrebende emotionale Rahmen, der das Tempo beim Jogging bestimmt. Der Jogger wird nach einiger Zeit regelmäßigen Trainings bald spüren, dass die in den empfohlenen Herzfrequenzbereichen gelaufenen Geschwindigkeiten nicht gleich bleiben. Nach entsprechenden Anpassungszeiträumen werden bei gleichen Pulswerten höhere Geschwindigkeiten erreicht. Darin spiegelt sich sowohl die Optimierung der Bewegungsabläufe als auch die erwünschte Anpassung der Organe und ihrer Funktionen auf die höheren Anforderungen wider. Die allgemeine aerobe Ausdauerleistungsfähigkeit hat sich erhöht.

5.4 Wie lange sollte ich joggen?

Die Dauer einer Trainingsbelastung beim Jogging ist eine individuelle Größe. Sie sollte entsprechend der Ausdauerorientierung angemessen lang sein, dennoch hängt sie von der jeweiligen Belastbarkeit und Leistungsfähigkeit des Trainierenden ab.

Um sich als Neueinsteiger auf einen durch Jogging veränderten Lebensrhythmus stabil umzustellen, sollte von Anfang an eine Trainingszeit zwischen etwa 30-45 Minuten eingeplant werden. Selbstverständlich dabei ist, dass der Einsteiger zuerst nur einen kleineren Teil dieser Gesamtzeit joggt.

Es wird leider oft vergessen, dass in jeder Trainingseinheit nach einer kurzen Erwärmung eine Stretchgymnastik einzubauen ist, die die belastete Muskulatur dehnt, um deren Verkürzung zu vermeiden. Am Ende des Joggings wird diese Gymnastik wiederholt.

Wird eine Erwärmung mit lockerem Traben begonnen und dann fünf Minuten Stretching durchgeführt, sind schon rund 12 Minuten Trainingszeit ausgefüllt. Fünf Minuten Stretching kommen zum Abschluss noch dazu, so sind effektiv 17 Minuten ohne Jogging vergangen.

Spannt man einen Gesamtrahmen vom Einsteiger bis zum Fortgeschrittenen, dann bewegt sich die Dauer des regelmäßigen Joggens zwischen 10 Minuten, 30 Minuten, 40 Minuten bis zu einer Stunde. Es gibt durchaus auch Jogging über größere Zeiträume (z. B. an den Wochenenden). Zwischen 30 und 60 Minuten liegt mit hoher Wahrscheinlichkeit die für Gesundheit und Wohlbefinden günstigste Belastungsdauer.

Zur Veranschaulichung des Kalorienverbrauchs beim Joggen dient Abbildung 37. Am Beispiel des gewichtsbezogenen Kalorienverbrauchs für 30 Minuten können entsprechende individuelle Ableitungen vorgenommen werden. Allgemein gilt eine Belastung dann als optimal, wenn 300-400 Kalorien (Kcal) verbraucht werden.[61] Das bedeutet am Beispiel von Abbildung 37 für eine 65 kg schwere Person, dass sie bei 10 km/h Jogging zwischen 30 und 40 Minuten Belastungsdauer ihren gesundheitlich optimalen Wirkungsbereich erreicht hätte.

Insgesamt geht es der großen Zahl der Jogger jedoch darum, möglichst alltagstauglich und regelmäßig Jogging auszuüben.

Kalorienverbrauch über 30 Minuten

Körpergewicht in kg	55	65	75	85	95
Jogging 8 km/h	213	249	282	321	354
Jogging 10 km/h	273	324	366	408	459
Jogging 11 km/h	306	354	393	441	498
Jogging 12 km/h	336	384	423	468	528

Abb. 37: Kalorienverbrauch – Richtwerte für je 30 Minuten Jogging

Deshalb muss das Training zeitlich gut in die Alltagsabläufe eingegliedert werden und das Belastungsmaß so gewählt sein, dass man nach kurzer Erholungszeit den weiteren Anforderungen des Alltags gewachsen ist.

5.5 Wie oft sollte ich joggen?

Diese Frage muss man unter verschiedensten Blickwinkeln beantworten, letztendlich bleibt aber immer die individuelle Machbarkeit unter allen Störgrößen des Alltags eine entscheidende Frage.

Grundsätzlich gilt, tägliches Jogging ist ideal, 3 x Jogging pro Woche ist gut, 2 x Jogging pro Woche erhält noch die Gesundheit, weniger ist kaum wirksam. Selbstverständlich muss der zeitliche Abstand von Trainingseinheit zu Trainingseinheit so groß sein, dass alle Systeme des Körpers wieder regeneriert und voll belastbar sind. Dabei spielen vorhergehende Belastungsdauer und Intensität eine maßgebliche Rolle.

Die im gesundheitsorientierten Joggen absolvierten Belastungen sind so angelegt, dass eine 24-stündige Regenerationszeit ausreichend ist und damit tägliches Training möglich wäre.

5.6 Programme zur Anregung

5.6.1 Einsteigerprogramm

Grundsätzlich wird in jedem Programm eine etwa zehnminütige Erwärmungsphase mit abschließenden Stretching vorausgesetzt, wobei zum Abschluss jedes Trainings das Stretching-Programm wiederholt wird.

Es wird vorausgesetzt, dass die Grundtechnik des Joggens beherrscht wird. Die Wochen 1. und 2. werden genutzt, um die Muskulatur an das Joggen anzupassen.

Knochen- und Knorpelgewebe benötigt bis zu drei Monate zur Erreichung der vollen Belastbarkeit mit Jogging.

1. Woche:	10 Minuten, (50 m locker joggen, 100 m zügig, aber entlastend gehen) 3 x
2. Woche:	15 Minuten (100 m locker joggen, 50 m zügig aber entlastend gehen) 3 x
3. Woche:	15 Minuten (200 m locker joggen, 50 m zügig gehen) 3 x
4. Woche:	20 Minuten (400 m locker joggen, 50 m entlastend gehen) 3 x
5./6. Woche:	20 Minuten (600 m locker joggen, 50 m entlastend gehen) 3 x
7. Woche:	24 Minuten (10 Minuten joggen - 2 min. gehen/2 x) 3 x
8/9. Woche:	20 Minuten locker joggen 3 x
10/12. Woche:	20 Minuten joggen (Geschwindigkeit auf Trainingspuls ausrichten) 3 x
14./15. Woche:	25 Minuten joggen (nicht unter den Trainingspuls) 3 x
16. Woche:	30 Minuten joggen 3 x.
Ab 17. Woche:	Variable Belastungsdauer zwischen 30 Minuten und 40 Minuten, je nach Bedingungen, Gefühl und Zeit. Weiterer Aufbau bis zu 60 Minuten möglich.

Bild 10: Stretching, immer wieder Stretching.

5.6.2 Für Fortgeschrittene nach einer längeren Trainingspause

Grundsätzlich wird in jedem Programm eine etwa zehnminütige Erwärmungsphase mit abschließenden Stretching vorausgesetzt, wobei zum Abschluss jedes Trainings das Stretching-Programm wiederholt wird.

1. Woche: 20 Minuten locker joggen (leicht unterhalb des späteren Trainingstempos) 3 x
2. Woche: 20 Minuten locker joggen (leicht unterhalb des späteren Trainingstempos) 3 x
3. Woche: 25 Minuten locker joggen (leicht unterhalb des späteren Trainingstempos) 3 x
4. Woche: 30 Minuten locker joggen (leicht unterhalb des späteren Trainingstempos) 3 x
5. Woche: 30 Minuten joggen (leicht unterhalb des späteren Trainingstempos) 3 x
6. Woche: 35 Minuten joggen (letzte 15 Minuten im Trainingstempo) 3 x
7. Woche: 40 Minuten joggen (letzte 15 Minuten im Trainingstempo) 3 x
8. Woche: 40 Minuten joggen (letzte 20 Minuten im Trainingstempo) 3 x
9. Woche: 40 Minuten joggen (letzte 30 Minuten im Trainingstempo) 3 x
10. Woche: 40 Minuten joggen (letzte 35 Minuten im Trainingstempo) 3 x
11. Woche: 40 Minuten joggen (40 Minuten im Trainingstempo) 3 x.

6 Kontrolle ist gut

6.1 Warum hin und wieder ein Test?

Die allgemeine Zielstellung des Ausdauertrainings im Gehen/Wandern, Walken und Joggen liegt in

- der Verbesserung gesundheitlicher Grundlagen und des Wohlbefindens.
- der Vorbeugung von Krankheiten, die sich vor allem im Zusammenhang mit Bewegungsmangel ergeben.
- der Erhöhung und Stabilisierung körperlicher Fitness für den Alltag.
- der Vermeidung vorzeitigen Alterns.
- der Erhöhung der Lebensqualität bis ins höhere Alter.

Diese Gesamtwirkungen sollen erreicht werden durch ein regelmäßiges Training in Belastungsbereichen der allgemeinen aeroben Ausdauer, das zu komplexen Adaptationen in allen Ebenen der menschlichen Existenz führt.

Die formulierte Zielrichtung eines Vorhabens gewährleistet längst noch nicht das sichere Erreichen der erwünschten Ziele. Wichtig sind Zwischenkontrollen mit handhabbaren Parametern nach angemessenen Trainingszeiträumen, um entweder die Wirksamkeit des Weges zu bestätigen oder aber um rechtzeitig Korrekturen vornehmen zu können. Da es sich im Zusammenhang mit dem Konzept *Fit zu Fuß* um gesundheitliche Anliegen handelt, spielen Faktoren wie Körpergewicht, Körperfettanteil, Blutdruck und medizinische Laborwerte dabei eine unterstützende Rolle.

Wenn keine besonderen Gründe vorliegen, wäre folgender Rhythmus denkbar:

- Jährlich der medizinische Check-up beim beratenden Arzt.
- Zumindest 2 x jährlich Ausdauertest (häufiger schadet nicht).
- Monatliche Blutdruckkontrolle (bei akuten Veränderungen öfter kontrollieren).
- Monatliche Kontrolle des Ruhepulses.
- Wöchentliches Wiegen mit Bestimmung des Körperfettanteils.

6.2 Das Körpergewicht

Als recht praktikabel erweist sich die Selbstkontrolle mit einer modernen Waage, die gleichzeitig den Körperfettanteil mit berechnet. Da man ständig mit derselben Waage misst, sind eventuelle leichte Messfehler vertretbar. Man erkennt zumindest die Tendenz. Bei nicht erklärbaren deutlichen Veränderungen wäre immer der Rat vom betreuenden Arzt notwendig. Die angegebenen Verfahren und Werte sind als Orientierungen zu verstehen.

Broca-Index (ist ein älteres Verfahren. Der französische Arzt Pierre BROCA hat im 19. Jahrhundert Soldaten vermessen und festgestellt, dass sie durchschnittlich so viel Kilogramm wiegen, wie sie Zentimeter minus 100 groß sind. Deshalb Formel nach BROCA):

Körpergröße

Körpergröße in cm minus 100 = ***Normalgewicht in kg.***
10 % über dem Broca-Index gilt als Übergewicht.
20 % über dem Broca-Index gilt als Adipositas.

Laut Lebensversicherungsstatistiken ist das ***Idealgewicht*** das Gewicht, bei dem man die höchste Lebenserwartung hat. Das Idealgewicht wird folgendermaßen errechnet:
Bei Männern: Normalgewicht – 10 %
Bei Frauen: Normalgewicht – 15 %

Body-Mass-Index (BMI): Der BMI gibt das Verhältnis von Körpergewicht zur Körpergröße im Quadrat an:

$$\frac{\text{Körpergewicht (kg)}}{\text{Körpergröße x Körpergröße (m)}}$$

Beispiel: Person mit Körpergewicht 70 kg und Körpergröße 1,72 m
70: (1,72 x 1,72) = 70 : 2,9584 = ***23,66 BMI***

Der Normalwert bewegt sich zwischen 19 und 24 (Frauen) sowie 20 und 25 (Männer). Zu berücksichtigen ist, dass Muskelgewebe schwerer wiegt als Fettgewebe.

Waist to Hip Ratio (WHR): Ermittelt das Verhältnis von Taille zu Hüfte. Taillenumfang : Hüftumfang (in Zentimetern)

Im Idealfall ist der WHR bei Frauen nicht größer als 0,85; bei Männern nicht größer als 1,0. Liegt der Wert unter 0,9, ist mein Körper eine „Birne", ist er größer als 1,0, spricht man von „Apfelform". Bezogen nur auf den Bauchumfang haben Männer mit 94 cm einen günstigen Wert. Auf alle Fälle sollte er nicht mehr als 98 cm betragen. ***Frauen mit 80 cm und Männer mit 94 cm Taillenumfang*** sollten versuchen, nicht weiter zuzunehmen. Frauen mit ***88 cm*** und Männer mit ***102 cm*** Taillenumfang sollten ihr Gewicht reduzieren.

6.3 Das Körperfett

Leicht handhabbare Geräte, z. B. kombiniert mit einer Körperwaage oder zur Handmessung, vermitteln einen individuellen Prozentwert des Anteils an Körperfettgewebe. Frauen haben von Natur aus einen höheren Anteil an Fettgewebe als Männer.
Der optimale Bereich bei Frauen liegt zwischen 18,9 und 27,4 %.
Der optimale Bereich bei Männern liegt zwischen 10,8 und 20,2 %.

6.4 Der Blutdruck

Folgende Orientierungen (Erwachsene mittleren Lebensalters) helfen bei der ersten Selbstbeurteilung
1. Systolischer Blutdruck
Normal: unter 140 mmHg
Grenzwertig erhöht: 140-159 mmHg
Erhöht: über 159 mmHg

2. Diastolischer Blutdruck
Normal: unter 90 mmHg
Milde Hypertonie: 90-104 mmHg
Mittelschwere Hypertonie: 105-114 mmHg
Schwere Hypertonie: über 114 mmHg.

6.5 Die Ausdauer

Für die Veränderungen der allgemeinen aeroben Ausdauer hat man durch die wiederholten Pulsmessungen während des Trainings im Vergleich mit der Geschwindigkeit einen relativ aktuellen Überblick. Dennoch erlauben standardisierte Testverfahren, auch wenn sie mit einfachen Mitteln leicht durchführbar sind, eine höhere Aussagesicherheit und gute Vergleichbarkeit bei Wiederholungstests.

6.5.1 Der 2-km-Walking-Test

Standardisierter Walking-Test über eine genau vermessene und ebene 2.000-m-Strecke (z. B. 400-m-Stadionrunde, Parkweg). Entwickelt wurde der Test vom **Urho Kekkonen Institute for Health Promotion Research** in Tampere/ Finnland, evaluiert und präzisiert an der Universität Frankfurt am Main.

Testanweisung: Gehen Sie eine 2 km lange Strecke in möglichst kurzer Zeit. Setzen Sie wie beim Walking üblich aktiv die Arme ein. Führen Sie auch während des schnellen Tempos die Schritte gemäß dem Walking-Schritt aus (nicht laufen oder springen).

Messwertaufnahme:
- Geschlecht
- Gehzeit für 2 km, getrennt in Minuten und Sekunden
- Belastungspuls nach 2 km (korrekte Abnahme sehr wichtig!)
- Relatives Körpergewicht (ergibt sich aus dem Körpergewicht in kg dividiert durch das Quadrat der Körperhöhe in Metern).
- Lebensalter

Die Übersicht der ***Berechnungsformel*** veranschaulicht Abbildung 38.
Die ***Bewertungsskala*** weist folgende Stufen aus:

> 130	sehr gut
111-130	gut
90-110	mittel
70-89	schwach
< 70	sehr schwach

Berechnung des Walking-Test-Index:	MÄNNER	FRAUEN
1. *Einzelwerte berechnen und addieren*:		
Gehzeit in *Minuten*	______ x 11,6 = ______	______ x 8,5 = ______
Gehzeit in *Sekunden*	______ x 0,2 = ______	______ x 0,14 = ______
Belastungspuls	______ x 0,56 = ______	______ x 0,32 = ______
BMI (relatives Körpergewicht)*	______ x 2,6 = ______	______ x 1,1 = ______
Zwischensumme 1 (bitte abrunden)	______	______
2. Von Zwischensumme 1 das *Alter (Jahre) subtrahieren*	______ x 0,2 = ______	______ x 0,4 = ______
Zwischensumme 2	______	______
3. Vorgabewert	420	304
4. Zwischensumme 2 von Vorgabewert subtrahieren	- ______	- ______
5. Gesamtsumme = Walking-Test-Index	=========	=======

**Body Mass-Index (BMI)* = $\frac{\text{Körpergewicht (kg)}}{\text{Körpergröße (m) x Körpergröße (m)}}$

Beurteilung:	
> 130	sehr gut
111 - 130	gut
90 - 110	mittel
70 - 89	schwach
< 70	sehr schwach

Abb. 38: Formel zur Berechnung des Walking-Index

6.5.2 Der COOPER-Test

Anwendung: Ein 12-Minuten-Lauf für alle Geschlechts- und Altersgruppen.
Bedingungen: Ebene, ausgemessene Laufstrecke (z. B. Stadionrunde, feste Wege) Stoppuhr.
Testanweisung: Sie laufen jetzt in der vorgegebenen Zeit von 12 Minuten eine möglichst lange Strecke. Sollten Sie unterwegs konditionelle Probleme haben, können Sie auch Gehpausen einlegen.
Mögliches Problem: Bei unerfahrenen Testpersonen zumeist zu schneller Angang.
Messwertaufnahme: Die in 12 Minuten zurückgelegte Strecke wird in Metern ermittelt.

Die Bewertung der Testergebnisse ist anhand der Vergleichswerte aus Abb. 39 zu entnehmen.

Männer	m	Altersgruppen				
Frauen	w	20-29	30-39	40-49	50-59	60-69
über-	m	>2.82	>2.70	>2.64	>2.53	>2.48
ragend	w	>2.32	>2.22	>2.14	>2.08	>1.98
	m	2.64-2.82	2.51-2.70	2.46-2.64	2.32-2.53	2.13-2.48
sehr gut	w	2.16-2.32	2.08-2.22	2.00-2.14	1.90-2.08	1.76-1.89
	m	2.40-2.63	2.34-2.50	2.24-2.45	2.10-2.31	1.94-2.12
gut	w	1.97-2.15	1.90-2.07	1.79-1.99	1.70-1.89	1.58-1.75
	m	2.11-2.39	2.10-2.33	2.00-2.23	1.87-2.09	1.65-1.93
mittel	w	1.79-1.96	1.70-1.89	1.58-1.78	1.50-1.69	1.39-1.57
	m	1.95-2.10	1.89-2.09	1.82-1.99	1.65-1.86	1.39-1.64
schwach	w	1.54-1.78	1.50-1.69	1.41-1.57	1.34-1.49	1.25-1.38
sehr	m	<1.95	<1.89	<1.82	<1.65	<1.39
schwach	w	<1.54	<1.50	<1.41	<1.34	<1.25

Abb. 39: Vergleichswerte für den COOPER-Test (12-Minuten-Lauf)

6.6 Ärztlicher Check-up

Vor Aufnahme der sportlichen Aktivität eine medizinisch fundierte Ausgangsposition bestimmen lassen! Im Normalfall 1 x jährlich wiederholen.

- Eine Grundaussage zur gesundheitlichen ***Unbedenklichkeit***. Bei einer strikten Kontraindikation geht es um die Erschließung anderer Varianten.
- Ermittlung von Schwachstellen, ***Vorschädigungen***, Erkrankungen und individueller Besonderheiten, die unsere Bewegungsvorhaben einschränken oder verbieten. Wir müssen uns vom Arzt erklären lassen, wie schon einzunehmende Medikamente unter höheren Leistungsanforderungen wirken, was wir dabei im Training zu berücksichtigen haben.
- Kenntnisse über eventuell vorliegende Erkrankungen und Störungen, die unter ***sachkundiger Betreuung*** mittels Sport therapiert bzw. ***gelindert*** werden können.
- ***Beeinträchtigungen***, die durch Gehen, Wandern, Joggen, auch ***ohne*** unmittelbar fachbezogene Betreuung, gemindert bzw. beseitigt werden könnten.

- ***Geschlechts- und altersspezifische*** individuelle Besonderheiten aus der Sicht des Mediziners, die Einfluss auf körperliche Belastung bzw. gesundheitsorientiertes sportliches Training haben können.
- Über eventuelle Risiken höherer Belastungen am ***gesunden*** alternden Organismus aufklären lassen, andererseits wie sich unter Belastung für uns bedeutsame Kontrollparameter des älteren Menschen von denen des jüngeren Menschen unterscheiden.
- Letztlich geht es in aktueller Abwägung sowohl ***einschränkender*** als auch ***befürwortender*** Argumente darum, ***einen individuell optimalen*** Fußweg zur Gesundheit gemeinsam mit dem Arzt auszuloten.

Nach der eigenen Beschäftigung mit der Materie (z. B. Lesen, Gespräche mit erfahrenen Personen) sowie im und nach dem Gespräch mit dem beratenden Arzt, folgende ***motivierende*** und vor allem das Vorhaben ***sichernde*** Aspekte herausarbeiten:

1. Worin besteht der Wert von Gehen, Walken, Joggen für das kardiopulmonale System, für den Bewegungsapparat, den Stoffwechsel und das vegetative Nervensystem?
2. Worin besteht die Ausgleichsfunktion von Gehen, Walken, Joggen in körperlicher und psychischer Hinsicht unter Berücksichtigung der individuellen Ausgangssituation?
3. Welchen prophylaktischen, vielleicht auch therapeutischen Wert ist Gehen, Walken, Joggen beizumessen, insbesondere in Verbindung mit den vom Arzt ausgesprochenen persönlichen Empfehlungen?
4. Welche Belastungsgrößen (Umfang, Häufigkeit, Intensität) können auf der Grundlage der individuellen Belastbarkeit und Leistungsfähigkeit im Gehen, Walken und Joggen vorgesehen werden?
5. Welche personenbezogenen Risikofaktoren sieht der Arzt im Gehen, Walken, Joggen, die zu eventuellen gesundheitlichen Problemen führen könnten?
6. Welche Kontraindikationen ergeben sich aus der persönlichen Situation, die Einschränkungen oder gar Verbote im Gesundheitstraining mittels Gehen, Walken, Joggen angeraten erscheinen lassen, welche modifizierten Anpassungen sind möglich?

Literaturverzeichnis

AIGNER, A. (1986): Sportmedizin in der Praxis. – Berlin.

AERZTE-ZEITUNG online (1997-2002): http://www.Aerzte-Zeitung.de.

BALTES, P.B. & BALTES, M.M. (1989): Erfolgreiches Altern: Mehr Jahre und mehr Leben. In: M.M. BALTES, M. KOHLI, & SAMES, K. (Hrsg.): Erfolgreiches Altern, Bedingungen und Variationen. Bern.

BALTES, P. B. & MITTELSTRASS, J. (Hrsg.) (1992): Zukunft des Alterns und gesellschaftliche Entwicklung. Berlin.

BALTES, M. M. (1995): Perspektive Alter: Überlegungen zu einer neuen Alterskultur. In: DIE NEUE BEWEGLICHKEIT DES ALTERS. Bonn: Friedrich-Ebert-Stiftung,10-28.

BAUMANN, H. & LEYE, M. (Hrsg.) (1995): Psychomotorisches Training. Ein Programm für Seniorengruppen. Göttingen.

BAUMANN, H. (Hrsg.) (1992): Altern und körperliches Training. Bern.

BERGMAN, S. (1990): Internationale Perspektiven des aktiven Alterns. In: Altern, ein lebenslanger Prozess. Darmstadt, 337-343.

BERTELSMANN LEXIKON-INSTITUT (Hrsg.) (1992): DAS NEUE TASCHENLEXIKON in 20 Bänden. Gütersloh.

BEYER, G. (1977): Gedächtnistraining. München (Sonderausgabe).

BEYSCHLAG, R. (1990): Altengymnastik und kleine Spiele. Stuttgart.

BIENER, K. (1987): Sporthygiene und präventive Sportmedizin. Bern.

BÖS, K. & SCHOTT, N. (1997): Belastungsparameter beim Walking. *Deutsche Zeitschrift für Sportmedizin* (1997) 4, 145-153.

BORTZ, W. M. (1993): Wir alle können länger leben: Neue Erkenntnisse über die zweite Lebenshälfte. Hamburg.

BRIGHT, R. (1984): Musiktherapie in der Altenhilfe. Stuttgart.

BRINGMANN, W. (1994): Therapiesport bei Hypertonie, Hypotonie und peripheren Durchblutungsstörungen. *Deutsche Zeitschrift für Sportmedizin*, Sonderheft 1994, 41-43.

BRINGMANN,W.(1985): Sport in der Prävention, Therapie und Rehabilitation. Leipzig.

BUNDESMINISTERIUM FÜR FAMILIE, SENIOREN, FRAUEN UND JUGEND (Hrsg.) (1995): Kongreßbericht zum Seniorensport-Kongreß des Bundesministeriums für Familie und Senioren: Bewegung, Spiel und Sport im Alter, 1994. Bonn.

BUNDESMINISTERIUM FÜR GESUNDHEIT (Hrsg.) (1998): Gesundheitsbericht für Deutschland. Bonn.

BUNDESMINISTERIUM FÜR GESUNDHEIT (Hrsg.) (1999): Schriftenreihe Bd. 122.

BUNDESMINISTERIUM FÜR GESUNDHEIT (Hrsg.) (2000): Statistisches Taschenbuch Gesundheit 2000. Meckenheim.

COOPER, KENNETH H. (1995): Die neuen Gesundmacher Antioxidantien: Dr. Coopers revolutionäres 4-Punkte-Programm für mehr Lebensqualität. München.

DER BROCKHAUS in einem Band (2000). 9. Auflage. Leipzig.

DIE BIBEL in heutigem Deutsch (mit den Spätschriften des Alten Testaments) (1987). Evangelische Haupt-Bibelgesellschaft zu Berlin und Altenburg (Hrsg.).

DIELS.H. & KRANZ.W. (1966): Die Fragmente der Vorsokratiker, vol. 2, 12. Zürich.

DEUTSCHER ALPENVEREIN/VERBAND DEUTSCHER BERG- UND SKIFÜHRER (Hrsg.) (1996): Alpin-Lehrplan, Bergwandern-Trekking. München.

DEUTSCHER BUNDESTAG, 12. Wahlperiode, Enquete-Kommission Demographischer Wandel (14.06.1994): Herausforderungen unserer älter werdenden Gesellschaft an den einzelnen und die Politik (Zwischenbericht). Bonn.

DEUTSCHER BUNDESTAG, 13. Wahlperiode, Enquete-Kommission Demographischer Wandel (05.10.1998): Herausforderungen unserer älter werdenden Gesellschaft an den einzelnen und die Politik. Bonn.

DUDEN die deutsche Rechtschreibung (2000): Band 1. Mannheim.

FISCH, B. et. al.(1982): Wandern. Berlin.

FISCHER, B., GRESS-HEISTER, M. & HEISTER, E. (1993): Ein komplexes System – Geriatrie/Gerontologie, Geriatrisch-gerontologische Rehabilitation und geriatrisch-gerontologische Prävention. Schriftenreihe Geriatrie/Gerontologie & Rehabilitation Band 1. Ebersberg.

FRANKEL, J.L. & RICHARD, B.B. (1990): Bewegung stärkt die Lebensfreude: für Vitalität im Alter. München.

FRANZEN, D. (1994): Die Alten kommen. In: Alternde Bevölkerung – Wandel der Lebenswelten. *Forum Demographie und Politik*. Bonn, 6, 18-52.

GIRNDT, J. (1990): Praxis der Hochdruckkrankheiten. Stuttgart.

GUNDLACH, H. (1980): Zu den Strukturmerkmalen der Leistungsfähigkeit, der Wettkampfleistung und des Trainingsinhaltes in den Schnellkraft und Ausdauersportarten. Leipzig: Deutsche Hochschule für Körperkultur. Diss. B.

HARDER, G. (1990): Bergwandern. Reinbek bei Hamburg.

HARRE, D. (Gesamtredaktion) (1986): Trainingslehre. Zehnte überarbeitete Auflage. Berlin.

HAZARD, B. P. (1994): Die A.C.T.-Methode am Beispiel eines Gesundheitsbildungsprogrammes für den Kurort. In: Gesundheitsförderung zur aktiven Vorsorge und Rehabilitation. Baden-Baden.

HOLLMANN, W. (Hrsg.) (1986): Zentrale Themen der Sportmedizin. Berlin.

HOLLMANN, W. & HETTINGER TH. (1990): Sportmedizin: Arbeits- und Trainingsgrundlagen. 3. durchges. Auflage. Stuttgart.

HOLLMANN, W. (1993): Altern, Beweglichkeit, Training. *Zeitschrift für Gerontologie* (1993) 1, 8-12.

HOLLMANN, W. (1994): Die Wirkung körperlicher Aktivität auf Forschung und Praxis der präventiven Kardiologie. In: Gesundheitsförderung und körperliche Aktivität: Wissenschaftlicher Kongress, Köln, 7.-10. April 1994. The Club of Cologne (Hrsg.). Köln (1996) 56-85.

HOLLMANN, W. (1999): Maßnahmen gegen alternsbedingte Leistungseinbußen. *SportPraxis* 40, 10-13.

HURRELMANN, K. & LAASER, U. (Hrsg.) (1993): Gesundheitswissenschaften. Handbuch für Lehre, Forschung, Praxis. Weinheim.

ISRAEL, S. (1989): Die Stellung des Bewegungsmangels in einem Risikofaktorenkonzept. *Theorie und Praxis der Körperkultur*, Beih.1 (1989) 3-51.

ISRAEL, S. (1990): Bewegungsindizierte körperliche Idealnormen als Grundlage hoher Gesundheitsstabilität. *Theorie und Praxis der Körperkultur*, 1, 9-15.

ISRAEL, S. (1995): Sport mit Senioren. Heidelberg.

JOHANNSEN, J., NITSCH, R.M., OSWALD, W.D., REISCHIES, F.M. & RIEDER, H. (1997): Alter als Chance - Alter als Risiko. *Zeitschrift für Gerontologie und Geriatrie*. (1997) 6, 480-485.

KIPP, J. & JÜNGLING, G. (1991): Verstehender Umgang mit alten Menschen. Berlin.

KIRSCHNER, CHR. (1994): Bedeutung und Inhalt der Gesundheitsförderung. In: Gesundheitsförderung zur aktiven Vorsorge und Rehabilitation. Baden-Baden, 21-23.

KNIGHT, CA. & CALDWELL,GE (2001): Bergwandern mit Rucksack – was bringen Kletterstöcke. *Deutsche Zeitschrift für Sportmedizin* (2001) 2, 82

Kongressbericht „Sport and Health" 31.07.2000 in Hannover. *Deutsche Zeitschrift für Sportmedizin* (2000) 10, 345.

LAGERSTROEM, D. & BJARNASON, B. unter Mitarbeit von H. Rösch. (1985): Fit durch Gymnastik. Erlangen.

LAMPRECHT, F. & JOHNEN, R. (Hrsg.) (1994): Salutogenese, ein neues Konzept in der Psychosomatik? Frankfurt am Main.

LANG, E. & ARNOLD, K. (Hrsg.) (1991): Altern und Leistung. Medizinische, psychologische und soziale Aspekte. Referate der 4. Informationsmedizinischen Tage in Hamburg 1989. Stuttgart.

LEHR, U. (Hrsg.) (1983): Altern – Tatsachen und Perspektiven. Bonn.

LEHR, U. (1991): Psychologie des Alterns. 7. Auflage. Heidelberg.

LEPPIN, A. (1994): Bedingungen des Gesundheitsverhaltens: Risikowahrnehmung und persönliche Ressourcen. Weinheim.

LÖTZERICH, H. & PETERS, CH. (1997): Krebs und Sport: Einfluss eines moderaten Ausdauertrainings auf Psyche und Immunsystem. Köln.

LÖTZERICH. H. & UHLENBRUCK, G. (1995): Präventive Wirkung von Sport im Hinblick auf die Entstehung maligner Tumore? *Deutsche Zeitschrift für Sportmedizin*. (1995) Sonderh. 1, 86-94.

MARTIN, E. & JUNOD, J.-P. (1990): Lehrbuch der Geriatrie. Bern.

MAYRING, PH. & SAUP, W. (Hrsg.) (1990): Entwicklungsprozesse im Alter. Stuttgart.

MEISSNER-PÖTHIG, D. & MICHALAK, U. (Hrsg.) (1997): Vitalität und ärztliche Intervention. Vitalitätsdiagnostik: Grundlagen-Angebote-Konsequenzen. Stuttgart.

MIDDEKE, M., POSPISIL, E. & VÖLKER, K. (1991): Bluthochdruck senken ohne Medikamente. 2. Auflage. Stuttgart.

MOHL, H. (1993): Die Altersexplosion (Droht uns ein Krieg der Generationen). 1. Auflage. Stuttgart.

MORRIS J. N. (1994): Körperliche Aktivität gegen Herzinfarkt. In: Gesundheitsförderung und körperliche Aktivität: Wissenschaftlicher Kongress, Köln, 7.-10. April 1994. The Club of Cologne (Hrsg.). Köln (1996) 104-113.

MÜLLER, INGRID (200)1: Globale Epidemie. Weltweit wächst die Anzahl der Dicken. *NetDoktor.de*. 29.10. 2001.

NETDOKTOR.de (2002): Junge Dicke: Jeder vierte hat Übergewicht. Nachrichten, 09.03. 2002.

NIESTEN-DIETRICH, U. et.al. (1994): Wirkungen eines Geh-, Lauf- und Krafttrainings auf Leistungsfähigkeit und Fettstoffwechselparameter. *Deutsche Zeitschrift für Sportmedizin* (1994) 1, 18-30.

NÖCKER, J. (1959): Grundriss der Biologie der Körperübungen. 7. Auflage. Berlin.

OLBRICH, E., SAMES, K. & SCHRAMM, A. (1994): Kompendium der Gerontologie. Interdisziplinäres Handbuch für Forschung, Klinik und Praxis. Landsberg/Lech.

OSWALD, W. & GUNZELMANN, TH. (Hrsg.) (1995): Das SIMA-Projekt: Kompetenztraining. Ein Programm für Seniorengruppen. Göttingen.

OSWALD, W. & RÖDEL, G. (Hrsg.) (1995): Das SIMA-Projekt: Gedächtnistraining. Ein Programm für Seniorengruppen. Göttingen.

WHO (Hrsg.) (1993): Ottawa-Charta zur Gesundheitsförderung. Verabschiedet auf der Internationalen Konferenz zur Gesundheitsförderung am 21. November 1986. Nachdruck der autorisierten Fassung. Gamburg.

PETZOLD, H. (Hrsg.) (1985): Mit alten Menschen arbeiten. München.

PICKENHAIN, L. & RIES, W. (Hrsg.) (1988): Das Alter. 1. Auflage. Leipzig.

PLATT, D. (Hrsg.) (1991): Biologie des Alterns. Berlin.

PROKOP, L. (1994): Das Übertraining in der Bewegungstherapie. *Deutsche Zeitschrift für Sportmedizin*, Sonderh. 1994, 44-45.

PROKOP, L. & BACHL, N. (1984): Alterssportmedizin. Wien.

PSCHYREMBEL (Klinisches Wörterbuch) (1994). 257. Auflage. Berlin.

ROST, R. (1995): Die Bedeutung körperlicher Aktivität in der Prävention arteriosklerotischer Erkrankungen. *Deutsche Zeitschrift für Sportmedizin*, Sonderh. 1995, 58-72.

ROST, R. (1991): Sport- und Bewegungstherapie bei inneren Krankheiten. Köln.

SACHVERSTÄNDIGENKOMMISSION zur Erstellung des Ersten Altenberichts der Bundesregierung (1992): Bericht an die Bundesregierung.

SAUP, W. (1991): Konstruktives Altern. Ein Beitrag zum Altern von Frauen aus entwicklungspsychologischer Sicht. Göttingen.

SCHARLL, M. (1989): Bewegungstraining mit alten Menschen. Stuttgart.

SCHÄFFLER, A. & SCHMIDT, S. (Hrsg.) (1995): Mensch, Körper, Krankheit. Neckarsulm.

SCHEUMANN, H., UMBREIT, A. & DÄHNE, R. (1979): Theorie und Methodik ausgewählter Probleme der Touristik – Studienmaterial. Leipzig.

SCHEUMANN, H., LOOS, G. & HEINZE, K. (1994): Gesundheitsförderung und Prävention nach Beendigung der Berufsarbeitszeit. In: Gesundheitsförderung zur aktiven Vorsorge und Rehabilitation. Baden-Baden. 183-215.

SCHEUMANN, H. (1994): Erfahrungen zum Verlauf des dreiwöchigen Aufenthaltes und zu erkennbaren Veränderungen im Sinne von Gesundheitsförderung und Prävention. In: Konferenzbericht "Der Mensch im Mittelpunkt – Der ältere Mensch im Blickpunkt". Braunlage. 33-50.

SCHEUMANN, H. (1995): Geroprophylaxe - Erfordernis und Chance. *Zeitschrift Heilbad und Kurort. Zeitschrift des Deutschen Bäderverbandes e.V.* 3, 53-60.

SCHEUMANN, H. (1995): Zu Erfahrungen in der Arbeit mit einem Modell moderner stationärer Geroprophylaxe und zu Ansätzen möglicher Übertragbarkeit in gesundheitsfördernde Angebote von Kur- und Badeorten. Geroprophylaxe am Kurort. Schriftenreihe des Deutschen Bäderverbandes e.V. Bad Oeyenhausen. 62, 38-60.

SCHEUMANN, H., BLÜMKE, N. & HOEFT, M. (1996): Ausdauerorientierte Trainingsprogramme und mentale Aktivierung. Ergebnisbericht zu experimenteller Arbeit während stationärer Maßnahmen bei Menschen im Vorruhestand. Unveröff. Manuskript.

SCHEUMANN, H. et. al. (1997): Konzept BAUHOF-Zentrum für aktive Gesundheitsförderung. Wolfsburg.

SCHEUMANN, H. (1999): Den Jahren Leben und nicht nur dem Leben Jahre geben. *Zeitschrift für Musik-, Tanz- und Kunsttherapie.* Göttingen. 1, 26-40.

SCHEUMANN, H. (2001): Fit und vital. Aachen.

SCHWARZ, M., SCHWARZ, L., URHAUSEN, EBERSOHL, A. & KINDERMANN, W. (2001): Vergleich des Beanspruchungsgefühls beim Walking, Jogging und bei der Fahrradergometrie bei unterschiedlich leistungsfähigen Personen. *Deutsche Zeitschrift für Sportmedizin* (2001) 4, 136-141.

SHEPHARD, R. J. & ASTRAND, P.-O. (Hrsg.) (1993): Ausdauer im Sport. Eine Veröffentlichung des IOC in Zusammenarbeit mit der FIMS. Köln.

SKINNER, J. S. (2001): Körperliche Aktivität und Gesundheit: Welche Bedeutung hat die Trainingsintensität? *Deutsche Zeitschrift für Sportmedizin* (2001) 6, 211-214.

SKINNER, J., S. (Hrsg.) (1989): Rezepte für Sport und Bewegungstherapie. Köln.
SNOWDON, L. & HUMPHREYS, M. (1993): Gehen ist besser als Fasten-Walking. Genf.
STADLER, A. (2001): Bildungslücke gesundes Essen. *Internet-Gesundheitsportal NetDoktor.de*, 30.03.2001.
STATISTISCHES BUNDESAMT (Hrsg.) (1999): Gesundheitsbericht für Deutschland 1998.
STATISTISCHES BUNDESAMT (2000): Lebenserwartung steigt weiter an. Mitteilung an die Presse vom 26. Januar 2000.
STRAUZENBERG, S. E., GÜRTLER, H. & HANNEMANN, D. & TITTEL, K. (Hrsg.) (1990): Sportmedizin – Grundlagen der sportmedizinischen Betreuung. Leipzig.
THE CLUB OF COLOGNE (Hrsg.) (1996): Gesundheitsförderung und körperliche Aktivität. WHO/FIMS wiss. Kongress 7.-10. April 1994 in Köln. Köln.
TIME-LIFE BOOKS (Hrsg.)(1990): Laufen und Gehen. Amsterdam.
TITTEL, K. (1962): Beschreibende und funktionelle Anatomie des Menschen. Jena.
UHLENBRUCK, G. (1994): Sport und Immunsystem. In: THE CLUB OF COLOGNE (Hrsg.) (1996): Gesundheitsförderung und körperliche Aktivität. Wiss. Kongress 7.-10. April 1994 in Köln. Köln. 189-207.
VAN AAKEN, E. (1984): Alternativ-Medizin durch Ausdauer. Düsseldorf.
VAN AAKEN, E. (1976): Programmiert für 100 Lebensjahre. Celle.
WEIDEMANN, H. & MEYER, K. (1991): Lehrbuch der Bewegungstherapie mit Herzkranken. Darmstadt.
WEINECK, J. (1990): Sportbiologie. 3. Auflage. Erlangen.
WERCHOSCHANSKI, J. W.(1988): Effektiv trainieren: neue Wege zur Planung und Organisation des Trainingsprozesses. Berlin.
WESSINHAGE, E. & WESSINGHAGE, TH.(1987): Laufen. München.
YANKER, G. (1994): Walking. München.

Fußnotenverzeichnis

1 STAT. BUNDESAMT Deutschland, Gesundheitsbericht für Deutschland 1998.
2 STAT. BUNDESAMT, Pressemitteilung vom 26. Januar 2000.
3 ebd.
4 MOHL, H. (1993), 57.
5 VOLTAIRE, eigentlich François Marie AROUET (21.11.1694 - 30.05.1778), französischer Philosoph der Aufklärung, Historiker und Geschichtsschriftsteller.
6 Fragment 234, DEMOKRIT von Abdera zu Erwägungen über das richtige Maß (metron). In: DIELS, H. & KRANZ. W. (1966), 192.
7 Buch Jesus Sirach, Kap.18,19. In: DIE BIBEL (1987), 979.
8 DER BROCKHAUS (2000) in einem Band.
9 Beispiel bei: TITTEL, K. (1962) 413.
10 SCHEUMANN, H. (2001), 15.
11 SCHÄFFLER, A. & SCHMIDT, S. (1995) 4.
12 z.B. HOLLMANN, W. (1986) 353.
13 MEIßNER-PÖTHIG, D. & MICHALAK, U. (1997) 117-118.
14 HOLLMANN, W. (1986) 4.
15 DUDEN (2000) 1044.
16 HOLLMANN, W. & HETTINGER, TH. (1990) 128.
17 HOLLMANN, W. & HETTINGER, TH. (1990) 128.
18 HOLLMANN, W. (1986) 7.
19 HOLLMANN, W. (1994) 60.
20 Nachzulesen bei: STADLER, A. (2001): Bildungslücke gesundes Essen. *NetDoktor.de*, 30.03.2001.
21 Nach Angaben aus ÄRZTE-ZEITUNG online, 18.02.2002.
22 Nachricht aus: *NETDOKTOR.de*, 09. 03. 2002.
23 *NETDOKTOR.de* (2002), Nachrichten: Immer mehr Kinder zu dick. 02. April.
24 ÄRZTE-ZEITUNG online, 20.02.2002.
25 ebd.
26 HOLLMANN, W. (1994) 60.
27 Nach Angaben von TITTEL, K. (1962) 397.
28 ebd.
29 HOLLMANN, W. & HETTINGER, TH. (1990) 382.
30 z.B. bei: PROKOP, L. & BACHL, N. (1984) 63.
31 gestützt auf HOLLMANN, W. (1993) 9, (1986) 13.
32 HOLLMANN, W. (1986) 168.
33 nach TITTEL, K. (1962), 37.
34 nach STRAUZENBERG, S., E. et. al. (1990) 187.
35 HOLLMANN, W. (1993) 9.

36 Hinweis bei: HOLLMANN, W. & HETTINGER, TH. (1990) 226.
37 Hinweis bei: HOLLMANN, W. (1993) 10.
38 HOLLMANN, W. & HETTINGER, TH. (1990) 226.
39 WEINECK, J. (1990) 139.
40 TITTEL, K. (1962) 55.
41 HOLLMANN, W. & HETTINGER, TH. (1990) 202.
42 ebd. 61.
43 HOLLMANN, W. (1993) 11.
44 ebd.
45 ebd.
46 HOLLMANN, W. (1986) 346.
47 In Anlehnung an GUNDLACH, H. (1980).
48 Nach einem Interview in: *Ärzte-Zeitung*, 1000.Ausgabe, 13./14. Februar 1987.
49 In: THE CLUB OF COLOGNE (1996) 189-207.
50 Information der ÄRZTE-ZEITUNG online, 05.04.2002.
51 News-Information vom 26.03.2001 bei *NETDOKTOR.de.*
52 Information der ÄRZTE-ZEITUNG online, 10.05.2001.
53 SCHWARZ, M., SCHWARZ, L., URHAUSEN, EBERSOHL, A. & KINDERMANN, W. (2001).
54 Angaben nach COOPER, K.,H. (1995) 70.
55 SCHWARZ, M., SCHWARZ, L., URHAUSEN, EBERSOHL, A. & KINDERMANN, W. (2001).
56 ÄRZTE-ZEITUNG online, 20.02.2002.
57 HOLLMANN, W. (1986) 353.
58 SCHWARZ, M., SCHWARZ, L., URHAUSEN, EBERSOHL, A. & KINDERMANN, W. (2001) 4, 139.
59 VAN AAKEN, (1984) 23.
60 ebd., 24.
61 Nach ROST, R. (1991) 89.

Bildnachweis

Umschlagfotos: Jump Fotoagentur, Hamburg & Polar Electro GmbH, Büttelborn
Fotos Seite 7, 12, 92, 107 und 158: Polar Electro GmbH, Büttelborn
Sonstige Fotos und Abbildungen: Hans Scheumann und Archiv der Walking-Seniorengruppe des VfL Wolfsburg.

Titelgestaltung: Birgit Engelen, Stolberg